DIE MÄRCHEN DER WELTLITERATUR

Begründet von Friedrich von der Leyen
Herausgegeben von
Kurt Schier und Felix Karlinger

Brasilianische Märchen

Herausgegeben und übersetzt von
Felix Karlinger und Geraldo de Freitas

EUGEN DIEDERICHS VERLAG

7.–9. Tausend 1977

Einbandgestaltung: Hans Hermann Hagedorn
Gesamtherstellung: Passavia Passau
Printed in Germany
ISBN 3-424-00440-5 Hln
ISBN 3-424-00441-3 Leder

Mischlingsmärchen

1. Die drei Menschenrassen

Man sagt, daß einstmals alle Menschen Neger waren. Nun sah Gott eines Tages drei Brüder, die mit vielem Wehklagen den Tod ihres Vaters beweinten.

Gott war sehr betrübt und beschloß, sie auf irgendeine Weise in ihrem Schmerz zu trösten.

Er sagte zu ihnen, daß es einen Brunnen mit sehr reinem und kristallklarem Wasser gebe, aus welchem sie, wenn sie sich darin wüschen, so weiß wie Schnee heraussteigen würden.

Einer der Brüder warf ein:

»Ich glaube an ein solches Wunder nicht. Ich werde nicht einmal den Versuch unternehmen.«

Der zweite sagte:

»Ich werde diesen wunderbaren Brunnen anschauen.«

Der dritte sagte:

»Ich werde mich in diesem Brunnen waschen, und wenn ich aus ihm heraussteige, werde ich weiß und vollkommen sein.«

Und so sprechend stürzte er sich in die Mitte des Brunnens, aus dem er mit einer völlig weißen Haut hervorkam.

Als der zweite ihn sah, lief er, es ihm nachzumachen; aber er fand das Wasser schon verändert vor, so daß sein Körper nach dem Bad nur rötlich geworden war.

Der erste, der nun nicht mehr an dem Wunder zweifelte, lief ebenfalls zum Brunnen, aber es war nur noch so wenig Wasser darin, daß er gerade die Fußsohlen und die Handflächen hineintauchen konnte.

Auf diese Weise entstanden die Menschenrassen, die weiße, die rote und die schwarze.

2. Der Weiße, der Indianer und der Neger

Gott schuf den Weißen, den Indianer und den Neger. Er wollte sie daraufhin auf ihre Intelligenz, ihren Mut und ihre Geschicklichkeit hin prüfen.

Er warf sie in einen Brunnenschacht von ziemlicher Tiefe.

Als der Weiße die Gefahr sah, in der er sich befand, dachte er sofort daran, was er tun müsse. Er machte sich die Erdspalten zunutze, klammerte sich an die Wände des Loches, stieg aus dem Brunnen heraus und rettete sich so.

Der Indianer, der alle seine Bewegungen und seine Geschicklichkeit beobachtet hatte, versuchte es ihm gleichzutun, aber es konnte ihm nur das gelingen, was er wünschte, nachdem er auf die Schultern des Negers geklettert war.

Aber da dieser träge war, unternahm er nichts, um sich zu retten; er blieb untätig, bat nicht um Hilfe, suchte nach keinerlei Ausweg, bis es mit ihm zum Sterben kam.

Und so kommt es, daß Gott in seiner großen Weisheit den Neger dem Indianer untergeordnet hat und den Indianer dem Weißen.

Märchen der Indianer

3. Die Befreiung der Sonne

Vor alten Zeiten gab es keine Sonne. Die Sonne gehörte nämlich einem Seriema (Vogel), und der bewahrte sie auf seinem Rücken auf. Er benutzte sie dazu, ihm zu leuchten, wenn er sich auf Futtersuche machte, und er wollte nicht, daß auch andere daran Anteil haben sollten.

Da entschloß sich ein Mann, die Sonne zu befreien, und er folgte zusammen mit einigen Kameraden dem Licht, bis es erlosch, der Seriema hatte es nämlich wieder auf seinem Rükken versteckt. Da stellten die Männer hier und dort Schlingen und Fallen auf, dann versteckten sie sich und machten einen großen Lärm. Der Seriema erhob sich erschreckt und floh gegen Norden, da sah er eine Falle und lief sogleich gegen Süden, aber da erblickte er wieder eine andere Falle. So lief er auch in Richtung nach Westen und nach Osten, aber überall stieß er auf Fallen. So konnte er nicht mehr entfliehen, und die Männer ergriffen und töteten ihn. Dann schnitten sie ihm den Rücken auf und ließen die Sonne heraus. So wurde die Sonne wieder befreit.

Seit der Zeit aber hört man den Seriema immer singen, wenn es regnet. Er möchte nämlich, daß die Sonne wieder zurückkehrt.

4. Der Tod der Sonne

Eines Tages vergnügten sich Meri und sein Bruder Ari damit, daß sie wechselseitig sich mit Pfeilen aus der Burity beschossen. Da trug es sich zu, daß Ari im Eifer des Spiels mit aller Kraft gegen die Brust Meris schoß und ihn so schwer traf, daß er tödlich verwundet zu Boden stürzte und starb. Ari lachte, denn er glaubte, daß Meri nur scherze und zum Spiel sich tot stelle, aber als er sah, daß sich sein Bruder nicht erhob, ging er zu ihm hin und sagte: »Steh auf!«

Nachdem er gesehen hatte, daß Meri wirklich tot war, wurde er sehr traurig, weil er schuld am Tode seines Bruders war. Dann begann er mit jenen Versuchen, den Toten wiederzubeleben, die er auch bei Meri einigemal gesehen hatte, aber hier blieb nun alles vergeblich. Schließlich merkte er, daß hier nichts mehr zu machen sei, und er verließ den Bruder und irrte einige Zeit im Wald umher, bis er endlich eine Siedlung von Indianern fand, wo er um Obdach bat. Die Indianer nahmen ihn nicht gern auf, weil sie ihm den Tod des Bruders vorwarfen; und er mußte – da sie ihm nichts zu essen gaben – sich von den weggeworfenen Knochen nähren.

So verbrachte er die Zeit und magerte so ab, daß ihn niemand mehr erkannt hätte. Und er litt sehr unter dem Tod seines Bruders.

Der Bruder aber kannte ein spezielles Mittel, auf geheimnisvolle Weise wieder lebendig zu werden, und er wurde eines Tages zu einem Arara mit roten Federn.

Ari, der immer mit großer Sehnsucht an seinen Bruder dachte, sah eines Tages einen Schwarm von Araras mit so roten Federn fliegen, daß man hätte meinen können, die Sonne komme geflogen, und er sagte zu ihnen:

»Mein großer Bruder, komm! Ich bin hier.«

Aber die Araras sagten: »Dein Bruder ist bei denen, die hinter uns fliegen.« Und damit flogen sie weiter. Nach einer Weile sah er einen anderen Schwarm von Araras. Und wieder sagte er zu ihnen:

»Mein großer Bruder, komm! Ich bin hier.«

Aber die Araras sagten: »Dein Bruder ist nicht unter uns; er ist bei denen, die hinter uns geflogen kommen.« Nach einer Weile kam wieder ein Schwarm von Araras, und Ari sagte:

»Mein großer Bruder, komm! Ich bin hier.«

Aber auch diese Araras sagten: »Dein Bruder ist nicht bei uns; er ist bei denen, die hinter uns geflogen kommen.«
Endlich, nach einer langen Zeit, kam ein anderer Schwarm von Araras, in dem sich auch Meri befand. Und auch zu diesem Schwarm sagte Ari:
»Mein großer Bruder, komm! Ich bin hier.«
Als Meri seinen Bruder Ari hörte, flog er auf die Erde herunter, und als er sah, in welchem erbärmlichen Zustand sich sein Bruder befand, sagte er: »Oh, wie schlecht geht es dir denn? Paß auf, daß du mich nicht ein zweitesmal tötest, denn sonst mußt du vor Hunger sterben!«
Voll Mitleid mit dem jüngeren Bruder führte Meri ihn zum Ufer eines Flusses, ließ ihn dort hinsitzen und gab ihm eine Harpune in die Hand. Und er sagte ihm, er möge hier aufpassen, denn er würde ihm Fische schicken.
Damit ging Meri weg, und nach einer Weile sah Ari eine große Menge Fische von allerlei Art im Fluß schwimmen. Da tötete er mit der Harpune viele und zog sie heraus. Es war aber Meri gewesen, der sich aus Mitleid mit dem kleinen Bruder in jene Fische verwandelt hatte, um Aris Hunger zu stillen.
Als dann am nächsten Tag die Sonne wieder aufging, fragte sie Ari, ob er die Fische gesehen und getötet habe.
Voll Freude zeigte Ari auf die Menge der toten Fische, und nachdem er seinen Hunger gestillt hatte, ging er wieder zusammen mit seinem größeren Bruder Meri auf die Jagd.

5. Tod und Auferstehung des Mondes

Eines Tages ging ein Stamm Indianer zum Fischen und fing eine große Menge Fische. Sie machten ein großes Feuer, legten die Fische in die Asche unter die Kohlenglut und gingen wieder an den Fluß zurück, um weiterzufischen.
Da kamen zufällig Meri und sein kleiner Bruder Ari vorbei,

und sie pißten so lange in das Feuer, bis es ausging. Aber die Kröte, die damals noch ein Mensch war, hatte zugeschaut, sie stocherte so lange in der Feuerstelle herum, bis sie ein kleines Stückchen Glut fand, und das verbarg sie in ihrem Mund. Als die Indianer zurückkamen, sahen sie, daß das Feuer ausgelöscht war, und sie wurden zornig und sagten: »Irgend jemand hat unser Feuer ausgelöscht. Wir werden aber den Bösen suchen und ihn umbringen.«

Und damit machten sie sich auf die Suche und fragten alle Leute und alle Tiere, die sie trafen: »Warst du es, der unser Feuer ausgelöscht hat?« Aber jeder antwortete: »Nein, ich war es nicht.«

Wie sie da die Kröte sahen, fragten sie auch diese: »Warst du es, die unser Feuer ausgelöscht hat? Dann werden wir dich töten!« Aber die Kröte entgegnete: »Tötet mich nicht, aber drückt euern Fuß auf mich!« Da drückte sie jemand mit dem Fuß, und die Kröte öffnete den Mund und spuckte ein Stück Glut aus. Da sagten die Indianer: »Aha! Es war sicher die Kröte, die unser Feuer ausgelöscht hat. Töten wir sie!« – »Nein! Ich war es nicht, ich war es nicht! Es waren Meri und sein kleiner Bruder Ari, die aus dem Wald gekommen sind und euer Feuer ausgepißt haben. Ich habe nur dieses kleine Stückchen Glut gesucht, habe es in den Mund genommen und euch aufgehoben.«

Da sagten die Indianer: »Nein, wir werden dich nicht umbringen. Es stimmt, du hast nur unser Feuer bewahrt.«

So verschonten sie die Kröte, beschlossen jedoch, Meri und Ari umzubringen, weil die ihnen das Feuer ausgelöscht hatten. Sie gingen also auf die Jagd und riefen alle Vögel und alle Tiere zusammen; und dann fingen sie den Nandú, den Seriema und das Rebhuhn, banden ihnen die Federn auf dem Kopf zu einem Schopf, steckten in jeden Schopf ein brennendes Holzscheit hinein und ließen sie durch jene Gegend laufen, wo sich meistens Meri und Ari aufhielten.

Die Vögel aber, die dort herumliefen, zündeten mit ihren

Holzscheiten das trockene Gras an; und da sie im Kreis liefen, befanden sich bald Meri und Ari inmitten des Feuers und fanden keinen Ausweg, um aus dem Feuerkreis herauszufliehen. Und als das Feuer immer näher kam, flohen sie auf zwei Bäume hinauf. Meri stieg auf eine Tara, einen großen, hohen Baum von hartem Holz; Ari aber stieg auf einen Kwogo, der niedrig ist und ein morsches Holz hat.

Das Feuer breitete sich sehr schnell aus, und als es den Kwogo erreichte, entzündete es den Stamm, der durchbrannte, so daß der ganze Baum mitsamt dem Ari ins Feuer stürzte und der bis auf die Knochen verbrannte.

Dann erreichten die Flammen auch den Stamm der Tara, auf welcher Meri saß; aber da dieser Baum ein sehr hartes Holz hat, fing er nicht Feuer, sondern wurde nur etwas angesengt. Dann verloren sich die Flammen gegen den Wald hin, und das Feuer erlosch nach und nach.

Als das Feuer ausgegangen war, stieg Meri von seinem Baum herunter und ging allein, ohne seinen Bruder Ari, der jämmerlich verbrannt war, davon. Aber da er große Sehnsucht nach seinem Bruder hatte, machte er sich auf die Suche nach ihm, obwohl er wußte, daß Ari tot war. Und als er zu dem Platz kam, wo Ari verbrannt war, sah er die Knochen seines Bruders. Er sammelte sie und legte sie mit der Asche zu einem Haufen zusammen. Dann machte er sich wieder auf den Weg.

Nach einiger Zeit kehrte er an jene Stelle zurück, aber er fand die Knochen nicht mehr. Er stocherte noch etwas in der Asche, und als er nichts mehr fand, ging er wieder davon.

Als er einige Zeit gegangen war, hörte er eine Stimme: »Ari, Ari war mein Fressen, die Knochen von Ari habe ich verschlungen.« Es war ein Okwa, der da so vor sich hinredete. Meri fragte ihn: »Was hast du da gerade gesagt?« – »Ich habe gesagt, daß ich die Knochen des verbrannten Ari gefressen habe.« – »Willst du meinen Strick hier haben?« – »Ja«, sagte der Okwa, »den hätte ich gern.«

Da band Meri den Strick los, den er um den Leib trug, und gab ihn dem Okwa mit den Worten, er solle sich daraus einen Gürtel machen. Der Okwa band sich den Strick um den Leib, aber da er ihn nur sehr leicht band, sagte Meri: »Du mußt den Gürtel ganz fest binden, sonst verlierst du ihn, wenn du durch den Wald läufst.«

Da band ihn sich der Okwa ganz streng um den Leib, und sogleich begann sein Bauch anzuschwellen. Und Meri sagte: »Jetzt lauf davon, denn ich werde hinter dir herrennen.«

Der Okwa begann zu laufen, aber der Strick um den Bauch ließ ihn nicht recht atmen, und Meri lief hinter ihm und gab ihm einen Schlag um den anderen. Und schließlich stürzte der Okwa zu Boden und starb.

Da schlitzte Meri den Bauch des Okwa auf und suchte in den Eingeweiden nach den Knochen seines Bruders Ari, aber er fand nur wenige Reste, die er behutsam sammelte.

Da Meri seinen Bruder Ari wieder lebendig machen wollte, nahm er einen dicken Pfahl, zwei kleinere und nochmals zwei kleinere, und legte alles auf den Boden, so daß der dicke Pfahl den Leib und die kleineren Stecken die Arme und die Füße geben sollten. Und als Kopf holte er ein Termitennest. Und am Ende legte er die kleinen Knochenreste unter den großen Pfahl.

Dann ging er weg und suchte Heilkräuter, und aus ihnen kochte er ein Gebräu, das er über das Holzskelett seines Bruders ausgoß. Außerdem sammelte er noch Heilpflanzen und streute sie ebenfalls über den Leib, bis er ganz davon bedeckt war. Da ging er fort.

Als Meri am nächsten Tag wieder zurückkam, nahm er die Blätter und Heilpflanzen weg und sah, daß aus dem Termitennest ein richtiger Kopf geworden war, aus dem Pfahl ein Leib und aus den kleinen Stecken Arme und Beine, genauso, wie es sich für einen Körper gehört. Es war sein eigener Bruder Ari, der dort lag, aber er schien tot zu sein und gab kein Lebenszeichen.

Da rief ihn Meri an und sagte: »Los, Ari, steh auf! Ich habe dich ins Leben zurückgerufen. Wir wollen wieder auf die Jagd gehen.«

6. Wie die Nacht entstand

Zu Anbeginn gab es keine Nacht, sondern es war immer Tag. Die Finsternis schlief in der Tiefe des Wassers. Es gab auch noch keine Tiere, sondern alle Dinge hatten Sprache.

Es wird erzählt, daß die Tochter der Großen Schlange einen jungen Mann heiratete, der drei treue Diener hatte. Eines Tages rief ihr Herr sie und sagte ihnen:

»Meine Frau will mein Lager nicht mit mir teilen. Gehet also von hinnen.«

Da gingen die Diener fort, und der Mann lud seine Frau wieder ein, an seiner Seite zu schlafen. Sie aber antwortete ihm:

»Es ist noch nicht Nacht.«

»Es gibt keine Nacht«, entgegnete der Mann, »der Tag hat kein Ende.«

»Mein Vater besitzt die Nacht«, sagte die junge Frau. »Wenn du willst, daß ich an deiner Seite schlafe, so schicke zu ihm, an die Quelle des Flusses, und lasse die Nacht holen.«

Da rief der junge Mann seine Diener zurück, und seine Frau schickte sie zu ihrem Vater. Als sie zur Großen Schlange kamen, gab sie ihnen eine Nuß von der Tucuman-Palme, die mit Harz dicht verschlossen war, und sagte ihnen:

»Hier, aber öffnet die Nuß nicht, denn das wäre euer Verderben.«

Die Diener machten sich auf den Heimweg. Unterwegs hörten sie in der Palmnuß summen: Tin, tin, tin, tin.

Sie waren schon ein ganzes Stück gerudert, als der eine zu seinen Gefährten sagte:

»Wir wollen doch sehen, was das für ein Geräusch ist.«

»Nein«, erwiderte der Steuermann des Bootes, »wir würden uns verderben. Rudert und eilt euch.«
So setzten sie ihre Fahrt fort. Aber das Summen hörte nicht auf, und sie konnten nicht ahnen, was es bedeutete. Schließlich einigten sie sich, die Nuß zu öffnen und zu sehen, was sie enthielte.
Kaum hatten sie das getan, als die Nacht sich über die Erde breitete.
»Wir sind verloren!« sagte der Steuermann. »Unsere Herrin weiß nun bereits, daß wir die Tucuman-Nuß geöffnet haben.«
Und sie begannen wieder zu rudern.
Im selben Augenblicke sagte die junge Frau zu ihrem Manne: »Sie haben die Nacht freigelassen. Laß uns den Tag erwarten.«
Nun verwandelte sie alle Dinge, die sich im Walde befanden, in Tiere und Vögel, alle Dinge, die sich im Flusse befanden, in Fische. Der Schiffer mit seinem Kahne wurde in eine Ente verwandelt. Sein Kopf wurde der Kopf der Ente, die Ruder wurden ihre Füße und der Kahn ihr Leib.
Als die Tochter der Großen Schlange den großen Feuerstern untergehen sah, sprach sie zu ihrem Mann:
»Da erscheint das Morgenrot, ich werde nun die Nacht vom Tage scheiden.«
Sie rollte einen Baumwollfaden zusammen und sagte zu ihm:
»Du wirst zum Cujubí werden und wirst bei Tagesanbruch singen.«
So entstand der Cujubí. Sie bleichte ihm den Kopf mit weißem Ton und färbte seine Federn mit Urucú-Samen rot und wiederholte:
»Du wirst alle Tage bei Beginn der Morgenröte rufen.«
Dann rollte sie einen anderen Faden zusammen und sprach zu ihm:
»Du wirst zum Inambú«, und indem sie ihn mit Asche be-

streute, fügte sie hinzu: »Du wirst zum Inambú und wirst des Abends, des Nachts und des Morgens rufen.«
Seit dieser Zeit singen die Vögel zu bestimmten Stunden und beim Morgengrauen, um den Tag zu begrüßen.
Als die drei Diener zurückkamen, sprach ihr Herr zu ihnen: »Ihr seid nicht treu gewesen. Ihr habt die Nacht freigelassen, und alles ist zugrunde gerichtet durch eure Schuld. Zur Strafe sollt ihr auf immer in Affen verwandelt werden und euer Leben auf den Bäumen zubringen.«

7. Der Ursprung der Sterne

In alten Zeiten machten die Frauen sich immer auf die Suche nach Mais, aber nur selten trafen sie davon genug. Eines Tages gingen sie zusammen mit einem Burschen, und diesmal hatten sie mehr Glück als gewöhnlich: sie fanden ein großes Maisfeld. Da ließen sie sich dort an Ort und Stelle nieder, um für ihre Männer, die auf die Jagd gegangen waren, Maisbrote zu backen.
Dem Burschen gelang es, eine große Menge davon auf die Seite zu bringen, und um seinen Raub vor den Frauen zu verbergen, versteckte er ihn in einer Reihe von Köchern, die er zu diesem Zwecke machte.
Dann kehrte er zu seiner Hütte zurück, schüttete den Mais aus den Köchern und gab ihn seiner Großmutter mit den Worten: »Unsere Mütter backen im Wald Maisbrote. Du backe mir Brote aus diesem Mais da, damit ich sie zusammen mit meinen Freunden essen kann.«
Die Großmutter tat, wie sie der Bursche geheißen, und als die Brote fertig waren, verzehrte sie der Bursche mit seinen Freunden. Dann schnitten sie der Großmutter die Hände und die Zunge ab, damit sie den Raub nicht verraten könne und auch nicht sagen könne, was die Burschen vereinbart hatten zu tun. Aus dem gleichen Grund schnitten sie auch einem Pa-

pagei die Zunge ab, der dort in der Hütte war, und ließen alle Vögel fliegen, die es in jenem Dorfe gab.

Sie hatten nämlich untereinander ausgemacht, in den Himmel hinaufzufliehen, weil sie den Zorn ihrer Mütter und Väter fürchteten. Sie liefen deshalb in den Wald hinaus, riefen den Mückenvogel herbei und gaben ihm das Ende einer langen, langen Schnur in den Schnabel, indem sie zu ihm sagten: »Nimm und flieg und binde dieses Ende an den Gipfel dieses Baumes, und mit dem andern Ende flieg hinauf in den Himmel. Wir binden dir dieses zweite Ende an einen Fuß, sieh zu, daß du es oben im Himmel an einem dicken Baum festmachen kannst.«

Der Vogel machte es, wie es ihm die Burschen aufgetragen hatten, und als der Strick am Himmel befestigt war, begannen sie – einer hinter dem andern – zuerst auf den Baum zu steigen und an dem Strick in den Himmel hinaufzuklettern, wo ihn der Vogel befestigt hatte.

Indessen kehrten ihre Mütter zurück, und als sie die Söhne nirgends fanden, fragten sie die Großmutter und den Papagei: »Wo sind unsere Söhne? Wo sind unsere Burschen?«

Aber weder die Alte noch der Papagei konnten ihnen Antwort geben. Da ging eine von den Frauen ins Freie, um sich umzuschauen, und da sah sie den Strick, der bis in die Wolken hineinreichte, und an ihm die lange Reihe von Burschen, die da hinaufkletterten. Da rief sie sogleich die andern Frauen herbei, und alle rannten in den Wald hinaus, um ihre Kinder zurückzurufen. Und sie riefen, so laut sie konnten, nach ihren Söhnen und baten sie, doch wieder herunterzusteigen. Aber jene hörten nicht auf sie und setzten ihr Klettern dem Himmel zu fort.

Da fingen die Frauen an zu weinen und zu fluchen, sie sollten doch schleunigst zu ihnen zurückkehren und heruntersteigen. Aber die Burschen wollten nicht darauf hören und stellten sich taub auf die Bitten ihrer Mütter, ja, sie beschleunigten sogar noch ihren Aufstieg.

Als die Frauen sahen, daß ihre Bitten und Drohungen umsonst waren, begannen auch sie, erst auf den Baum zu steigen und dann an dem Strick hinter ihren Söhnen herzuklettern.
Nun war aber jener Bursche, der den Mais gestohlen hatte, der letzte in der Reihe, und als er den Himmel erreicht hatte, sah er an dem Strick hinunter und erblickte die Frauen, die eine hinter der andern an dem Strick in die Höhe kletterten. Da schnitt er den Strick durch, und alle jene Frauen stürzten unglücklich auf die Erde herunter, wo sie sich in Tiere verwandelten.
Die entarteten Burschen aber sind seitdem dazu verdammt, zur Strafe für ihre Bosheit und Undankbarkeit jede Nacht am Himmel zu stehen, um zu sehen, was aus ihren eigenen Müttern geworden ist. Und ihre Augen sind die Sterne.

8. Der Maguary und der Schlaf

Man erzählt, daß der Maguary den Schlaf töten wollte und ihn auf einem Ast erwartete. »Ich will diesen Schlaf töten; jetzt will ich wachen, um ihn zu töten.« Er wartete. Der Schlaf ließ nicht lange auf sich warten. Der Maguary sah eine Gestalt kommen. »Das scheint der Schlaf zu sein, der da kommt.« Man sagt, daß, als die Gestalt schon nahe war und der Schlaf ganz nahe war, der Maguary nickte und plötzlich aufflog und schrie:
»Kua! Kua! Kua! . . .« Und der Maguary flog davon.
»Nun siehe, mein Herz, ich wußte es nicht, als ich nickte, aber jetzt will ich ihn wieder erwarten.«
Er wartete. Da sah er wieder in seiner Nähe eine dunkle Gestalt, die sich ihm näherte.
»Hier kommt er; jetzt will ich ihn mit meinem Schnabel spießen.«
Schon kam die Gestalt ganz nahe, als der Maguary nickte;

plötzlich öffnete er die Augen, erschrak und flog davon, indem er schrie: »Kua! ... Kua! ... Kua! ...«
So geht es jede Nacht, seit undenklichen Zeiten.

9. Die Herkunft von Tabak, Mais und Baumwolle

Vor langer, langer Zeit ging einmal eine Frau ihrem Mann entgegen, der von der Jagd heimkam. Er hatte eine Anaconda gejagt, und die Frau wollte ihm tragen helfen und nahm ein großes Stück davon auf die Schulter. Aber da sie nicht aufpaßte, lief das Blut der Anaconda an ihr herunter und drang in sie ein.

Als sie eines Tages in den Wald ging, um Früchte zu sammeln, kam sie zu einem großen Genipapeiro. Als sie sah, daß die Früchte reif waren, sagte sie: »Wer wird mir da hinaufsteigen und die Früchte sammeln, damit ich etwas zum Essen habe?« Und da antwortete es aus ihr: »Meine Mutter, ich werde auf den Baum klettern und dir Früchte sammeln.«

Und es kroch aus ihr eine Anaconda heraus, denn das Blut hatte in ihr einen Anaconda-Sohn gezeugt, und kletterte auf den Baum hinauf. Die Frau war so erschreckt, weil ihr Kind nicht menschlich, sondern von der Art der Anaconda war, daß sie davonlaufen wollte. Aber es gelang ihr nicht, weil die Anaconda schnell vom Baum zurückkehrte und wieder in sie hineinkroch.

Da kehrte die Frau in ihr Dorf zurück und sagte zu ihren Brüdern: »Meine großen Brüder, ich habe einen Sohn im Leib, der ist nicht menschlich, sondern geisterhaft.«

Und die Brüder rieten ihr, sie solle unter den gleichen Baum im Wald zurückkehren. Und das tat sie, aber sie ging nicht allein hin, sondern ihre Brüder begleiteten sie. Und als sie wieder unter jenem Baum stand, sagte sie: »Wer wird mir auf den Baum hinaufsteigen und mir Früchte sammeln, damit ich etwas zum Essen habe?« Und die Schlange, die in ihrem

Innern war, antwortete: »Meine Mutter, ich werde auf den Baum hinaufsteigen und dir Früchte sammeln.«

Und damit kam die Schlange heraus und kletterte auf den Baum, um dort Früchte zu sammeln. Und weil die Frau wieder anfing davonzulaufen, stieg sie wieder herunter, um in die Frau zurückzukehren. Aber das gelang ihr nicht, denn die Brüder der Frau schlugen die Anaconda mit Stöcken tot.

Dann sammelten die Brüder Holz, zündeten ein Feuer an und warfen die tote Schlange hinein, um sie zu verbrennen. Dann wanderten sie in ihr Dorf zurück.

Als sie nach einiger Zeit wieder zu der Stelle zurückkehrten, wo sie die Schlange verbrannt hatten, sahen sie, daß aus der Asche einige Pflanzen gewachsen waren: der Tabak, der Mais und die Baumwolle.

10. Die erste Paschiuba-Palme

Vor vielen, vielen Jahren kam aus dem großen Wasserhaus, der Heimat der Sonne, ein kleiner Knabe, der so wunderschön singen konnte, daß viele Leute von nah und fern herbeieilten, ihn zu sehen und zu hören. Der Knabe hieß Milomaki.

Als aber die Leute, die ihn gehört hatten, heimkehrten und Fische aßen, fielen sie alle tot nieder. Da ergriffen ihre Angehörigen Milomaki, der inzwischen zum Jüngling herangewachsen war, und verbrannten ihn auf einem großen Scheiterhaufen, weil er schlecht wäre und ihre Brüder getötet hätte.

Der Jüngling aber fuhr bis zu seinem Ende fort, wunderschön zu singen, und als schon die Flammen an seinem Leib emporleckten, sang er:

»Jetzt sterbe ich, mein Sohn, jetzt verlasse ich diese Welt!«

Als sein Leib von der Hitze anschwoll, sang er noch immer in herrlichen Tönen:

»Jetzt zerbricht mein Leib, jetzt bin ich tot!«

Sein Leib zerplatzte. Er starb und wurde von den Flammen

verzehrt; seine Seele aber stieg auf zum Himmel. Aus seiner Asche erwuchs noch an demselben Tage ein langes, grünes Blatt. Es wurde zusehends größer und größer, breitete sich aus und war am anderen Tag schon ein hoher Baum, die erste Paschiubapalme. Denn vorher gab es diese Palmen nicht. Die Leute aber machten aus ihrem Holz große Flöten, und diese gaben die wunderschönen Weisen wieder, die einst Milomaki gesungen hatte. Die Männer blasen sie bis auf den heutigen Tag, jedesmal, wenn die Waldfrüchte reif sind, und fasten und tanzen zu Ehren von Milomaki, der alle Früchte geschaffen hat. Die Weiber aber und kleinen Knaben dürfen die Flöten nicht sehen, sonst müssen sie sterben.

11. Sintflut und Weltschöpfung

In längst vergangenen Zeiten fand eine Überschwemmung statt, welche die ganze von unseren Vorfahren bewohnte Erde bedeckte.

Nur die Spitze des Gebirges Krinjijinbe ragte noch aus den Wassern hervor. Die Kaingang, Kayurukre und Kame schwammen in der Richtung auf sie zu, jeder mit einem leuchtenden Feuerbrand zwischen den Zähnen.

Die Kayurukre und die Kame wurden müde und sanken unter und gingen zugrunde; ihre Seelen aber gingen wohnen im Innern des Gebirges.

Die Kaingang und einige wenige Kuruton erreichten mit Mühe den Gipfel des Gebirges Krinjijine, wo sie blieben, die einen auf dem Boden, die anderen auf den Ästen der Bäume, weil sie keinen Platz mehr hatten. Dort brachten sie einige Tage zu, ohne daß die Gewässer sanken und ohne Nahrung. Schon erwarteten sie den Tod, als sie den Gesang der Sarakuras vernahmen, die herankamen mit Körbchen voll Erde und diese ins Wasser schütteten. Da fing es an, langsam zurückzuweichen.

Sie riefen den Sarakuras zu, sie sollten sich beeilen, was diese auch taten, indem sie ihren Ruf verdoppelten und die Enten einluden, ihnen zu helfen.
In kurzer Zeit gelang es ihnen, eine geräumige Ebene auf dem Gebirge zu bilden, die den Kaingang vollen Spielraum gewährte, mit Ausnahme jener, die sich auf die Bäume geflüchtet hatten. Diese wurden in Affen und die Kuruton in Brüllaffen verwandelt.
Die Sarakuras hatten ihre Arbeit von der Seite her begonnen, wo die Sonne aufgeht. Das ist der Grund, warum unsere Flüsse und Bäche ihren Lauf nach Westen nehmen und in den großen Parana münden.
Nachdem die große Flut verschwunden war, ließen sich die Kaingang in der Nähe der Serra do mar nieder. Die Kayurukre und Kame, deren Seelen im Innern des Gebirges wohnten, fingen an, sich Wege zu bahnen. Nach vielem Arbeiten und Mühen konnten die einen auf der einen, die anderen auf der entgegengesetzten Seite herausgehen. An der Öffnung, aus der die Kayurukre herauskamen, entsprang ein schöner Quellbach, und es gab da keine Steine. Daher kommt es, daß sie kleine Füße haben. Dagegen führte der Weg der Kame über steinigen Boden, so daß sie sich die Füße verwundeten und diese während des Marsches aufschwollen. Daher kommt es, daß sie bis auf den heutigen Tag große Füße haben. Auf dem Wege, den sie sich gebahnt hatten, gab es kein Wasser. Sie litten Durst und sahen sich gezwungen, bei Kayurukre solches zu betteln, der ihnen das nötige zu trinken gestattete.
Beim Herausgehen aus dem Innern des Gebirges befahlen die Kaingang den Kuruton, die Körbe und Kürbisschalen zu suchen, die sie vor der Überschwemmung unten im Tal gelassen hatten. Diese gingen, aber sie waren zu träge, wieder auf das Gebirge hinaufzusteigen. Sie blieben unten, wo sie waren, und wollten nicht mehr zu den Kaingang zurückkehren. Aus diesem Grunde, wenn wir ihnen begegnen, ergreifen wir sie wie unsere geflohenen Sklaven, was sie auch sind.

In der folgenden Nacht zündeten sie Feuer an, und Kayurukre bildete aus der Asche und den Kohlen Jaguare und sagte ihnen: »Gehet und fresset Menschen und Tiere des Waldes!« – Und die Jaguare liefen brüllend davon. Da er keine Kohle mehr zum Bemalen hatte, machte er nun von Asche die Tapire und befahl ihnen: »Gehet und holet euch Wildpret!« – Diesen aber waren die Ohren schlecht ausgefallen, und so verstanden sie den Befehl nicht und fragten, was sie tun sollten. Kayurukre, der gerade dabei war, ein anderes Tier zu formen, schrie ihnen ärgerlich zu: »Gehet und fresset Laub und Baumzweige!« – Dieses Mal verstanden sie den Befehl und gingen. Das ist der Grund, warum die Tapire sich nur von Laub, Baumzweigen und Waldfrüchten nähren.

Kayurukre war wieder dabei, ein anderes Tier zu bilden; es fehlten ihm noch die Zähne, die Zunge und einige Klauen, als es anfing Tag zu werden, und da er bei Tag keine Kraft hatte, legte er ihm schnell eine feine Rute in das Maul und sagte zu ihm: »Da du keine Zähne hast, lebe von Ameisen!« – Das ist der Grund, warum der Ameisenbär ein unvollendetes und unvollkommenes Tier ist.

In der folgenden Nacht fuhr er fort und bildete viele Tiere, unter ihnen auch die guten Bienen. Zu derselben Zeit, als Kayurukre diese Tiere hervorbrachte, machte Kame deren auch, aber andere, um jene zu bekämpfen; er machte die amerikanischen Löwen, die giftigen Schlangen und die Wespen.

Nach dieser Arbeit marschierten sie, um sich mit den Kaingang zu vereinigen; aber sie sahen, daß die Jaguare sehr wild waren und viele Leute auffraßen. Da schlugen sie beim Übersetzen eines tiefen Flusses eine Brücke mittels eines Baumstammes, und nachdem alle übergesetzt waren, sagte Kayurukre zu einem der Kame, er solle, wenn die Jaguare auf der Brücke wären, diese mit aller Kraft hinwegziehen, damit jene ins Wasser fielen und ertränken. So tat einer von den Kame. Von den Jaguaren fielen einige ins Wasser und gingen unter; andere aber sprangen ans Ufer und hielten sich mit den Krallen fest. Der Kame wollte sie ins Wasser stürzen; als aber die Jaguare brüllten und die Zähne zeigten, fürchtete er sich und ließ sie auf das Land kommen. Daher rührt es, daß die Jaguare sowohl auf dem Lande als auch im Wasser leben können.

Nachdem die Indianer eine große Ebene erreicht hatten, versammelten sie sich und berieten, wie sie ihre Kinder verheiraten sollten. Sie verheirateten zuerst die Kayurukre mit den Töchtern der Kame und umgekehrt. Als aber noch viele Jünglinge übrigblieben, verheirateten sie diese mit den Töchtern der Kaingang. Daher kommt es, daß die Kayurukre, die Kaingang und die Kame Freunde und Verwandte sind.

12. Sintflut

In alter Zeit fiel einmal ein starker Regen, der die von uns bewohnte Erde überschwemmte. Ein einziger von unseren Vorfahren erblickte, als er schon sehr ermüdet dahinschwamm, den Wipfel einer Palme, der aus den Gewässern auftauchte. Er näherte sich ihm und faßte einen Wedel, der aber, weil er trocken war, abbrach. Getragen von dem Wedel fuhr er fort zu schwimmen. Bei Einbruch der Nacht sah er einen anderen Palmwipfel, näherte sich ihm und hielt sich an einem grünen Wedel fest. Er stieg an ihm empor und machte es sich auf der Krone bequem. Hier blieb er viele Tage lang und litt Hunger und Kälte. Als dann die Palmfrüchte reif wurden, aß er sie und nährte sich von ihnen.

Eines Tages hörte er in der Ferne den Gesang des Sapakuru (Ibis), der sich ihm näherte. »Halte dich hier fest! Ich will Erde holen, damit du herabsteigen kannst.« Kurz darauf setzte sich eine Sarakura auf die Krone der Palme, erblickte ihn da und sagte zu ihm: »Nicht weit von hier gibt es Erde. Warum gehst du nicht dorthin?« – »Ich kann nicht; ich bin sehr schwach. Wenn ich die Palme verlasse, sterbe ich sicherlich.« Da sagte die Sarakura: »Ich gehe Erde holen.« Und sie und der Ibis brachten Erde in ihren Schnäbeln und streuten sie auf das Wasser. Da wurde es trocken. An den Stellen, wo der Ibis die Erde fallen ließ, erhöhte sie sich, entsprechend seinem größeren Schnabel, und bildete Gebirge. Vor diesem Regen war die Erde, auf der wir wohnen, ganz flach. Das Wasser verschwand, und der Mann stieg herab von der Palme und lebte von den Früchten und Wurzeln der Bäume. Aber er war allein inmitten der anderen Wesen, die nicht waren wie er.

Eines Tages sagte der Ibis zu ihm: »Warum gehst du nicht und suchst dir eine Gefährtin? In der großen Bucht gibt es viele. Mache ein Floß, während ich die Enten beauftrage, dich dahin zu bringen, wo die Mädchen der anderen Leute sind.« Am folgenden Morgen nahmen die Enten das Floß, auf dem er sich befand, ins Schlepptau. Am Rande der Lagune badeten viele Mädchen. Sie sahen das Floß und eilten erschreckt auf den Strand. Eine von ihnen stürzte sich ins Wasser und schwamm auf das Floß zu. Als sie dort ankam, nahm er sie in seine Arme, und die Enten schleppten das Floß wieder nach seinem Aufenthaltsort. Die anderen Mädchen erzählten ihren Leuten von dem, was ihnen begegnet war, und sie machten sich auf die Verfolgung der Flüchtlinge, konnten sie aber nicht einholen.

Are verheiratete sich mit dem Mädchen, und sie hatten Kinder; aber wenn wir anderen Leuten begegnen, streiten sie immer mit uns. Aus diesem Grunde leben wir getrennt und wie verloren in den Wäldern.

13. Die Zwillinge

Im Anfang waren nur zwei Menschen, Mann und Frau, und die Frau war schwanger. Der Gatte befahl ihr, Mais zu pflanzen. Als diese Arbeit getan war, befahl er ihr, zurückzukehren und grüne Maiskolben zu suchen. Sie hielt es nicht für möglich, sie zu finden, und gehorchte ihm nicht. Er bestand darauf und fügte hinzu, daß der Sohn, den sie bei sich trug, auch Hunger habe. Da wurde sie zornig und erklärte ihm, daß er nicht der Vater des Sohnes wäre. Der Gatte verließ sie. Die Frau folgte traurig seiner Spur. Von weitem erblickte sie ihn am Horizont, wo er verschwand. Der Sohn gab ihr den Weg an, den sie gehen mußte, aber zur Belohnung bat er sie, ihm Blumen und Früchte zu reichen. Dabei wurde sie verschiedene Male von der Wespe gestochen. Darüber geriet sie in Zorn und züchtigte den Sohn, indem sie sich auf den Leib schlug. Da hörte der Sohn auf, ihr den Weg zu zeigen, und sie verirrte sich.

Sie kam zu der Wohnung der Jaguare, einer Höhle neben einem Abgrund. In dem Eingang stand die alte Jary, die Mutter der Jaguare, und teilte ihr mit, daß die einzigen lebenden Wesen sie und ihre Söhne wären, die bei ihrer Rückkehr sie fressen würden.

Gerührt durch ihre Bitten gab ihr die Alte ein Viertel eines Hirsches zum Essen und verbarg sie.

Die Jaguare kamen heim mit ihrer Jagdbeute. Nur der letzte, der nichts brachte, schnupperte und sagte: »Da hältst du ja ein gutes Wildbret versteckt, Großmutter. Ich werde es essen.«

Die alte Jaguarin bat, sie sollten ihr den Sohn überlassen, der doch wohl zarter für sie sei, da sie keine Zähne mehr hätte. Die Jaguare fraßen die Mutter auf und überließen die Zwillinge, die sie in ihrem Leibe fanden, Jary. Diese wollte die Kleinen auf den Bratrost legen, aber sie entwischten ihr. Sie wollte sie mit Steinen und in dem Mörser töten, aber sie entsprangen ihren Händen, bis sie ermüdete und die Kinder auf den Boden losließ. Als die Jaguare sich zurückzogen, blieb der ältere der Zwillinge, Derekey, stehen und bat die Alte, ihm Bogen und Pfeile zu machen, indem er ihr versprach, Vögel für sie zu jagen, was ihr sehr zusagte. Der jüngere,

Derevuy, aß nicht und weinte vor Hunger. Der Ältere erfuhr durch die roten Araras, wie seine Mutter gestorben war. Er suchte in dem Kot der Jaguare ihre Knochen und fügte sie zusammen. Es fehlte nur noch sehr wenig an ihrer Vollendung, da warf sich der jüngere Sohn über sie, um an ihrer Brust zu trinken, und zerstörte das Werk.

Zornig trat Derekey auf ein faules Holz, und heraus kamen gelbe Bienen und eine süße Flüssigkeit, die Honig war.

Er ließ das Brüderchen in der Obhut der Bienen, die es ernährten, bis es heranwuchs und aufhörte zu weinen.

Darauf banden sie die Jaguare an außer Jary und einer ihrer Töchter und gingen auf die Suche nach ihrem Vater. Nach vielen Wechselfällen und verschiedenen Trennungen, die der Jüngere verschuldete, kamen sie zur Wohnung des Ahan, mit dessen Tochter sich der Jüngere verheiratete und einen Sohn hatte. Als Ahan einmal ausgegangen war, um nachzusehen, ob die Bäume einem Sturm Widerstand leisten würden, benutzten sie seine Abwesenheit und entflohen und nahmen den Sohn mit.

Von einem hohen Baum rief Derekey: »Unser Vater!«, und dieser antwortete von fern: »Kommt alle! Ich bin hier.« Sie kamen und fanden den Vater, der ein alter weißer Mann war mit einer Krone von roten Arara- und Tukanfedern und feurigen Augen.

Er nahm sie mit in sein Haus und fragte sie, wie sie leben wollten. Da wählte der Ältere den Tag und der Jüngere die Nacht, und sie verwandelten sich in die Sonne und den Mond.

14. Die Falken und die Sintflut

Ein Mann fand auf einem Baum das Nest eines Falken und holte seinen jüngeren Bruder, damit er ihm helfe, es auszunehmen. Sie machten eine Leiter, und der ältere stieg hinauf, während ihm der jüngere die Stangen hinaufbrachte.

Während dieser Arbeit fiel dem jüngeren irgend etwas von dem Baum auf den Kopf, und er bat die Frau seines Bruders, es ihm aus dem Haar herauszusuchen. Als der ältere Bruder auf der Leiter diese Szene sah, wurde er eifersüchtig. Als nur noch wenige Sprossen bis zu dem Nest fehlten, stieg er herab und hieß seinen Bruder den Rest machen. Als dann der jüngere die Leiter fertiggestellt hatte, stieg er ihm nach und hieb unter ihm die sämtlichen Schlingpflanzen durch, mit denen die Stangen befestigt waren. Dann ging er mit seiner Frau heim und ließ seinen Bruder auf dem Baum bei dem Nest zurück, von wo er ohne Leiter nicht mehr heruntersteigen konnte.

In dem Nest war nur ein Junges. Nach einiger Zeit kam das Falkenweibchen geflogen und fragte den Mann, was er da oben wolle. Er erzählte, wie er wegen des jungen Falken auf den Baum gestiegen und von seinem Bruder in dieser Lage verlassen worden sei. »Willst du meine Tochter aufziehen?« fragte das Falkenweibchen. Der Mann bejahte es, und die Mutter gab ihm einen Affen, den sie getötet hatte; den solle er für das Junge rupfen. Nach einer Weile kam auch der Falke selbst mit einem großen Brüllaffen geflogen. Der Mann erzählte auch ihm seine Geschichte, und der Vogel lehrte ihn nun zuerst, wie er den Brüllaffen zu rupfen habe, denn das ging bei dem Manne noch viel zu langsam. Dann fragte er ihn, ob er nicht auch ein Falke werden wolle, und der Mann stimmte zu. Der Falke flog nun fort und kam bald darauf mit einigen Genossen zurück. Zu zweien und dreien kamen dann viele Falken von allen Arten geflogen, bis ein großer Schwarm versammelt war. Sie setzten sich um den Mann herum und begannen ihre Gesänge. Da wuchsen dem Manne Federn und Klauen, und er wurde zum Falken. Dann versuchte er zu fliegen. Anfangs glückte es ihm nicht; dann aber halfen ihm die Falken, und er lernte es.

Die Vögel beschlossen nun, seinen Bruder zu töten, und teilten ihren Beschluß dem Manne mit. Im Dorfe der Brüder war gerade ein Fest, und der ältere saß vor seiner Hütte und bemalte sich zum Tanz. Da erschien der jüngere in der Gestalt eines kleinen Falken und setzte sich in seiner Nähe nieder. Die Leute des Dorfes riefen seinem Bruder zu, er solle doch den Vogel schießen, denn er war als ihr bester Pfeilschütze bekannt. Da holte er seine Waffen aus der Hütte und entsandte einen Pfeil nach dem Falken, aber dieser flog auf, und das Geschoß ging unter ihm durch. Ebenso ging es mit einem zweiten Pfeil, und der kleine Falke setzte sich nun ganz dicht vor dem Manne nieder. Wütend schoß dieser zum dritten Male, und als auch dieser Pfeil vorbeigegangen war, flog der Vogel herzu und faßte ihn mit seinen Krallen am Schopf. In demselben Augenblick verwandelte er sich in einen riesigen Falken und trug seinen Bruder in den Fängen in die Luft empor. Sogleich fiel ein großer Schwarm von Raubvögeln über ihn her und fraß ihn auf, daß nur die Knochen zur Erde fielen.

Der jüngere Bruder konnte sich nun beliebig in einen Menschen oder Falken verwandeln. Die Falken schickten ihn aus, um auch seine Eltern zu holen. Er kam in Menschengestalt in sein Dorf, und als ihn die Leute nach so langer Zeit wieder erscheinen sahen, erschraken sie und sagten, er sei wohl auf dem Wege des Azang (Dämon) gekommen. Er forderte darauf seine Eltern auf, mit ihm zusammen in ein Haus zu gehen und zu tanzen. Auch andere Dorfbewohner lud er ein; sie wollten aber nicht kommen. Während sie in dem Hause tanzten, löste er sich vom Boden los und stieg mit ihnen in die Luft empor. Nun liefen die Dorfbewohner zusammen und wollten die Davonziehenden zurückhalten. Die Medizinmänner rauchten ihre Zigarren und bliesen den Rauch in die Höhe, aber es nützte nichts.

Die ganze folgende Nacht hindurch regnete es, und das Wasser stieg so hoch, daß viele Leute ertranken. Eine Anzahl Personen rettete sich auf Uassaï-Palmen. Da sie in der Dunkelheit nichts unter sich sehen konnten, so warfen sie von Zeit zu Zeit Palmfrüchte herunter, um am Aufschlagen zu erkennen, ob der Boden trocken sei oder unter Wasser stände. Es klang aber nur immer pluk – pluk, wenn die Früchte ins Wasser fielen. Da begannen sie, sich in der Dunkelheit gegenseitig wie Kröten anzurufen, und das taten sie so lange, bis sie selbst zu Kröten wurden.

15. Wie der Zitteraal entstand

Es war einmal ein Mann, der fürchtete sich sehr vor dem Wasser und badete sich nicht. Als seine Verwandten eines Tages badeten, sprach er: »Ich will hingehen und ihnen zusehen!« Er tat es, setzte sich an das Ufer des Flusses und schaute ihnen zu.

Da sagte einer von ihnen: »Jener Mann, der sich dort hingesetzt hat, fürchtet sich vor dem Fluß. Ich werde ihn hineinstoßen. Gebt acht!«

Der Mann fürchtete sich sehr vor dem Fluß; er zitterte und zitterte. Da kam der andere von hinten und stieß ihn. Er fiel in den Fluß und konnte nicht das Steilufer herauf aus dem Wasser kommen. So konnte er nicht mehr atmen und ertrank. Der Mann tauchte unter, und die Fische zwickten ihn. Da stieß sie der Mann mit dem Fuß weg. Darauf kam der Alligator und sah den Mann. Dieser wollte ihn schlagen, aber der Alligator machte sich davon. Da zwickten alle Fische den Mann. Darauf kam die Pirahiba und verteidigte ihn. »Ihr kleinen Fische«, sprach sie, »zwickt mir diesen Mann nicht! Er gehört mir.«

So verteidigte die Pirahiba den Mann. Wenn sie nicht gekommen wäre, hätten alle Fische ihn gezwickt und nichts von ihm übriggelassen.

Die Pirahiba nahm den Mann mit sich und zeigte ihn ihren Verwandten, und diese freuten sich, als sie ihn sahen.

Dies sind die Verwandten der Pirahiba: der Alligator, der

Surubim, der Piraruku, die Wasserschlange, die große Piranya, die große Trahira und der große Jundia.
Die Pirahiba zeigte ihn ihren Verwandten und fragte ihn dann, was er wünsche. Der Mann war voll Zorn und bat die Pirahiba um eine Keule.
Er sprach zu ihr: »Ich will meine Leute schlagen, die mich ins Wasser gestoßen haben. Deine Verwandten habe ich nun gesehen.«
Da gab ihm die Pirahiba die Keule, und der Mann ging hin und verwandelte sich. Darauf suchte er seine Leute, aber sie waren schon weggegangen, und er sah niemand. Da wurden schon alle seine Knochen weich, und sein ganzer Körper wurde kalt. Der Fluß wurde sehr tief und ganz kalt.
Darauf sprach der Mann: »Soll ich mich nun in einen Zitteraal verwandeln?« Er zitterte und zitterte und ergriff seine Keule. Da fürchteten sich alle Fische, als der Fluß kalt wurde. Auch die Pirahiba fürchtete sich und sprach: »Wie hat der Mann den Fluß so tief und kalt gemacht? Ich will dem Kaschinaua zusehen.« Und sie ging hin und beobachtete den Mann auf dem ganzen Weg. Sie sah, wie er voll Wut mit allen Fischen kämpfte, und sprach: »Warum kämpft nur dieser Mann mit allen Fischen?« Und sie beobachtete ihn weiter.
Der Mann aber sagte: »Ihr habt mich gezwickt, aber die Pirahiba hat mich verteidigt. Deshalb schlage ich euch.« Da fürchteten sich alle Fische und flohen.
Schon wurde der Leib des Mannes weich, und sein Kopf verkleinerte sich. Alle Knochen seines Körpers erweichten sich. Seine Füße verwandelten sich in einen Schwanz, und in dem Schwanz befestigte sich seine Keule, mit der er jene schlagen wollte. Alle Fische aber fürchteten sich und flohen sehr weit weg.
Der Mann verwandelte sich in einen Zitteraal. Der Zitteraal ist sehr kalt. Nun wohnt er dort, wo es sehr tief und sehr kalt ist.

Unser Verlag wurde 1896 in »Florenz und Leipzig« gegründet. Verlagssignet: der Marzocco des Donatello. Von 1904 bis 1948 war der Sitz in Jena, heute ist er in Düsseldorf/Köln.

Unsere Hauptgebiete:
Sachbücher, Kulturgeschichte,
Östliche Literatur,
Nordische Sagas,
Gesamtwerk Sören Kierkegaard,
Märchen der Weltliteratur.

Bitte freimachen

Postkarte

Eugen Diederichs Verlag
Postfach 100 526

5000 Köln 1

Lieber Leser,

möchten Sie auch andere Bücher unseres Verlages kennenlernen? Wir informieren Sie gern über

Diederichs Neuerscheinungen.

Bitte kreuzen Sie die für Sie besonders interessanten Themenbereiche an und schicken uns die frankierte Karte ausgefüllt zurück.

Ihr Eugen Diederichs Verlag

- ☐ Neu bei Diederichs (Jahresprospekt) und Gesamtverzeichnis
- ☐ Märchen und Sagen
- ☐ Östliche Weisheit/Fremde Kulturen
- ☐ Psychologie/Lebenshilfe

____

Name und Vorname

____

Straße

____

PLZ und Ort

(Bitte alles in Blockschrift) 150-79

Die Verwandten des Mannes sprachen: »Wir wollen fischen!«, und sie gingen hin. Mitten im Fluß fischten sie. Da kam der Zitteraal und schlug einen von ihnen.
Dieser schrie, wurde ohnmächtig und fiel hin. Da rief ein anderer: »Der Zitteraal schlägt!«, und sie fürchteten sich und liefen davon. Die Männer aber sprachen: »Jener Mann, den wir, als wir badeten, mitten in den Fluß gestoßen haben, schlägt uns jetzt. Er hat sich in einen Zitteraal verwandelt und ist zornig auf uns und schlägt unsere Leute.«
Der Zitteraal blieb sehr zornig. Sehr viele Fische fürchten ihn; auch unsere Leute fürchten ihn. Von allen ihren Verwandten fürchtet ihn nur die Pirahiba nicht. Der Alligator aber fürchtet ihn, weil er so zornig ist.
Dieser Zitteraal wohnt dort, wo der Fluß sehr tief und sehr kalt ist. Er ist sehr weich. Wenn er seine Leute schlägt, tut er es mit der Spitze seines Schwanzes.
Dies ist die Geschichte von dem zornigen Mann, der sich in einen Zitteraal verwandelte.

16. Wie der Hirsch die Kaschinaua den Ackerbau lehrte

Meine Vorfahren hatten in der Zeit des Hungers nichts zu essen. Sie schlugen Jacypalmen nieder, schälten die Rinde ab und aßen sie. Sie aßen Kokos. Sie aßen Urikury. Etwas anderes hatten sie nicht.
Ein Mann ging Urikury holen und stellte sich unter den Baum und aß von den Früchten. Da erblickte ihn der Hirsch. Der Mann erschrak und blieb stehen. Der Hirsch fragte ihn: »Was machst du denn da?« Der Mann antwortete: »Ich habe in dieser Hungerzeit nichts zu essen. Mich hungerte. So kam ich, um Urikury zu holen.« – »Hast du denn keine Pflanzung?« fragte der Hirsch weiter. »Ich weiß nicht, wie man eine Pflanzung macht«, erwiderte jener. Darauf sprach der Hirsch: »Mann, ich werde dir eine Pflanzung machen.« Der

Mann horchte auf, nahm seine Urikuryfrüchte auf den Rükken und ging davon.

Er kam nach Hause und sprach zu seinen Leuten: »Freunde, wir werden in der Zeit des Hungers nicht wieder Hunger leiden!« Diese fragten ihn: »Warum werden wir denn nicht mehr Hunger leiden?« Der Mann antwortete: »Ich war Urikury holen und stand unter dem Baum und aß von den Früchten. Da kam der Hirsch zu mir. Ich erschrak und blieb stehen. Er fragte mich: ›Was machst du denn da?‹ Ich antwortete ihm: ›In dieser Zeit des Hungers habe ich nichts zu essen. Ich habe keine Feldfrüchte. Mich hungert. So kam ich, um Urikury zum Essen zu holen.‹ Der Hirsch sagte, er selbst würde mir eine Pflanzung machen, damit wir nicht mehr Hunger zu leiden brauchten.«

Da kam der Hirsch an als alter Mann mit rötlichem Haar und einem Bäuchlein. Er ging an einem Stock. Meine Leute erblickten ihn und sprachen: »Dort kommt ein altes Männchen!« Eine Frau sagte: »Wer kommt denn da?« Der Alte blieb vor dem Hause stehen und sprach: »Da bin ich!« Ein Mann antwortete ihm: »Komm her, Alterchen!« Er band dem Alten eine Hängematte an und setzte ihn darauf, damit man ihm Essen brächte. Dann sagte er: »Warum bist du denn in mein Haus gekommen? Ich habe in dieser Hungerzeit selbst nichts zu essen. Ich esse nur Urikury.«

Die Männer gaben ihm Urikuryfrüchte und Jacykuchen, und der Alte aß, und dann ruhte er sich aus. Da fragte ihn einer: »Alter, wo kommst du her?« Das Alterchen erwiderte. »Ich bin kein alter Mann. Mein Name ist ›Hirsch‹. Du hast noch nicht viele Hirsche gesehen, scheint es. Mein Haar ist rot. Ich habe ein Bäuchlein. Du siehst es nicht, scheint es. Dieser Mann da war Urikury holen und stand unter dem Baum und aß von den Früchten. Da erblickte er mich, erschrak und blieb stehen. Ich fragte ihn: ›Was machst du denn da?‹ – ›In dieser Hungerzeit‹, antwortete er, ›habe ich nichts zu essen. Urikury ist meine einzige Speise. So kam ich, um Urikury zu holen.‹ Ich hörte ihm zu und sprach: ›Ich habe keinen Hunger; ich habe meine Pflanzung!‹ « Da sagte einer zu den Männern: »Der Hirsch ist gekommen, um uns eine Pflanzung zu machen!«

Meine Leute ließen den Hirsch weiterreden, und dieser sprach: »Kaschinaua, schleift eure Waldmesser und gebt sie mir! Schleift eure Äxte und gebt sie mir!«

Sie schliffen ihre Waldmesser und ihre Äxte und gaben sie dem Alten. Dieser sprach zu ihnen: »Kommt hinter mir her! Kommt und seht, wie ich euch eine Pflanzung mache, damit ihr sie auch so gut machen könnt!«

Der Hirsch unterrichtete sie und fuhr fort: »Kaschinaua, um eine Pflanzung zu machen, müßt ihr zunächst einen sehr guten Hügel suchen. Wenn der Hügel nichts taugt und ihr macht eine Pflanzung darauf, so taugt auch diese nichts.« Die Männer sagen: »Ja« und blieben stehen. Da erblickte der Hirsch einen sehr guten Hügel. Er bohrte das Erdreich an. Dann schlug er den Wald nieder, bis er müde wurde, und er setzte sich hin. Da sprach einer der Männer: »Dieses rote Alterchen, dieses Dickbäuchlein, ist wirklich ein wackerer Arbeiter!«

Als die Blätter der Bäume trocken wurden, brannte der Hirsch die Rodung. Darauf sprach er zu ihnen: »Habt ihr es nun gut gesehen?« – »Wir haben es gut gesehen«, erwiderten sie.

Dann sagte der Hirsch: »Jetzt gehe ich heim, um Bananenschößlinge zu holen. Ich gehe und hole Setzlinge von Makaschera, von Kara, von Bataten und von Bohnen.«

Der Hirsch ging hin, um dies alles zu holen, und kam zurück und beflanzte das Feld. Er pflanzte Setzlinge der Makaschera; er pflanzte Bananenschößlinge; er pflanzte Bataten, Kara und Bohnen.

Alle Pflanzen gediehen, und die Männer freuten sich.

Meine Vorfahren litten nun in der Hungerzeit keinen Hunger mehr. Der Hirsch lehrte sie den Ackerbau. Sonst hatten sie in der Hungerzeit nichts zu essen. Sie litten Hunger. Der

Hirsch unterrichtete sie. Wenn sie wieder Hunger haben, machen sie eine Pflanzung.
So weit weiß ich die Geschichte vom Hirsch. Mehr gibt es nicht.

17. Keri und Kame

Kamuschini begegnete, da er im Walde Blätter der Tukumpalme suchte, um sich Schnur für Bogensehnen zu verschaffen, dem Jaguar Oka, fürchtete sich vor ihm und versprach, ihm Frauen zu machen, wenn er ihn verschone.
Zuerst fällte er Bäume mit rotem Holz, brachte die Klötze nach Hause, stellte sie an einen Maismörser, blies sie an und zog sich ein Weilchen zurück. Als er wiederkam, waren es aber lauter Männer geworden, die Pfeile schnitzten! Er tötete sie, ging wieder fort und fällte nun mit seinem Steinbeil fünf oder sechs andere Bäume, verfuhr damit ebenso wie mit den ersten und fand dieses Mal, als er die Angeblasenen sich ein Weilchen überlassen hatte, daß es Frauen geworden waren. Sie sagten alle »Papa« zu ihm, und mit Ausnahme der letzten, die faul dasaßen und die er deshalb erzürnt sofort tötete, stampften sie eifrig Mais – Maniok soll es damals noch nicht gegeben haben – und machten Fladen und Getränke.
Die beiden Ältesten, Nimagakaniro und Ichoge, gab Kamuschini dem Jaguar Oka, und dieser führte sie nach Hause. Unterwegs aber verunglückte Ichoge; sie kletterte auf eine Buritipalme, um sich Nüsse zu holen, und stürzte hinab.
Nimagakaniro verschluckte zwei Bakairi-Fingerknochen, von denen viele im Hause waren, weil Oka sie für seine Pfeilspitzen gebrauchte und viele Bakairi tötete, deren Fleisch er aß. Von den Fingerknochen wurde die Frau schwanger.
Ihre Schwiegermutter Mero aber, die außer Oka noch zwei Jaguarsöhne hatte, Kuara und Zaupanyua, kam zu Besuch, als Oka auf der Jagd war. Sie wollte nicht, daß er von einer Bakairi Söhne habe, denn sie haßte und aß die Bakairi. Sie

riß Nimagakaniro mit ihren Krallen die Augen aus und ging wieder. Nimagakaniro starb, aber der Oheim Kuara schnitt ihr den Leib auf, holte die Zwillinge Keri und Kame hervor und legte sie in eine Kalabasse wie junge Papageien. Dann schnitten er und seine Leute Nimagakaniro in Stücke, brieten und verzehrten sie und setzten den Rest dem heimkehrenden Oka vor, der ihn ahnungslos aß. Heftig erzürnt, als er den Hergang erfuhr, lief er, Mero zu töten, stand aber davon ab, weil sie sagte: »Ich bin deine Mutter.«

Keri und Kame zog der Pflegevater Jaguar auf. Er ließ sie auf seinem Rücken reiten und lehrte sie mit Pfeilen schießen. Nun fragten sie ihn aber nach ihrer Mutter. Er hatte von ihrem Tod geschwiegen, weil er sich schämte, von ihrem Fleisch gegessen zu haben, und gab auch jetzt keine Auskunft. Doch die Großmutter oder Tante Ewaki berichtete die Untat Meros. Keri und Kame gingen hin und töteten Mero, obwohl diese sie freundlich mit dem Gruß »o meine Enkel« empfing.

Die verdammte Mero wurde nicht beerdigt, o nein, sie wurde verbrannt. Keri und Kame trugen Scheiter zusammen und legten Feuer an; dann gruben sie sich ein Loch, um zuzuschauen. Mero brannte »bopopopo« ... Man sieht das Feuer noch heute am Himmel. Zu jener Zeit hatten Keri und Kame noch keine menschliche Gestalt. Kame kroch aus seinem Loch neugierig hervor und fing Feuer. Er verbrannte, starb. Keri blies ihn an und machte ihm Nase und Hände und Füße, wie sie die Menschen haben. Aber auch Keri fing Feuer, verbrannte, starb, wurde von Kame lebendig geblasen und menschlich gestaltet. Auch diese Feuer sieht man am Himmel. Da kamen drei Tierarten, die man auch noch am Himmel sieht, die kleine Fischotter, die sich den Schwanz, die große, die sich Hände und Füße, und der Tukan, der sich den Schnabel von Keri und Kame nahm. Keri hatte einen größeren Schnabel gehabt als Kame.

Keri und Kame zankten mit dem Vater und wollten ihn töten, weil sie ihre Mutter nicht gesehen hatten. Sie sagten dem Vater: »Mach viele Pfeile zurecht!« Dieser tat es und gab sie ihnen. Nun machten sie Kayabi. Sie rammten die Pfeile in einem Kreis aufrecht in den Boden und bliesen sie an. Da kamen die Kayabi. Keri hieß diese, auf Oka zu schießen, aber sie fehlten. Da schoß Keri selbst. Der Pfeil drang in das Knie des Jaguars ein. Der Jaguar stürzte sich ins Wasser und entkam.

Die Brüder empfingen nun von ihrer Tante Ewaki den Auftrag, die Sonne zu holen, die der Königsgeier besaß. Bisher war es Nacht, wenn nicht der Königsgeier mit der Sonne erschien. Am Himmel gibt es ein schwarzes Loch, das den Geiern gehörte. In dieses Loch stürzte der Tapir, weil es finstere Nacht war. Man sieht ihn noch in der Milchstraße. Keri sah den Tapir und ging in seinen Vorderfuß hinein. Kame aber ging in einen kleinen gelben Singvogel und setzte sich auf einen Ast; er sollte Keri, der nichts sehen konnte von allem, was vorging, unterrichten. Der Königsgeier öffnete die Sonne; es wurde hell, und so erblickten die Aasgeier den Tapir. Alle schwarzen und weißen Geier – nur der rote, der Königsgeier, blieb noch fern – stürzten sich auf den Tapir. Sie holten Schlingpflanzenstricke herbei, zogen ihn mit aller Mühe aus dem Loch und wollten ihn zerteilen. Da machte Kame auf seinem Ast »neng-neng-neng«, Keri blies, und die Geier konnten mit ihren Schnäbeln den Tapir nicht öffnen. Sie riefen den Königsgeier zu Hilfe. Dieser kam, und Kame hörte auf, »neng-neng-neng« zu machen. Der rote Geier öffnete den Tapir mit seinem Schnabel. In diesem Augenblick ergriff ihn Keri und packte ihn so fest, daß er fast starb. Nur wenn er die Sonne hergebe, solle er am Leben bleiben. Da schickte der Königsgeier seinen Bruder, den weißen Geier, die Sonne zu holen. Dieser brachte die Morgenröte. »Ist das recht?« fragte Kame Keri, der festhalten mußte. »Nein, nicht die Morgenröte«, erwiderte Keri. Da brachte der weiße Geier den Mond. »Ist das recht?« fragte Kame. »Ach was!« erwiderte Keri. Nun brachte der weiße Geier die Sonne, und als Kame fragte: »Ist das recht?« antwortete Keri: »Jetzt, ja!« Dann gab er den Königsgeier frei, der sehr erzürnt war.

Der Mond bestand damals aus (gelben) Japu-Federn, die Sonne aus Federn des Tukan und des roten Arara, die Morgenröte aus Tukan-Federn. So haben es die Alten gewußt. Wenn es jetzt, wie ihr sagt, anders sein soll, so weiß ich davon nichts, und niemand weiß es. Dann muß man geblasen haben, daß sie wie Feuer geworden ist.

Keri sann und sann, was er nun mit der Sonne und dem Mond anfangen sollte. Es war immer hell. Ewaki wußte ihm auch nicht zu raten. Endlich machte er einen großen Topf und stülpte ihn darüber. Da war es dunkel. Er gab den Mond Kame. Sonne und Mond waren beide unter dem Topf. Wenn der Topf aufgehoben wird, ist es Tag.

Keri und Kame wollten nun gern schlafen und konnten zu ihrem Leidwesen nicht. Sie gingen zu Ewaki, und diese sagte ihnen, wo sie den Schlaf holen sollten. Po, die Eidechse, war im Besitz des Schlafes. Sie empfing Keri und Kame freundlich und sagte: »O meine Enkel!« Sie blieben in ihrem Hause, legten sich in die Hängematte und schliefen. Als sie erwachten, fühlten sie sich wieder wohl. Am anderen Morgen sagten sie Lebewohl und zogen mit der Hängematte, die ihnen die Eidechse geschenkt hatte, von dannen. Unterwegs, als sie eine Meile gegangen waren, wollten sie nun das Schlafen versuchen. Sie legten sich in die Hängematte und versuchten, aber es ging nicht. Sie quälten sich vergebens. Da gingen sie wieder zum Haus der Eidechse zurück, ergriffen sie und zogen ihr das Augenlid aus. Sie nahmen sich ein großes Stück, und die Eidechse war sehr böse. Nun hatten sie Augenlider und konnten schlafen.

Keri und Kame gingen zu Ewaki, und diese befahl ihnen, das Feuer zu holen. Der Kampfuchs war der Herr des Feuers. Er hatte es in den Augen und schlug es sich heraus, wenn er Holz anzünden wollte. Der Kampfuchs hatte eine Reuse angelegt, um Fische zu fangen. Zu der Reuse gingen Keri und Kame. Sie fanden darin einen Fisch und eine Schnecke. Keri ging in den Fisch, und Kame ging in die Schnecke. Beide waren gut darin versteckt. Singend kam der Kampfuchs gegangen und machte Feuer an. Dann sah er nach, was in der Reuse war, holte den Fisch und die Schnecke und legte sie in das Feuer, um sie zu braten. Aber die beiden gossen Wasser in das Feuer. Erzürnt ergriff der Kampfuchs die Schnecke; die hüpfte aber in den Fluß und holte neues Wasser und goß es ins Feuer, daß dieses beinahe ganz verlöschte. Der Kampfuchs ergriff sie wieder und wollte sie auf einem Holz in Stücke schlagen, die Schnecke aber entglitt ihm und fiel auf die andere Seite. Das wurde dem Kampfuchs zuviel; ärgerlich lief er davon. Keri und Kame aber bliesen das Feuer wieder an und gingen damit zu Ewaki.

Ewaki schickte die beiden Knaben aus, das Wasser zu holen. Sie wanderten drei Tage. Sie fanden drei Töpfe, die der Wasserschlange gehörten. In den Töpfen war Wasser; in zweien war gutes Wasser, aber in dem dritten war schlechtes, von dem man nicht trinken kann, ohne zu sterben. Diesen dritten Topf ließen sie ganz; sie wollten gutes Wasser haben. Die zwei anderen Töpfe zerschlugen sie. Das Wasser, das aus dem einen abfloß, war der Paranatinga, das Wasser des anderen der Ronuro und Kulisehu. Keri nahm sich des Paranatingawassers, Kame des Ronuro-Kulisehuwassers an. Beide Flüsse liefen weiter, und Keri und Kame liefen jeder hinter dem seinen; sie riefen einander zu, damit sie sich nicht verlören. Auf einmal hörte Kames Rufen auf. Keri schrie und schrie, doch die Antwort blieb aus. Da ließ er den Paranatinga stillstehen und warten und ging zum Ronuro. Der dumme Kame hatte sich den schlechtesten Fluß ausgesucht; er konnte nicht mit ihm fertig werden. Das Wasser wurde groß und breit und Kame ertrank. Ein gewaltiger Jahufisch verschluckte ihn. Keri kam und fand den Ronuro stillstehend, Kame verschwunden. Sogleich gab er sich ans Fischen. Er fing drei Jahus, und einer war dick geschwollen. Dem riß er den Bauch auf und erblickte nun Kame, der tot war. Er legte die Leiche auf große, grüne Blätter und blies sie an. Da stand Kame auf und sagte: »Ich habe gut geschlafen.« – »Nein«, rief Keri, »du hast ganz und gar nicht geschlafen! Ein Jahu hat dich gefressen.« Mit dem Ronuro wollten sie nichts mehr zu tun haben. Keri ließ eine Ente kommen und befahl ihr, das Wasser mitzunehmen. So geleitete die Ente den Fluß wieder weiter, und die beiden Knaben begaben sich zu Keris Paranatinga, der noch geduldig wartete. »Das ist das Wasser«, sagte Keri, »das wir mitnehmen wollen.«

Drei Tage liefen sie mit ihm talwärts. Da kamen sie zum Katarakt des Paranatinga, allein es war noch kein Wasserfall, sondern nur trockener Fels. Sie selbst brachten jetzt das Wasser zum Katarakt und ließen es jenseits des Falles warten. Aber da sie nun hier blieben, ließ Keri bald Enten und Tauben kommen und andere Vögel, die das Wasser mitnahmen und weiterführten.

Keri begegnete dem Kampfuchs und vereinigte sich mit ihm zur Jagd, indem der Kampfuchs das Gras im Kreis anzündete. Was von Getier eingeschlossen war, sollte verbrennen. Nun war der dumme Kame gerade in eine Maus gegangen. Keri wußte nichts davon; er dachte, Kame sei draußen. Das Feuer hörte auf, und die beiden streiften umher, ob sie Beute fänden. Keri fand keinen Braten. Der Fuchs fand eine verbrannte Maus und aß sie auf. Dann trafen sich die beiden wieder. »Großpapa, was für Braten hast du gegessen?« sagte Keri zum Fuchs. »Nur eine Maus habe ich gegessen«, antwortete dieser. Da merkte Keri, daß der Kampfuchs den Bruder verschluckt hatte, und ersann ein Mittel, diesen zu retten, ohne den Fuchs töten und aufschneiden zu müssen. »Laß uns rennen, Großpapa«, sagte Keri. »Jawohl, mein Enkelkind.«

Sie rannten eine lange Strecke. Dann standen sie still. Als der Fuchs stillstand, erbrach er sich. Darauf lief er eiligst davon.

Keri ging dorthin, wo sich der Fuchs erbrochen hatte. Er sah die Mäuseknochen und sammelte sie. Dann blies er. Nachdem er geblasen hatte, erhob sich Kame. »Ich habe gut geschlafen«, sagte er. »Du hast ganz und gar nicht geschlafen! Der Kampfuchs hatte dich gefressen.«

18. Der Jaguar und der Ziegenbock

Es wollte einmal ein Jaguar ein Haus bauen; er ging zu einem Ort, rodete den Busch, um dort ein Haus zu bauen. Der Ziegenbock, der auch ein Haus bauen wollte, suchte einen Platz, und als er zu dem Ort kam, wo der Jaguar bereits gerodet hatte, sagte er: »Bravo! Was für ein schöner Platz, um mein Haus zu bauen!« Der Ziegenbock schnitt sofort einige gegabelte Äste und steckte sie an jener Stelle in den Boden und ging weg. Am nächsten Tag kam der Jaguar, und als er die gegabelten Äste aufgesteckt sah, sagte er: »Oh, wer mir da hilft! Bravo! Es ist Gott, der mir hilft.« Er legte dann die Balken in die Gabeln und auch den Dachbalken und ging weg. Als der Ziegenbock von neuem kam, wunderte er sich und sagte: »Oh, wer mir da hilft?! Es ist Gott, der mir hilft.« Er legte die Dachsparren auf und ging weg. Als der Jaguar kam, wunderte er sich noch mehr und legte die Schindeln auf und die Abdichtung und entfernte sich. Der Ziegenbock kam, um die Latten zu verschlagen, und ging davon. Der Jaguar kam und deckte das Haus. Der Ziegenbock kam und deckte noch dichter ab. So gingen sie, jeder auf seine Weise, und machten das Haus fertig. Als es fertig war, kam der Jaguar, machte sein Bett und legte sich hinein. Gleich darauf kam der Ziegenbock, und als er den andern sah, sagte er: »Nein, mein Freund, dieses Haus gehört mir, denn ich war es, der die Gabeln steckte, die Dachsparren legte, die Latten verschlug und verdichtete.« – »Nein, mein Freund«, antwortete der Jaguar, »das Haus gehört mir, denn ich habe den Platz gerodet, die

Balken gelegt, den Dachbalken, die Schindeln und die Abdichtung und das Stroh (fürs Dach).«

Nachdem sie gehändelt hatten, sagte der Jaguar, der den Ziegenbock fressen wollte: »Aber wir brauchen nicht zu streiten, Freund Ziegenbock, denn wir können beide im Haus leben.« Der Ziegenbock nahm an, aber mit viel Angst. Der Ziegenbock schlug seine Matte weit weg vom Lager des Jaguars auf. Am anderen Tag sagte der Jaguar: »Freund Ziegenbock, wenn du mich die Stirne runzeln siehst, dann bin ich wütend, und du mußt aufpassen!« – »Ich, Freund Jaguar, wenn du siehst, daß mein Bärtchen zittert (an der Dachrinne) und ich niese, dann fliehe, weil ich dann keinen Spaß verstehe.« Danach ging der Jaguar weg, indem er sagte, daß er Essen suchen wolle. Dort, weit weg vom Haus, packte er einen großen Ziegenbock und tötete ihn, und um seinen Gefährten zu erschrekken, brachte er ihn nach Hause. Er warf ihn auf den Boden und sagte: »Da, Freund Bock, enthäute ihn und bereite für uns zu essen.« Der Ziegenbock, als er das sah, sagte bei sich: »Wenn du diesen getötet hast, der groß war, um so mehr mich!«

Am nächsten Tag sagte er zum Jaguar: »Jetzt, Freund Jaguar, wer Essen suchen wird, das bin ich!« Und er ging davon. Als er weit weg war, erblickte er einen großen und dicken Jaguar, und er tat, als ob er ihn nicht gesehen hätte, und begann, Schlingpflanzen aus dem Busch zu reißen. Der Jaguar kam näher, und als er das sah, sagte er: »Freund Bock, wofür so viele Schlingpflanzen?« – »Hm, wofür? Die Sache ist ernst! Kümmere dich um dich! Die Welt ist im Begriff unterzugehen, und es wird durch eine Sündflut sein ...« – »Was sagst du da, Freund Bock?« – »Es ist die Wahrheit; und du, wenn du dich retten willst, komm und binde dich fest, denn ich will mich schon festbinden.« Der Jaguar ging und wählte einen ganz hohen Stamm aus und bat den Bock, ihn festzubinden. Der Bock wickelte ihn ganz ein, und als er ihn völlig sicher sah, prügelte er ihn tüchtig, bis er ihn tötete. Dann schleppte er ihn und kam (damit) nach Hause und ließ ihn auf den Boden fallen und sagte: »Da! Wenn du willst, häute ihn ab und mach ihn fertig!«

Der Jaguar war erstaunt und erschrocken. Beide fürchteten sich voreinander.

Eines Tages stellte sich der Bock unter die Traufe, um sich abzukühlen. Er schaute zum Jaguar, und der runzelte die Stirne. Er hatte Angst und zitterte mit dem Bart und nieste. Der Jaguar sprang von seiner Falle und eilte davon, der Bock machte sich gleichfalls auf die Socken (öffnete die Segel). Noch heute laufen sie jeder in seiner Richtung.

19. Der Besuch im Himmel

Den Königsgeier wollte ein Jäger fangen. Er ging zum See, wo der Königsgeier Fische fraß. Und es gelang ihm auch, die Tochter des Königsgeiers zu packen. Er nahm sie mit, ließ sie aber unterwegs zurück und ging zu seiner Mutter, um ihr von dem Fange zu erzählen. Die Mutter hieß ihn die Tochter des Königsgeiers holen. Die hatte inzwischen Federn und Flügel abgelegt und sich in ein Mädchen verwandelt. Sie ging mit ihm.

Als die beiden an die Hütte der Mutter kamen, rief er hinein: »Ich bringe die Tochter des Königsgeiers.«

»Laß mich meine Schwiegertochter sehen!« antwortete die Mutter.

Das Mädchen trat ein. Die Mutter wollte ihr eine Hängematte geben, weil sie ja nichts zum Schlafen mitgebracht hatte, das Mädchen aber erklärte, sie brauche so etwas nicht, und stieg auf einen Querbalken. Nachts legte sie ihre Flügel an und war ein Königsgeier. Am Morgen streifte sie die Flügel wieder ab, stieg vom Balken herunter und war ein Mensch.

Die Mutter mochte die Schwiegertochter nicht und schalt sie, weil sie den Boden beschmutzte. Da ging die junge Frau fort. Ihr Gatte begleitete sie. Das tat er zwar gegen den Willen der Mutter, aber er liebte seine Frau sehr.

Auf freiem Felde legte die Tochter des Königsgeiers ihre Flügel an, hieß den Gatten sich an ihren Schultern festhalten und begann zu fliegen. Sie hieß ihn die Augen schließen, und er schloß die Augen. So kamen sie in die Heimat der Frau. Dort hieß sie ihn die Augen öffnen, und er öffnete sie. Dann setzte sie ihn ab und ging allein zu ihres Vaters Haus.

Der Vater sagte: »Gut, daß du meinen Schwiegersohn herbringst. Hol ihn, auf daß ich ihn mir betrachte!«

Sie rief ihren Mann. Als er kam, sagte der Schwiegervater zu ihm: »Zieh meinen Sandfloh heraus!« Der Mann machte sich an die Arbeit.

»Wie weit bist du?« fragte der Königsgeier nach einer Weile.

»Bald fertig«, antwortete der Schwiegersohn.

Da bewegte der Alte den Fuß, so daß der Sandfloh zerstochen wurde.

»Du hast meinen Sandfloh zerstochen«, schrie er den Schwiegersohn an. »Jetzt reiß ich dir die Augen aus.« Und er riß sie ihm wirklich aus.

Der Schwiegersohn litt drei Nächte lang. Dann kam eine Ratte zu ihm und fragte: »Was hast du, Enkel?«

»Der Alte riß mir die Augen aus«, antwortete der Mann.

»Sie sind in des Alten Krug«, erklärte die Ratte. »Willst du sie haben?«

»Ja, Großvater Ratte«, sagte der Mann.

Da ging die Ratte und holte die Augen. Sie setzte sie ihm ein, und er konnte wieder sehen.

Als die drei Nächte vergangen waren, schickte der Königsgeier seine Tochter, um nachzusehen, ob der Mann tot sei. Sie fand ihn bei bestem Wohlbefinden. Da befahl ihr der Alte, den Schwiegersohn Miritifrüchte pflücken zu lassen.

Sie ging mit ihrem Gatten an die Miritipalme. Er stieg hinauf und riß alle Früchte ab. Als er sich dann an dem hohen

Stamm herunterließ, sprach sie: »O Palme Miriti, verdicke dich, auf daß er sich nicht halten kann!«
Da stürzte der Mann ab und blieb am Boden liegen. Die Frau deckte ihn mit Palmblättern zu, kehrte zu ihrem Vater zurück und sagte: »Er ist gestorben.«
»Laß ihn faulen!« antwortete der Königsgeier. »Laß uns drei Tage warten!«
Der Mann war durch den Sturz aber nur bewußtlos geworden. Nachts kam er wieder zu sich, stand auf und ging davon.
Als die Frau drei Tage später seinen Leichnam sehen wollte, fand sie nichts mehr von ihm. Sie sagte das dem Alten. Der ließ sie abermals nachschauen. Da entdeckte sie ihren Mann, kam zurück und sagte: »Vater, er ist da.«
»Jetzt soll er mir eine Bank machen, die aussieht wie mein Kopf!« befahl der Königsgeier. Die Frau sagte es ihrem Manne. Der ging in den Wald, fällte einen Baum, wußte aber nicht weiter. Da kam der Grünspecht zu ihm und fragte: »Wie geht es, mein Enkel?«
Der Mann sagte: »Ich soll meinem Schwiegervater eine Bank machen, die so aussieht wie sein Kopf.«
»Das ist nicht schwer«, erklärte der Specht. Darauf sagte er zu seiner Gefährtin, der Eidechse: »Geh zum Königsgeier, steige in seinem Hause an die Decke und mache ihm von dort auf den Kopf!«
Der Kopf des Königsgeiers war in Tücher gehüllt. Die Eidechse tat wie geheißen. Da entblößte der Königsgeier seinen Kopf. Die Eidechse sah genau, daß er zwei Scheitel hatte. Sie sagte zum Specht: »Sein Kopf ist doppelt.«
Nun machte sich der Specht an die Arbeit. Als er die Bank fertig hatte, sagte er: »Da ist sie.«
Die Tochter des Königsgeiers kam und fragte: »Ist Vaters Bank fertig?«
»Ja«, antwortete der Mann.
Da erschrak sie und sagte: »Ich werde sie jetzt mitnehmen.«

Sie brachte die Bank dem Vater. Auch er erschrak. »Wie konnte er sie nur machen!« rief er aus. »Jetzt, Kind, heiß ihn mir ein Haus auf Felsen bauen!«
Die Frau überbrachte den Befehl. Der Mann machte die Pfosten, Querbalken und Sparren. Dann wollte er die Grundfeste machen, aber sein Grabstock zerbrach an dem Felsen. »Wie soll ich jetzt graben!« murmelte er.
Der aalförmige Mussumfisch kam und fragte: »Wie geht's, mein Enkel?«
»O Großvater«, sagte der Mann, »ich soll hier meinem Schwiegervater ein Haus bauen und komme nicht in den Felsen hinein.«
»Ist alles Holz schon da, die Pfosten, Balken und Sparren?«
»Das ist alles schon fertig, Großvater.«
»Gut«, sagte der Mussum, drang in den Felsen ein, kam wieder hervor und tat das mehrere Male. Dann ging er fort. Der Mann steckte die Pfosten in die Löcher, die der Mussum gebohrt hatte, und brachte Balken und Sparren an.
Die Tochter des Königsgeiers kam und sagte: »Mein Vater will sein Haus bald haben.«
»Ja«, sagte der Mann, »morgen oder übermorgen bin ich mit ihm fertig.« Aber als sie gegangen war, dachte er: ›Wie werd ich's bloß schaffen?‹
Da kam der Japim und fragte: »Wie geht's, mein Enkel?«
»Der Alte will sein Haus bald haben«, sagte der Mann.
»Übermorgen sind wir fertig«, erklärte der Japim. Am nächsten Tag in der Frühe begannen er und die Seinen das Haus mit den Blättern der Miritipalme zu decken. Plötzlich rief der Anu, die Königsgeiertochter sei in Sicht.
Da flogen die Japim in den Wald, und der Mann blieb allein zurück.
Die Königsgeiertochter kam und fragte: »Hast du andere Leute zum Arbeiten?«
»Nein«, antwortete der Mann, »ich arbeite allein.«
Sie ging heim und erzählte dem Vater: »Er ist bald fertig.«

Der Anu rief von neuem. Da kamen die Japim zurück und beendeten ihr Werk. Dann sagten sie zu dem Manne: »Jetzt gehen wir.« Und sie gingen fort.

Der Mann meldete seiner Frau: »Das Haus ist nun fertig!«

Sie sagte es dem Vater. »Gut«, erklärte dieser. »Jetzt, Kind, soll mein Schwiegersohn eine große Rodung machen!« Sie überbrachte den Befehl.

Der Mann begann zu roden. Er arbeitete allein. Da kam die Sauva und fragte: »Wie geht's, mein Enkel?«

»Ich soll eine große Rodung machen«, sagte der Mann, »aber allein bring ich das nicht fertig.«

»Ich werde nicht lange dazu brauchen«, sagte die Ameise. Sie und die Ihren halfen und arbeiteten sechs Tage. Dann war die Rodung fertig, und sie gingen fort. Der Mann aber meldete der Königsgeiertochter: »Deines Vaters Rodung ist fertig.«

Sie sagte es dem Vater.

»Gut so«, war die Antwort.

Zehn Tage später sprach der Alte zu seiner Tochter: »Jetzt, Kind, will ich die Rodung abbrennen. Heiß deinen Mann mitten in die Rodung gehen! Dann sollen Rabengeier und Geierfalken rings um ihn Feuer anlegen!« Sie überbrachte ihrem Manne den Befehl.

Der Mann war mitten in der Rodung, als die Rabengeier und Geierfalken ihn mit Feuer umzingelten. Voller Angst schrie er: »Umzingelt mich nicht!« Aber das Feuer kam immer näher. Er kletterte auf einen Baum und wieder herunter.

Da sagte die schwarze Spinne zu ihm: »Enkel, komm in mein Haus, sonst stirbst du!«

Der Mann kroch in das Haus der schwarzen Spinne. Das Feuer ging darüber hinweg. Die Spinne fragte: »Willst du heim?« Dann erklärte sie: »Der Königsgeier will dich töten und fressen. Wenn du nach Hause möchtest, helfe ich dir hinab.«

»Ich möchte nach Hause«, antwortete er.

Sie flochten einen großen Korb. Als der Korb fertig war, setzte sich der Mann hinein. Die Spinne spann einen langen Faden und ließ ihn daran auf die Erde nieder. Als der Mann dort angekommen war, stieg er aus, schüttelte an dem Faden, und die Spinne zog den Korb wieder nach oben.
Der Mann ging zu seiner Mutter. »Wo kommst du her?« fragte sie.
»Ich komme vom Hause meines Schwiegervaters«, antwortete er und erzählte alles, was er im Himmel erlebt hatte.
Zwei Jahre war er fortgewesen. Nun blieb er wieder bei der Mutter.

20. Wie die Cotia einen Ochsen gewann und wieder verlor und wie sie am Jaguar Rache nahm

Ein Jaguar hatte eine Pflanzung, aber sie war so voller Brennesseln, daß er sie nicht jäten konnte. Deshalb rief er ein paar Tiere zusammen und sprach zu ihnen:
»Wer von euch meine Pflanzung jätet, ohne sich zu kratzen, dem gebe ich einen Ochsen zum Lohne.«
Der erste, der sich zu der Arbeit erbot, war der Affe. Er begann zu jäten, aber der Jaguar schickte ihn gleich fort, weil er sich kratzte. Dann kam der Hirsch, aber auch er taugte nichts. Und so andere Tiere. Alle kratzten sich, nachdem sie kaum angefangen.
Schließlich erschien die Cotia und sagte, sie wolle die Pflanzung säubern. Der Jaguar sprach bei sich:
»Wenn die anderen Tiere nicht arbeiten konnten, um wieviel weniger die kleine Cotia.« Aber er nahm das Anerbieten an.
Die Cotia reinigte ein gutes Stück, und der Jaguar schaute zu. Schließlich wurde er des Aufpassens überdrüssig und rief seinen Sohn, damit der achtgebe, ob die Cotia sich nicht kratze.
Als der Jaguar fortgegangen war, wandte sich die Cotia an den Sohn und fragte ihn, um sich kratzen zu können:

»Sag mal, Kleiner, der Ochse, den mir dein Vater geben kann, ist hier gefleckt, und hier, und an dieser Stelle, und so und so . . .?« Und dabei kratzte sie sich aus allen Kräften.

Der dumme Junge antwortete nur immer: »Ja, ja.«

Die Cotia setzte ihre Arbeit fort, und wenn die Brennesseln sie an den Beinen oder an den Ohren oder sonstwo brannten, fragte sie den jungen Jaguar wieder, ob der Ochse an dieser Stelle gefleckt sei und an jener, und dabei kratzte sie sich nach Herzenslust.

So brachte sie es fertig, die ganze Pflanzung zu jäten, und gewann den Ochsen.

Als der Jaguar der Cotia den Ochsen übergab, sagte er zu ihr: »Gevatterin, du darfst den Ochsen nur an einer Stelle schlachten, wo es weder Fliegen noch Mücken gibt und wo kein Vogel singt.«

Die Cotia trieb den Ochsen eine Strecke weiter und hielt dann an. Aber da sie Vogelruf hörte, sprach sie zu sich:

»Nein, hier ist noch nicht der rechte Ort.«

So zog sie lange weiter, bis sie weder Fliegen noch Mücken mehr sah und auch keinen Vogel mehr singen hörte.

Dort schlachtete sie den Ochsen. Sie hatte eben begonnen, ihn abzuhäuten, als der Jaguar auftauchte und sagte:

»Gevatterin, gib mir doch ein Stück von dem Ochsen, denn ich bin krank.«

Die Cotia schnitt ein Stück ab, das der Jaguar auf einmal hinunterschlang. Nicht zufrieden, forderte er noch ein Stück. Als die Cotia zögerte, drohte er ihr, daß er sie auffressen werde. So mußte die Cotia ihm nach und nach den ganzen Ochsen geben. Traurig ging sie nach Hause, aber sie schwor, sich an dem Jaguar zu rächen.

Nachdem die Cotia ausgekundschaftet hatte, wo der Jaguar zu wechseln pflegte, setzte sie sich an seinen Pfad und begann eine Liane abzunagen. Als der Jaguar vorüberkam, fragte er, was sie da treibe.

»Tupan will die Welt strafen, indem er einen furchtbaren

Wirbelsturm schickt. Da will ich mich mit der Schlingpflanze festbinden, damit ich nicht weggeweht werde.«

Der Jaguar bat, sie möge doch zuerst ihn anbinden. Sie tat, als ob sie noch nach Hause gehen müsse, um ihre ganze Familie anzubinden. Auf die inständigen Bitten des Jaguars sprach sie schließlich:

»Da du mein Gevatter bist, so will ich dir den Gefallen tun.« Und sie begann ihn festzubinden.

Da sie die Liane so fest anzog, daß er sich nicht mehr rühren konnte, sagte er, sie solle doch die Rinde ein wenig lokkern. Aber sie zog nur noch fester an, indem sie meinte, nur so könne er der Gewalt des Windes widerstehen. Dann machte sie, daß sie fortkam.

Als der Jaguar merkte, daß er zum Narren gehalten worden war, bat er den Affen, er möchte ihn doch losbinden. Aber der Affe antwortete:

»Tupan segne den, der dich hier angebunden!«

Dann kam der Hirsch vorbei, aber auch er antwortete auf die Bitte des Jaguars dasselbe, und so alle Tiere, welche er mit dem Reinigen seiner Pflanzung angeführt hatte.

Nach einigen Tagen ging die Cotia wieder zu dem Baume, um zu sehen, ob der Jaguar noch lebte. Als er ihrer ansichtig wurde, bat er flehentlich, sie möge ihn doch losbinden. Die Cotia tat, als sei sie nicht seine Gevatterin, sondern eine fremde Cotia, bedauerte ihn sehr und begann ihn zu lösen.

Kaum war der Jaguar frei, als er auf die Cotia lossprang. Die aber hatte das erwartet und sprang schnell in ein Loch. Da rief die Cotia:

»Ach, was ist doch Gevatter Jaguar für ein Dummkopf: Er hält eine Baumwurzel für meine Beine.«

Der Jaguar glaubte ihr und ließ das Bein los, wofür sie ihn tüchtig auslachte, während sie tiefer in das Loch kroch.

Eine Zeitlang wartete der Jaguar, ob die Cotia nicht wieder herauskäme. Schließlich wurde ihm das Warten zu langweilig, und er bat einen Reiher, der auf dem Baume saß, für ihn achtzugeben; er wolle nach Hause laufen und eine Hacke holen, um die Cotia auszugraben.

Der Reiher versprach es und blieb auf dem Baume sitzen, während der Jaguar nach Hause lief. Als er fort war, rief die Cotia dem Vogel zu:

»Du, hält man denn vor einem Erdloch Wache, indem man auf dem Baume sitzt? Wenn du achtgeben willst, dann komm gefälligst an das Loch und sperr die Augen gut auf!«

Da flog der Reiher schnell vor das Loch und guckte hinein. Aber die Cotia warf ihm einen Haufen Sand ins Gesicht. Ehe sich der Vogel den Sand aus den Augen gewischt hatte, war sie verschwunden.

Als der Jaguar zurückkehrte, fing er zu graben an. Doch er grub das ganze Loch aus, ohne die Cotia zu finden. Da fragte er den Reiher:

»Freund Reiher, wo ist denn die Gevatterin geblieben?«

»Ach«, erwiderte dieser, »das weiß ich nicht, sie hat mir Sand in die Augen gestreut, damit ich nichts mehr sehen könnte.«

Da ging der Jaguar enttäuscht nach Hause.

21. Der Jaguar, der Hirsch und der Affe

Eines Tages lud der Jaguar den Hirsch ein, mit ihm zum Hause eines Gevatters essen zu gehen, und der Hirsch nahm die Einladung an.

Unterwegs hatten sie einen Bach zu überqueren, und der Jaguar führte seinen Begleiter an, indem er sagte, er brauche keine Furcht zu haben, der Bach sei ganz flach. Da sprang der Hirsch hinein und wäre beinahe ertrunken. Der Jaguar aber suchte sich eine seichte Stelle aus und kam ungefährdet hinüber.

Ein Stück weiter fanden sie ein paar Bananenstauden, und der Jaguar sprach:

»Freund Hirsch, wir wollen Bananen essen. Steige du hinauf

und iß die grünen, denn die sind die besten. Mir kannst du die gelben herunterwerfen.«

Der Hirsch tat, wie ihm geheißen, und während sich der Jaguar den Bauch vollschlug, konnte er keine einzige Banane essen.

Wieder ein Ende Weges weiter trafen sie Leute, welche eine Pflanzung jäteten, und der Jaguar sprach:

»Freund Hirsch, wer an den Leuten vorbeikommt, muß sagen: ›Ahanga soll alle holen, die arbeiten!‹«

Der Hirsch ließ sich das nicht zweimal sagen, und als er an den Männern vorbeikam, sprach er:

»Ahanga soll alle holen, die arbeiten!«

Da hetzten die Arbeiter die Hunde auf ihn, und beinahe hätten sie ihn gepackt.

Der Jaguar aber sagte, als er vorbeiging:

»Tupan möge allen Arbeitern beistehen!«

Das gefiel den Männern, und sie ließen ihn unbehelligt seines Weges ziehen.

Noch weiter trafen sie eine Korallenschlange, und der Jaguar sprach:

»Freund Hirsch, was für ein schönes Armband für deine Tochter!«

Da wollte der Hirsch die Schlange aufheben, und die Schlange biß ihn. Als er dem Jaguar Vorwürfe wegen seiner üblen Ratschläge machte, antwortete dieser:

»Wer heißt dich denn so dumm zu sein!«

Schließlich kamen sie zur Hütte des Gevatters des Jaguars. Weil es schon spät war, gingen sie gleich schlafen.

Der Hirsch legte sich in eine Ecke und schlief fest ein. Der Jaguar aber schlich sich, als alles in der Hütte schlief, leise nach der Schafhürde und schlug eines der fettesten Schafe. Das Blut sammelte er sorgfältig in einer Cuia. Nachdem er das Fleisch gegessen, trat er mit der Cuia wieder in die Hütte und goß das Blut über den Hirsch. Dann ging auch er schlafen.

Als der Gevatter in der Morgenfrühe die Schafhürde betrat,

merkte er, daß ein Schaf fehlte. Er eilte zum Jaguar und stellte ihn zur Rede. Der aber antwortete:
»Ich habe das Schaf nicht gefressen, Gevatter, höchstens der Hirsch. Sieh doch, ich bin nicht mit Blut befleckt.«
Der Gevatter blickte nach dem Hirsch und fand ihn über und über mit Blut besudelt.
»Ja, du warst es, du Schurke!« rief er und hieb mit einem Knüppel so lange auf den Hirsch ein, bis er tot war.
Der Jaguar aber fraß sich satt und ging dann seines Weges.
Nach einiger Zeit lud der Jaguar den Affen ein, mit ihm denselben Gevatter zu besuchen, und der Affe nahm die Einladung an.
Als sie zu dem Bache kamen, sprach der Jaguar:
»Freund Affe, der Bach ist flach, du kannst hier hindurchwaten.«
Der Affe aber antwortete:
»Ach, du denkst wohl, daß ich so dumm bin wie der Hirsch, den du angeführt hast? Geh du voraus, sonst kehre ich nach Hause zurück!«
Da ging der Jaguar voraus und machte eine seichte Stelle ausfindig.
Als die zu den Bananen kamen, sprach er:
»Freund Affe, wir wollen Bananen essen. Du iß die grünen, denn die sind die besten, und mir kannst du die gelben herunterwerfen.«
»Einverstanden«, erwiderte der Affe und kletterte gleich auf die Stauden, fraß die reifen Früchte und warf dem Jaguar die grünen hinunter.
Der Jaguar geriet in Wut und rief:
»Freund Affe, Freund Affe! Ich laß dich meine Krallen fühlen!«
»Ich gehe nach Hause, wenn du mir mit Geschichten kommst«, antwortete der Affe.
Als sie sich den Leuten in der Pflanzung näherten, sprach der Jaguar:

»Freund Affe, wenn man bei diesen Menschen vorbeikommt, muß man sagen: ›Ahanga soll alle holen, die arbeiten!‹ Denn dann verpflichtet man sie zu Danke.«
Aber der Affe sagte, als er vorüberging:
»Tupan möge allen Arbeitern beistehen!«
Das gefiel den Leuten, und sie ließen ihn seines Weges ziehen. Auch der Jaguar kam auf dieselbe Weise vorbei.
Ein Stück Weges weiter sah der Jaguar eine Korallenschlange und sprach zu dem Affen:
»Sieh, Freund, was für ein schönes Halsband für deine Tochter! Heb es auf und nimm es mit!«
»Heb du es doch auf!« erwiderte der Affe und ging weiter.
Schließlich kamen sie zur Hütte des Gevatters, und da es spät war, gingen sie gleich schlafen. Der Affe, der wußte, was dem Hirschen zugestoßen, kletterte auf den Dachbalken und stellte sich, als ob er schliefe.
In dieser Nacht schlich der Jaguar wieder hinaus zu der Schafhürde und schlug das schönste Schaf. Das Fleisch fraß er, das Blut aber nahm er wieder in einer Cuia mit hinein, um es über den Affen zu gießen. Der jedoch paßte gut auf, und als der Jaguar sich ihm näherte, stieß er mit dem Fuße an die Cuia, so daß das ganze Blut über den Jaguar spritzte.
Als am frühen Morgen der Gevatter in die Schafhürde ging, merkte er, daß wiederum ein Schaf fehlte, und er sprach bei sich:
»Sooft dieser verfluchte Gevatter hier schläft, kommt mir ein Schaf weg!«
Er eilte in die Hütte und traf dort den Affen schon wach. Der Affe zeigte auf den Jaguar, der sich stellte, als ob er schliefe. Da sah der Gevatter, daß der Jaguar über und über mit Blut besudelt war.
»Aha, du bist es gewesen, verfluchtes Vieh!« rief er und tötete den Jaguar.
Der Affe aber fraß sich satt und kehrte sehr befriedigt nach Hause zurück.

22. Der Jaguar und der Ameisenbär

Der Ameisenbär begegnete dem Jaguar. Da sagte der Ameisenbär: »Wir wollen uns erleichtern, mein Freund, mit geschlossenen Augen!« Sie schlossen die Augen und erleichterten sich. Während der Jaguar die Augen geschlossen hatte, legte der Ameisenbär dessen Haufen sich unter. Seinen eigenen Haufen legte der Ameisenbär dem Jaguar unter. Nachdem er sie schön zurechtgelegt hatte, sagte der Ameisenbär: »Laß uns die Augen aufmachen! Laß uns unsere Haufen besehen!« sagte der Ameisenbär zum Jaguar. Der Ameisenbär rief aus: »Ich habe Fleisch gegessen!« Der Ameisenbär sagte zum Jaguar: »Du hast Termiten gegessen!« – »Termiten esse ich nicht!« sagte der Jaguar zum Ameisenbär.

Der Tapir kam da hin, wo sie sich erleichterten. Als der Jaguar den Tapir sah, forderte er den Ameisenbär auf, er solle doch gehen und den Tapir töten. Daraufhin ging der Ameisenbär auf die Spur des Tapirs. Gar nichts tötete der Ameisenbär. Darauf ging der Jaguar, den Tapir zu töten. Er tötete den Tapir wirklich. Der Ameisenbär war indessen, Termiten essend, weitergegangen und kehrte erst zurück, als der Tapir tot war. »Wohin ist denn der Tapir gegangen, mein Freund?« fragte der Jaguar den Ameisenbär. »Ich habe ihn nicht gesehen«, antwortete dieser. »Hast denn du ihn nicht gesehen?« sagte der Ameisenbär zum Jaguar und fuhr fort: »Ich esse kein Fleisch, ich esse stets Termiten; Fleisch esse ich nicht!« – »Ich habe ihn getötet«, sagte der Jaguar. Der Jaguar weidete den Tapir aus und gab den Kot des Tapirs dem Ameisenbär. »Zünde Feuer an, mein Freund!« sagte der Jaguar. Der Ameisenbär zündete Feuer an. Der Jaguar stellte den Bratrost auf und briet.

»Ich habe Durst«, sagte der Ameisenbär. »Wasser gibt es hier nicht!« sagte der Jaguar. »Wohl gibt es«, sagte der Ameisenbär, »es sind dort wilde Buritipalmen.« Der Ameisenbär ging; er ging weit, aber Wasser fand er nicht. Da ließ

er sein Wasser, trank es und wusch sich auch damit. In seinem Wasser fand er ein Lambare-Fischchen. Er ging zum Lagerplatz zurück, und als er ankam, fragte der Jaguar:
»Hast du Wasser getrunken, mein Freund?« – »Ich habe getrunken«, sagte der Ameisenbär. »Sieh den Lambare, den ich gefangen habe!« – »Auch ich gehe trinken. Ist es weit?« – »Es ist ein bißchen weit«, sagte der Ameisenbär. Der Jaguar ging, Wasser zu trinken. Als er schon weit gegangen war, rief er: »Wo ist das Wasser, wo?« – »Weiterhin! Weiterhin!«
Als der Ameisenbär den fernen Jaguar nicht mehr hörte, legte er den Tapirbraten in eine Kiepe hinein und kletterte auf einen Jatoba-Baum. Der Jaguar kam zum Bratrost zurück; da gab es keinen Tapirbraten mehr. Der Jaguar ging auf der Spur und sah den Ameisenbär oben auf der Jatoba. »Komm, wir wollen essen!« sagte der Jaguar zum Ameisenbär. Der Ameisenbär aß den Tapir, und die Tapirknochen warf er dem Jaguar zu. Der Jaguar rief die Beißameisen. Die Beißameisen kletterten auf die Jatoba. Aber der Ameisenbär blies. Da gingen die Beißameisen wieder fort. Nun rief der Jaguar den Wind. Der Wind kam, den Baum zu brechen. Er kam zum Ameisenbär und entwurzelte die Jatoba. Die Jatoba stürzte. Der Ameisenbär entfloh. Wohl packte der Jaguar zu, aber er ergriff nur ein Termitennest, das auf der Jatoba saß.
Der Jaguar machte sich auf den Weg und suchte. Endlich traf er den Ameisenbär, wie er Termiten aß. Der Ameisenbär hatte sich eine Glatze geschoren. »Du, mein Freund, meinen Braten hast du gegessen!« – »Deinen Braten?« sagte der Ameisenbär. »Deinen Braten aß ich nicht!« – »Gerade du hast meinen Braten soeben aufgegessen«, sagte der Jaguar zum Ameisenbär. »Einer, der mir ähnlich sieht, hat ihn gegessen. Matawiwe (ein kleiner Ameisenbär), der hat deinen Braten gegessen«, sagte der Ameisenbär. »Habe ich etwa so ausgesehen?« fragte der Ameisenbär. »Du willst mich betrügen. Du hast dir eine Glatze geschoren«, sagte der Jaguar.
Nun sagte der Ameisenbär: »Laß uns ordentlich tanzen, mein

Freund!« – »Wir wollen das Tanzen bleiben lassen«, sagte der Jaguar. »Aber, so laß uns nur tanzen!« sagte der Jaguar. Zuerst trug der Jaguar den Ameisenbär. Dann trug der Ameisenbär den Jaguar. Wieder trug der Jaguar den Ameisenbär. Da riß der Ameisenbär dem Jaguar die Augen aus und entfloh. Das Aguti fand die Augen und setzte sie dem Jaguar wieder ein. Als seine Augen eingesetzt waren, stand der Jaguar auf und ging da hin, wo der Ameisenbär gegangen war. Der Ameisenbär war im Berg drinnen und sang. Der Jaguar ging in das Haus hinein. Singend kam der Ameisenbär mit dem Rücken auf die Tür zu. Wie er kam, packte ihn der Jaguar. Er aß von seinem Bein. Als er gegessen hatte, ließ er los und ging nach Hause. Den Ameisenbär machten die Termiten gesund. Als er geheilt war, erhob sich der Ameisenbär.

Der kleine Ameisenbär sagte, er werde den Jaguar töten. »Ach was, du bist kein Riese«, erklärten ihm die Leute. »Dann nimm Zaubergift mit!« sagten ihm die Leute. Wie sie gesagt hatten, tat der kleine Ameisenbär; er nahm Zaubergift in einem Kürbis mit zu dem Hause des Jaguars und legte den Kürbis vor die Tür. Der Jaguar ging aus. Als er den Kürbis erblickte, sagte er: »Da ist etwas Hübsches für mich«, und öffnete ihn. Da wurde der Jaguar krank und starb.

23. Ungleiche Gesellen

Der Fuchs lud die Beutelratte, den Raben und den Falken zu einer Reise ein. Als sie mitten im Gebirge waren, überfiel sie die Nacht, weshalb sie bei dem Jaguar um Nachtherberge baten.

Der Jaguar war nicht zu Hause, denn er spürte einer Herde Schafe nach und kam sehr spät zurück, mit einem großen Hammel im Maule.

Als die Gäste das sahen, packte sie Furcht, und der Fuchs sprach:

»Gevatter Rabe, die Dinge stehen nicht zum besten.«
Der Falke erwiderte:
»Ach was! Wir zwei haben nichts zu befürchten, denn wir können fliegen. Aber du, Gevatter Fuchs, mußt auf deiner Hut sein und Gevatterin Beutelratte auch. Wenn er den Hammel erlegen konnte, der viel größer ist als ihr, dann wird er mit euch erst recht fertig.«
Inzwischen war die Zeit des Nachtmahles herangerückt, und der Jaguar lud seine Gäste ein zuzugreifen. Aber nur der Fuchs konnte essen, denn das Gericht war breiig. Als es verzehrt war, machte der Jaguar noch mehr Brei zurecht und schüttete ihn auf einen Stein. Wieder konnte nur der Fuchs ihn auflecken.
Da sagte der Rabe:
»Gevatter Jaguar, ich finde diese Art nicht gut: Wer lecken kann, der kriegt zu essen, aber wer picken muß, der geht leer aus.«
Darauf gingen sie schlafen. Als der Jaguar eingeschlafen war, sagte der Rabe zum Falken:
»Wir werden doch nicht hungern.«
Und sie ergriffen die Kinder des Jaguars und fraßen sie auf. Dann machten sie sich auf und davon, während der Fuchs und die Beutelratte ruhig weiterschliefen.
Als der Jaguar erwachte, suchte er seine Kinder, aber er fand nur die Knochen. Da sprang er den Fuchs an. Dieser jedoch entwischte, ebenso die Beutelratte. Beide eilten hinter den Gefährten her und fanden sie im Hause des Affen.
»Jetzt werden wir Rache nehmen für den Streich, den ihr uns gespielt!« rief der Fuchs.
Aber weil es Essenszeit war, zog er vor zu warten. Gegen Ende der Mahlzeit kam ein Hund hinzu. Da kriegte es der Fuchs mit der Angst und verabschiedete sich. Nach dem Mittagessen zogen auch der Rabe und der Falke weiter, nach dem Hause des Hahnes, wo schon der Fuchs auf das Abendbrot wartete.

Zur Stunde des Nachtmahles streute der Hahn Körner auf den Boden und rief:

»Kommt, ihr Geschnäbelten,
Pickt, was euch freut,
Für die Geschnäuzten
Gibt's keinen Deut!«

Der Fuchs dachte bei sich:
›Macht, was ihr wollt. Was ich will, ist, daß ihr schlafen geht!‹
Als sie schliefen, rief der Fuchs seine Sippe herbei, und sie räumten gründlich unter dem gefiederten Volke auf. Die Beutelratte aber ließen sie leben, weil sie zu sehr stinkt.

24. Der auferweckte Ameisenbär

Ein Kaschinaua ging jagen. Ohne Weg drang er tief in den Wald ein und machte sich einen Pfad, indem er beständig die Sträucher mit der Hand knickte. Sehr weit ging er. Allmählich wurde er nachlässig und bezeichnete seinen Weg nicht mehr. Da litt er großen Durst. Vergeblich suchte er Wasser, bis er müde wurde. Schließlich konnte er den Durst nicht mehr ertragen und starb.
Er kam nicht wieder. Seine Söhne warteten auf ihn. Sie suchten ihn. Sie schrien nach ihm auf allen Wegen, bis sie nicht mehr konnten, aber er antwortete ihnen nicht. Sie drangen in den Wald ein und suchten ihn, aber vergeblich. Dann kehrten sie heim und sagten zu ihrer Mutter: »Der Vater hat sich auf der Jagd verirrt, Mutter!«
Die Mutter antwortete: »Ihr habt euren Vater verloren; geht hin und sucht ihn mir!« Dann weinte sie, bis ihre Stimme heiser war. Die Söhne aber drangen abermals in den Wald ein und suchten nach dem Vater.
Da fand der eine Sohn tief im Wald die Knochen eines Amei-

senbärs, den andere getötet hatten. Er kam zurück, und seine Brüder fragten: »Der Vater ist wohl schon tot? Wir haben ihn vergeblich gesucht.«
Da antwortete der älteste Bruder: »Der Vater scheint in der Tat schon tot zu sein. Dort liegen seine Gebeine! Ich habe sie gesehen.«
»Wahrhaftig?« riefen die anderen. »Vorwärts, wir wollen sie sehen!«, und sie machten sich auf den Weg.
Der Älteste führte seine Brüder hin und zeigte ihnen die Gebeine. Da sagten sie: »Wirklich, das ist der Vater! Laßt uns ihn auferwecken!«
Der eine besserte die Knochen aus; der andere holte ein Zaubermittel; der dritte fügte die Gebeine zusammen. Dann kauten sie das Mittel und bestrichen damit alle Knochengelenke. Darauf richteten sie das Skelett auf, und es verwandelte sich in einen – Ameisenbär.
Ein Ameisenbär mit buschigem Fell erhob sich, brummte und brummte und blieb stehen. Die Kaschinaua, die ihn auferweckt hatten, erschraken und liefen davon. Erst weit entfernt machten sie halt und schauten voll Furcht zurück. In demselben Augenblick rannte der Ameisenbär los und verschwand.
Die Kaschinaua kehrten heim und sagten zu ihrer Mutter: »Wir fanden einen Haufen Knochen und glaubten, es seien die Gebeine unseres verstorbenen Vaters. Da verwandelten wir die Knochen, aber, o Schrecken, wir erweckten einen Ameisenbär wieder zum Leben! Der erhob sich, brummte und brummte und blieb stehen. Voll Furcht liefen wir weg. Dann schauten wir zurück. In demselben Augenblick rannte der Ameisenbär los und verschwand. Wir aber machten, daß wir heimkamen.«
So sprachen sie zu ihrer Mutter. Diese aber ließ sie nicht noch einmal weggehen. Sie ließ sie sogar nicht mehr auf die Jagd gehen.

25. Der Jabotí und der Tapir

Der Jabotí ist ein ganz braver Kerl, der nie böse wird. Eines Tages stand er unter einem Tapiribazeiro und fraß dessen Früchte, als ein Tapir daherkam und sagte: »Verschwinde von hier, Jabotí, schau, daß du weiterkommst!« Der Jabotí antwortete: »Ich rühre mich nicht vom Fleck, denn ich bin hier unter meinem Baum.« – »Verschwinde schleunigst, sonst trample ich dich nieder!« – »Gut, so stampfe mich in den Boden, wenn du willst! Aber ich werde dir zeigen, daß auch ich jemand bin!«

Da trat der böse Tapir den armen Jabotí in den Erdboden hinein, und der Jabotí sagte: »Böser, wenn die Regenzeit kommt, werde ich schon wieder herauskommen, und dann werde ich dich schon erwischen, und dann sollst du mir alles bezahlen!«

Als die große Regenzeit kam und die Erde zu Schlamm wurde, wühlte sich der Jabotí heraus und machte sich auf die Jagd nach dem Tapir. Er stieß auf eine erste Spur und fragte sie: »Wann hat dich dein Herr hinterlassen?« – »Vor langer Zeit, ich bin schon alt.« Da ging der Jabotí seinen Weg weiter.

Nach einem Monat stieß er auf eine andere Spur und fragte sie: »Wann hat dein Herr dich hinterlassen?« Die Spur antwortete: »Vor langer Zeit.« Da ging der Jabotí weiter. Wieder einen Monat später fand er eine andere Spur und fragte sie: »Ist dein Herr noch weit von hier?« – »Ziemlich weit.« – »Wie weit?« – »Wenn du zwei Tage weitergehst, wirst du auf ihn stoßen.« – »Ach, ich bin schon überdrüssig, nach ihm zu suchen.« – »Warum gehst du ihm nach?« – »Oh, nichts, ich habe ihm nur etwas zurückzuzahlen.« – »Dann erreichst du ihn am schnellsten am Flüßchen.« – »Ich gehe schon«, sagte der Jabotí.

Als er zum Flüßchen kam, fragte er: »Fluß, wo ist dein Herr?« – »Ich weiß es nicht«, entgegnete der Fluß. »Warum antwortest du mir so?« fragte der Jabotí. »Weil ich von dem

Bösen weiß, das mein Vater dir angetan hat.« – »Auch gut«, sagte der Jabotí, »ich werde ihn weiter vorn treffen. Lebwohl, Fluß! Wenn du mich wiedersiehst, werde ich dir die Leiche deines Vaters bringen.« – »Belästige meinen Vater nicht, denn er schläft gerade!« – »Ausgezeichnet! Ich bin sehr zufrieden. Ich gehe gleich.« – »Paß auf, Jabotí: er wird dich ein zweitesmal in die Erde trampeln.«

Darauf sprach der Jabotí: »Ich bin nicht als ein Stein auf die Welt gekommen. Jetzt will ich einmal wissen, wer von beiden der Stärkere ist!« Und damit ging der Jabotí das Ufer entlang, bis er den Tapir fand. Und da murmelte er bei sich: »Hab ich dich erwischt? Jetzt wirst du sehen, daß auch ich jemand bin!« Und indem er auf die Hoden des Tapirs sprang, fügte er hinzu: »Man sagt, daß Feuer alles verbrennt.« Und damit biß er den Tapir in die Hoden. Der Tapir erwachte jäh vor Schmerz, und da er sich verloren sah, sagte er: »Im Namen Tupãs, Jabotí,verschone meine Hoden!« Aber der Jabotí antwortete: »Ich laß dich nicht, denn ich will deine Kraft sehen.« – »Dann laufe ich davon«, sagte der Tapir, erhob sich und stürzte zum Fluß, aber zwei Tage darauf starb er. Da ging der Jabotí zu seiner Leiche und sprach: »Jetzt habe ich dich erledigt, was? Und jetzt werde ich meine ganze Verwandtschaft herbeirufen, damit sie mir helfen, dich aufzufressen.«

26. Der Jabotí und der Jaguar

Der Jabotí rief laut: »Meine Verwandten, meine Verwandten, kommt herbei!« Ein Jaguar, der dort in der Nähe war, hörte ihn schreien, kam herzu und fragte: »Jabotí, warum schreist du so?« – »Ich bin dabei, meine Verwandten einzuladen, damit sie mir helfen, die große Beute aufzufressen, die ich gemacht habe: diesen Tapir hier.« – »Willst du, daß ich ihn in Stücke reiße?« fragte der Jaguar. »Warum nicht? Teile ihn und nimm dir ein Stück und laß mir das andere!« –

»Gut«, sagte der Jaguar, »so geh du einstweilen und sammle Holz fürs Feuer.«
Als der Jabotí weggegangen war, schnappte sich der Jaguar den Tapir und lief damit davon. Als der Jabotí zurückkam, fand er von dem Tapir nur mehr den Kot. Da packte ihn großer Zorn, er verfluchte den Jaguar und sagte: »Eines Tages werde ich dich schon erwischen, und dann sollst du mir dafür zahlen!«
Der Jabotí ging und ging, und nach zwei Tagen stieß er auf eine Gruppe von Affen, die gerade Vogelbeeren aßen. Und er sagte zu ihnen: »Werft mir auch einige Zweige mit Vogelbeeren herunter, damit ich was zum Fressen habe.« Aber die Affen antworteten: »Warum steigst du nicht herauf, wenn du ein Kerl bist?« – »Sicher bin ich ein ganzer Kerl, aber ich mag jetzt nicht hinaufsteigen, weil ich müde bin.« – »Gut, wir können ja kommen und dich bis zu den Zweigen hinauftragen.« – »Nun, so kommt und holt mich!« sagte der Jabotí.
Da stiegen die Affen herunter, nahmen den Jabotí auf und kletterten mit ihm den Baum hinauf; ganz oben aber setzten sie ihn ab, und der Jabotí wußte nun nicht, wie er wieder hinunterkommen sollte. So blieb er zwei Tage oben im Wipfel sitzen.
Da kam der Jaguar vorbei, sah den Jabotí auf dem Baum sitzen und fragte ihn: »Wie hast du es nur fertiggebracht, bis dahinauf zu steigen?« – »Nun, den Stamm entlang.« – »So steige jetzt wieder herunter!« sagte der Jaguar, der Hunger hatte. »Ich werde erst wieder hinuntersteigen, wenn ich alle diese Vogelbeeren gefressen habe«, sagte der Jabotí. »Wenn du auch welche magst, so mach die Augen zu, und ich werde dir welche hinunterwerfen.«
Der Jaguar schloß die Augen, der Jabotí sprang herunter, und zwar dem Jaguar so auf den Kopf, daß er ihn tödlich traf. So starb der wilde Jaguar.
Als der Jabotí sah, daß der Jaguar in Verwesung übergegangen war, schnitt er ihm das Schienbein heraus, um sich daraus

eine Flöte zu machen. Dann ging er weg, und auf seiner Flöte blies er: »Aus dem Schienbein des Jaguars habe ich mir eine Flöte gemacht, fri, fri!«

Ein anderer Jaguar hörte das, lief herzu und fragte: »Was bläst du da auf deiner Flöte, Jabotí?« – »Ich war dabei zu blasen: Aus dem Schienbein des Hirsches habe ich mir eine Flöte gemacht, fri, fri!« – »Mir scheint es, daß du vorher etwas ganz anderes geblasen hast!« – »Geh etwas weiter weg! Aus der Ferne wirst du es vielleicht besser verstehen!« sagte der Jabotí.

Der Jaguar ging auf die Seite, und der Jabotí suchte sich ein Loch, um sich zu verstecken. Und von dort aus blies er wieder: »Aus dem Schienbein eines Jaguars habe ich mir eine Flöte gemacht, fri, fri!« Da kam der Jaguar herbeigesprungen, um den Jabotí zu fassen, aber der versteckte sich auf dem Boden seines Loches. Der Jaguar langte mit seiner Pranke hinein, und es gelang ihm, den Jabotí bei einem Fuß zu erwischen. Aber der Jabotí lachte und sagte: »Schaut mir diesen Dummkopf an! Er glaubt einen Fuß von mir erwischt zu haben, und dabei ist es doch nur eine Baumwurzel!« – »Oh!« sagte der Jaguar und ließ den Fuß los. »Es war doch mein Fuß!« sagte der Jabotí lachend.

Da blieb der dumme Jaguar vor dem Loch sitzen. Da kam dort eine Kröte vorbei, und der Jaguar rief sie an: »O Kröte!« – »Hier bin ich!« – »Der Jabotí ist in diesem Loch versteckt. Bleib du als Wache hier und laß ihn nicht entfliehen, während ich fortgehe, um ein geeignetes Stück Holz zum Graben zu suchen.« Damit ging der Jaguar davon.

Da streckte der Jabotí den Kopf aus dem Loch, sah die Kröte und fragte: »Was machst du hier?« – »Ich stehe hier Wache.« – »Nun, so mach deine Augen besser auf!« Da riß die Kröte ihre Augen weit auf, und der Jabotí warf ihr Sand hinein, und während die Kröte sich die Augen rieb, um den Sand herauszubringen, schlüpfte der Jabotí aus seinem Loch und entfloh.

Endlich kam der Jaguar mit einem schaufelartigen Stück Holz zurück. Er fragte die Kröte: »Wo ist der Jabotí?« – »Der steckt immer noch in diesem Loch.« Da begann der Jaguar zu graben, und er grub und grub. Wie tief war doch dieses verdammte Loch! Müde von so vielem Graben lehnte der Jaguar die Schaufel an den Baum und fragte ganz wild die Kröte: »Wo ist der Jabotí hingegangen?« – »Ich weiß es nicht.« – »Doch, du mußt es wissen! Du hast den Jabotí entfliehen lassen, und ich werde mich rächen!« Damit stürzte er sich auf die Kröte und verschlang sie.

27. Der Jabotí und der Hirsch

Nachdem der Jabotí sein Loch verlassen hatte, wanderte er durch den Wald und blies auf seiner Flöte: »Ich habe den Tapir getötet und mir aus dem Schienbein des Jaguars eine Flöte gemacht, ich bin wahrlich ein ganzer Kerl! Oh! Oh!« Als der Hirsch, der ebenfalls dort spazierenging, dieses Lied hörte, sagte er: »Ich will diesen Burschen dazu bringen, mit mir um die Wette zu laufen! So werde ich Gelegenheit haben, über ihn richtig zu lachen.« Und er ging hin zu dem Jabotí und sagte: »Guten Tag, Jabotí!« – »Guten Tag, Hirsch!« – »Woher kommst du, Jabotí?« – »Von dort, wo ich zwei Jaguare umgebracht habe!« – »Ist das möglich? Nun, so fordere ich dazu heraus, mit mir einen Wettlauf zu machen!« – »Gut! So warte du hier, während ich auf die andere Seite des Flusses gehe, um die Rennstrecke abzustecken.« – »Einverstanden«, sagte der Hirsch, »du kannst drüben laufen, ich werde herüben laufen, und sooft ich dir zurufe, mußt du antworten!« – »Gut«, sagte der Jabotí, »ich gehe dann also.« – »Verliere mir nur nicht zuviel Zeit, denn ich bin schon ungeduldig und will sehen, wie weit deine Kräfte reichen!« – »Nun, warte doch etwas, denn ich muß ja schließlich zuerst einmal drüben ankommen«, entgegnete der Jabotí.

Am andern Ufer aber rief der Jabotí alle seine Verwandten herbei, und er ließ sie sich am Ufer entlang aufstellen, immer in einem gewissen Abstand, so daß sie auf den Ruf des Hirsches antworten konnten. Als sich alle aufgestellt hatten, rief er dem Hirsch zu: »Ich bin fertig, Hirsch! Wer soll als erster losrennen?« Da lachte der Hirsch und sagte: »Ich gebe dir einen Vorsprung, armer Jabotí.«

Der Jabotí aber begann nicht zu laufen, sondern verhielt sich ganz still. Auch der Hirsch, der sich auf die Schnelligkeit seiner Füße verließ, begann nicht gleich mit dem Wettrennen.

Da rief einer der Verwandten des Jabotí: »He, Hirsch, wo steckst du?« Und der Hirsch antwortete: »Ich komme schon.« Und er fing an zu laufen und zu laufen. Und als er ein Stück gerannt war, rief er: »Jabotí?« Da antwortete ein anderer Verwandter des Jabotí, der ein weiteres Stück voraus war: »Hier bin ich, Hirsch!« Da rannte der Hirsch weiter, und er lief und lief. Und dann rief er wieder: »Jabotí?« Und wieder ein anderer Verwandter des Jabotí, der abermals ein Stück weiter sich aufgestellt hatte, antwortete: »Ja, Hirsch, hier bin ich!«

Da sagte der Hirsch: »Ich muß unbedingt etwas Wasser trinken.« Und er schleppte sich mühsam zum Flusse, stürzte erschöpft hinein und ertrank.

Als der Jabotí eine Weile keinen Ruf mehr gehört hatte, sagte er: »Was ist los? Ist er am Ende gestorben? Es wird gut sein, wenn ich einmal nachschaue.«

Und er durchquerte den Fluß und rief: »Ich habe nicht einmal geschwitzt!« Aber niemand antwortete ihm. Und als die Gefährten des Jabotí das Ufer absuchten, fanden sie die Leiche des Hirsches und sagten: »Er ist in der Tat gestorben.« Da sprach der Jabotí: »Nun, so werde ich mir aus seinen Knochen eine Flöte machen, und auf der werde ich den ganzen Tag spielen.«

28. Der Jabotí und der Curupira

Der Curupira hörte den Jabotí Flöte blasen und sagte zu sich: »Diesem Angeber von einem Jabotí werde ich eine Lehre erteilen!« Er lief zu dem hohlen Baumstumpf, in dem der Jabotí gerade saß, und rief: »He, Jabotí!« – »Ja! Was willst du?« – »Gehen wir unsere Kräfte messen, Jabotí!« – »Mir soll's recht sein, gehen wir!«

Der Curupira ging in den Wald, schnitt eine lange Liane ab, brachte sie an das Ufer des Flusses und sagte zum Jabotí: »Also, machen wir ein Tauziehen: du im Wasser, ich auf dem Land.« – »Sehr gut, Curupira!«

Damit sprang der Jabotí mit einem Ende der Liane in den Fluß und band es an den Schwanz eines großen, großen Fisches. Dann versteckte er sich im Unterholz des Ufers, um dem Schauspiel zuzusehen.

Der Curupira zog mit aller Kraft an der Liane, aber der große Fisch war für ihn zu stark und zog ihn langsam ins Wasser hinein, bis er bereits bis zum Halse im Wasser steckte. Er nahm zwar alle seine Kräfte zusammen, aber er konnte den Fisch einfach nicht herziehen. Als er müde war, rief er: »Jabotí, genug!« Da lachte der Jabotí bei sich, band das Lianen-Ende los und ließ sich vom Curupira aus dem Wasser herausziehen. Als er herausstieg, sagte er zum Curupira: »Ich bin nicht einmal ins Schwitzen gekommen!« Und der Curupira antwortete darauf: »Ich schon, Jabotí. Jetzt weiß ich aber auch, daß du ein ganzer Kerl bist. Nun, so werde ich wieder meiner Wege gehen!«

29. Der Jabotí, der Geier und der Gott Tupã

Man erzählt sich, daß der Gott Tupã einmal im Himmel ein großes Fest geben wollte und daß er dazu alle Tiere eingeladen hatte. Auch der Jabotí wollte dorthin gehen, um auf seiner Flöte beim Fest aufzuspielen. Aber wie sollte der Jabotí in den Himmel hinaufkommen? Er überlegte sich gerade, wie er das machen könne, als ein Geier vorbeiflog, der auch mit einer großen Trommel zum Feste wollte.

»He, Jabotí!« sagte der Geier. »Ich bin dabei, zum Fest Tupãs zu gehen. Was ist mit dir? Kommst du auch?« – »Freilich komme ich auch. Warum denn nicht?« – »Und wann wirst du kommen?« – »Gleich, gleich!« – »Wollen wir wetten, wer zuerst hinaufkommt?« – »Einverstanden! Aber warte nur noch einen Augenblick, denn wir wollen uns vorher noch einen Kaffee kochen. Und sei bitte so lieb und sammle etwas Holz fürs Feuer!«

Während der Geier wegging, um Holz zu sammeln, versteckte sich der Jabotí in der Trommel. Und als der Geier zurückkam, sah er weit und breit niemanden. Da fing er an zu rufen: »Jabotí!« Aber keiner antwortete ihm. Und der Geier dachte: ›Dieser Schwindler ist wahrscheinlich schon vorausgegangen, um vor mir im Himmel anzukommen. Ich werde aber gleich losfliegen, um ihn einzuholen!‹ Und damit nahm er seine Trommel auf und flog davon zum Himmel hinauf.

Es war schon finstere Nacht, als er im Himmel oben ankam, und so stellte der Geier denn seine Trommel an der Tür ab und ging hinein, um Gott Tupã zu begrüßen. Den Augenblick benutzte der Jabotí, um aus der Trommel herauszuklettern, und er fing sogleich an, auf der Flöte zu blasen, und als die Tiere das hörten, begannen sie zu tanzen.

Als der Geier wieder herauskam und den Jabotí blasen sah, nahm er seine Trommel, setzte sich neben den Jabotí, um ihn auf der Trommel zu begleiten. Und dabei fragte er: »Wann bist du denn hier angekommen, Jabotí?« – »Das ist schon eine gute Weile her«, antwortete der Jabotí. »Und wie hast du es gemacht, hier heraufzukommen?« – »Ich bin auf meiner Leiter heraufgestiegen.« – »Morgen wollen wir unser Wettrennen auf dem Weg hinunter wiederholen.« – »Gut, das tun wir!« entgegnete der Jabotí.

Die ganze Nacht hindurch tanzten die Tiere beim Fest des Gottes Tupã. Und erst als es dämmerte, legten sie sich schlafen. Der Jabotí aber stand früher als die andern auf und versteckte sich wieder in der Trommel des Geiers. Und als der Geier aufgestanden war und den Jabotí überall vergeblich gesucht hatte, dachte er: ›Der Kerl ist schon wieder vorausgegangen!‹ Und er nahm seine Trommel auf und flog los.
Als er ein Stück geflogen war, wurde er müde, und die Trommel kam ihm so schwer vor. Da warf er einen Blick hinein und sah den Jabotí. Da wurde der Geier wild und schrie: »Ah, du Schwindler! Jetzt habe ich dich erwischt! Nun werde ich mich rächen!« Und damit drehte er die Trommel um und warf den Jabotí heraus, und der Jabotí stürzte auf die Erde herunter und zerschlug sich den ganzen Rücken.
Da schrie der Jabotí laut, und er hörte nicht auf zu schreien, bis ihn der Gott Tupã hörte. Und als der Gott Tupã ihn da so jämmerlich und zerbrochen liegen sah, da tat ihm der Jabotí leid, und er nahm Wachs und klebte den Rücken des Jabotí wieder zusammen.
Und daher kommt es, daß der Jabotí die Brust ganz flach und den Rücken mit einem gewölbten Schild hat. Der Gott Tupã aber ließ den Geier kommen, und er fragte ihn, warum er das gemacht habe. Und er nahm dem Geier seine Stimme.

30. Nasenbär, Taube und Faultier

Das Faultier ist sehr faul. Es arbeitet nicht; es gibt sich nur mit dem Essen ab. Alle Jagdtiere ärgern sich über das Faultier, wenn sie ihm begegnen. Das Faultier ist außerordentlich faul.
Der Nasenbär gab dem Faultier einen Auftrag, aber das Faultier wollte nicht arbeiten; es wollte nur essen. Da prügelte es der Nasenbär. Das Faultier konnte nicht weglaufen und weinte. Da begegnete ihm die Taube und fragte es:

»Faultier, warum weinst du?« – »Der Nasenbär gab mir einen Auftrag, aber ich war faul. Da hat er mich geschlagen. Deshalb weine ich.« Die Taube hörte es und empfand Mitleid mit ihm. Sie weinte, und das Faultier weinte ebenfalls. Da kam der Nasenbär, schlug das Faultier und beschimpfte es: »Weine nicht so, du faules Faultier, sonst werde ich dich noch einmal verprügeln!« Die Taube hatte sich versteckt und hörte zu. Das Faultier weinte. Da kam die Taube und fragte es: »Was hat dir denn der Nasenbär getan?« – »Er hat mich arg beschimpft«, erwiderte das Faultier. Da wurde die Taube zornig. Sie machte mitten auf dem Weg des Nasenbären mit Stücken Holz eine Falle. Darin versteckte sie sich. Das Faultier hörte auf mit Weinen und verhielt sich ruhig. Der Nasenbär sprach: »Ich will einmal nach dem Faultier sehen.« Er kam daher, sah die Falle nicht, die die Taube mitten auf seinem Weg gestellt hatte, und geriet hinein. Die Falle löste sich aus und schlug dem Nasenbär auf den Rücken, so daß er nicht laufen konnte. Er schrie; da lachte die Taube. Als er weinte, fragte sie ihn: »Was fehlt dir denn?« Er antwortete: »Das Faultier hat mitten auf meinem Weg eine Falle gestellt und mich beinahe totgeschlagen. Darum weine ich.« Da lachte die Taube und sprach: »Du warst es doch, der das Faultier geschlagen hat; nun hat es dir das gleiche getan.« Der Nasenbär fragte die Taube: »Wer hat dir denn das gesagt?« – »Ich habe es gesehen«, erwiderte diese. Da fürchtete sich der Nasenbär vor der Taube und weinte. Die Taube aber sprach: »Du bildest dir ein, sehr tapfer zu sein. Nun schau her!« Darauf ging sie weg. Auch der Nasenbär ging davon und kam nicht wieder.

Nun ging die Taube zum Faultier und sagte zu ihm: »Faultier, ich habe auf dem Weg des Nasenbären eine Falle gestellt und ihn geschlagen.« Da lachte das Faultier und sprach: »Wenn er wieder herkommt, schlag ihn noch einmal!« – »Er kommt nicht mehr«, versetzte die Taube.

Dann fragte das Faultier die Taube: »Bist du denn so schön?«

Diese erwiderte: »Ich bin sehr schön, aber ich will erst mein Kleid anziehen. Warte!« Sie ging weg. Das Faultier aber blieb da und wartete. Darauf kam die Taube zurück.

Als das Faultier sah, wie schön sie war, sagte es zu ihr: »Mache mich auch schön!« Die Taube erwiderte: »Warte, ich will Uruku holen, um dich schön zu machen!« Sie ging weg, und das Faultier freute sich und legte sich hin. Die Taube aber brachte kein Uruku, sondern Genipapo. Sie lachte auf dem ganzen Weg. Das Faultier freute sich und lachte, denn es dachte, es sei Uruku, aber die Taube bestrich es mit Genipapo. Das Faultier stand da und bildete sich ein, es sei nun schön. Die Taube aber ging weg.

Darauf kletterte das Faultier langsam und ohne anzuhalten auf einen Baum. Es kletterte bis zum Gipfel und blieb dort, da es nicht heruntersteigen konnte. Die Taube kam zurück, suchte das Faultier und fand es nicht. Sie rief nach ihm. Das Faultier erblickte sie von oben und lachte. Die Taube rief: »Wo steckst du denn?« Aber das Faultier antwortete nicht, sondern lachte. Da wurde die Taube zornig und beschimpfte das Faultier: »Dummes, schlechtes Faultier!« Da weinte das Faultier. Die Taube aber ging weg und sagte zu ihren Verwandten: »Das Faultier ist sehr dumm und faul. Ich will nichts mehr mit ihm zu tun haben!«

So gewöhnte sich das Faultier daran, allein zu sein.

31. Wie die Wespe die Aasgeier betrog

Meine Leute hatten Jagdbeute gemacht und waren dabei, sie zu zerlegen. Da kam die Wespe, kniff ein Kügelchen Fleisch ab und tat es in ihren kleinen Mund, um die Aasgeier zu betrügen. Dann flog sie weg in den Himmel.

Sie begegnete dem Aasgeier und sprach: »Aasgeier, hast du Hunger?«

»Ich habe Hunger«, erwiderte er.

Da sagte die Wespe: »Dort ist Fleisch im Überfluß. Geh und rufe deine Leute, damit sie davon essen!«
Der Aasgeier ging weg und sagte es zunächst dem Königsgeier. Dieser kam, trat zu der Wespe und fragte sie: »Wo ist denn so viel Fleisch?«
»Dort unten ist Fleisch im Überfluß«, erwiderte sie.
Da freute sich der Königsgeier, und er befahl dem Aasgeier, seine Leute zusammenzurufen. Dieser ging zu ihnen hin und sprach: »Aasgeier, der Königsgeier ruft euch!« Da versammelten sich viele Aasgeier und gingen hin. Der Königsgeier stellte sich vor die Wespe und sprach: »Wespe, du bist ein großer Lügner!« – »Ich lüge nicht«, erwiderte diese, »sieh her, wie ich Fleisch erbreche!« Die Wespe erbrach sich, und viel Fleisch fiel heraus. Da freuten sich alle Aasgeier, und auch der Königsgeier freute sich. Die Wespe aber machte sich davon.
Alle Aasgeier gingen nun weg, um Fleisch zu suchen, aber sie fanden keins. Da kam einer zum Königsgeier und sagte zu ihm: »Wir haben kein Fleisch gefunden.« Der Königsgeier wurde ärgerlich und sprach: »Du bist ein großer Faulenzer!« Er wollte den Aasgeier schlagen, aber dieser schrie und lief davon. Der Königsgeier lief hinter ihm her und rief: »Geh und suche Fleisch!« Der Aasgeier ging hin, suchte Fleisch, fand aber keins und wurde ärgerlich. Er rief seine Leute zusammen, und sie meldeten es dem Königsgeier.
Der Königsgeier schickte einen anderen Aasgeier. Dieser suchte die Wespe, fand sie und sprach zu ihr: »Du bist wirklich ein großer Lügner!« Da wurde die Wespe sehr zornig und wollte den Aasgeier beißen. Auch der Aasgeier wurde zornig und wollte die Wespe töten. Diese sagte zu ihm: »Du bist ein großer Dummkopf!«
Der Aasgeier wollte die Wespe töten. Da wurde sie wütend und biß ihn in den Kopf. Der Aasgeier schrie und lief davon. Da sprach die Wespe zu ihm: »Bist du denn wirklich so tapfer? Dann komm und töte mich! Dein Kopf hat ja nur Haut;

dein Haar sproßt nicht; schau! Ich beiße dich noch einmal in deine Glatze.«
Der Aasgeier fürchtete sich, lief weg und sagte zu dem Königsgeier: »Die Wespe ist sehr tapfer; sie hat mich in den Kopf gebissen!« Da machte ihm der Königsgeier mit einem Mittel den Kopf wieder heil.
Der Aasgeier war zornig auf die Wespe und sagte zum Königsgeier: »Königsgeier, ich werde die Wespe töten!«
Dieser aber sprach zu ihm: »Du bildest dir ein, tapfer zu sein. Die Wespe aber fürchtet sich nicht. Sie ist sehr tapfer. Sie wird dich noch einmal in die Glatze beißen.«
Der Aasgeier ging hin, erblickte die Wespe und sprach: »Bist du wirklich so tapfer? So beiße mich!«
Die Wespe kam und biß den Aasgeier in den Kopf.
Der Aasgeier schrie und wollte die Wespe fressen, doch sie biß ihn abermals in den Kopf. Da fürchtete sich der Aasgeier. Er machte sich davon und kam nicht wieder.
So machte es die Wespe, um die Aasgeier zu betrügen.

32. Warum der Aasgeier einen nackten Hals hat

Es war einmal ein junges Mädchen, das sagte zu seiner Mutter: »Ich muß hier Hunger leiden; ich will fortgehen und mir einen Mann suchen.«
Als sie eine Weile gegangen war, kam sie zu einer Stelle, wo sich der Weg in drei teilte.
»Welches wird der Weg zum Falken sein?« fragte sie sich.
Auf einem der Wege sah sie Inambú-Federn liegen und dachte daher, das müsse der Weg zum Falken sein. Sie folgte ihm und kam zu einer Hütte, wo eine alte Frau am Feuer saß.
»Bist du die Mutter des Falken?« fragte sie.
»Ja«, erwiderte die Alte. Aber sie log, denn sie war die Mutter des Beutelratz.
»Ich bin gekommen, um ihn zu heiraten.«

»Mein Sohn ist böse«, sagte die Alte. »Ich will dich verstekken.«
Am Abend kam der Beutelratz nach Hause und brachte Vögel, die er erlegt hatte. Seine Mutter bereitete das Nachtmahl, und während des Essens fragte sie ihn:
»Wenn jetzt ein Fremder käme, wie würdest du ihn wohl aufnehmen?«
»Ich würde ihn einladen, mit uns zu essen.«
Da ging die Mutter das junge Mädchen holen und ließ es am Mahle teilnehmen. Ihr Sohn bezeigte große Freude, denn die Fremde war schön.
Als die Nacht kam, wollte der Beutelratz mit ihr zusammen schlafen. Aber sie wies ihn ab und sprach:
»Ich will nicht an deiner Seite liegen, denn du riechst zu übel.«
Am nächsten Morgen, als die Alte sie Holz suchen schickte, benutzte sie die Gelegenheit und machte sich davon.
Sie kehrte bis zu der Stelle zurück, wo die Wege sich teilten, und schlug den zweiten Weg ein. Wieder kam sie zu einer alten Frau und fragte:
»Bist du die Mutter des Falken?«
»Ja«, antwortete die Alte.
»Ich bin gekommen, um ihn zu heiraten.«
»Ich werde dich vorläufig verstecken,« sagte die Alte, welche die Mutter des Aasgeiers war, »denn mein Sohn ist böse.«
Am Abend kehrte der Aasgeier zurück und brachte Würmer mit. Die gab er seiner Mutter zum Kochen und sagte dabei:
»Hier sind kleine Fische, Mutter.«
Die Mutter rüstete das Mahl, und während des Essens fragte sie ihn:
»Wie würdest du einen Fremden empfangen, wenn jetzt einer käme?«
»Ich würde ihn einladen, mit uns zu essen.«
Da rief die Mutter das junge Mädchen, und der Aasgeier fand es schön. Aber als er des Nachts an ihrer Seite liegen

wollte, schickte sie ihn wegen seines Gestankes fort. Und des Morgens, als die Alte sie beauftragte, Holz zu suchen, ergriff sie die Flucht.

Nun schlug sie den dritten Weg ein und kam zu einer Hütte, in der eine alte, aber noch schöne Frau wohnte.

»Bist du die Mutter des Falken?« fragte sie.

»Ja«, antwortete die Alte.

»Ich bin gekommen, um ihn zu meinem Gatten zu machen.«

»Laß mich dich verbergen, denn mein Sohn ist böse.«

Am Abend brachte der Falke viele Vögel, die er erlegt hatte. Die Mutter rüstete das Mahl, und während sie aßen, fragte sie ihn:

»Welchen Empfang würdest du jetzt wohl einem Fremden bereiten?«

»Ich würde ihn einladen, mit uns zu essen.«

Da ging sie das junge Mädchen holen, dessen Schönheit den Falken mit Freude erfüllte. Und sie nahm ihn zum Manne.

Am nächsten Morgen erschien der Aasgeier, der das junge Mädchen verfolgt hatte. Sie und ihr Mann nahmen den Kampf an. Des Aasgeiers Kopf wurde durch Schnabelhiebe übel zugerichtet, und er machte, daß er wieder nach Hause kam. Seine Mutter setzte Wasser aufs Feuer, um seine Wunden zu waschen. Aber das Wasser war heiß und verbrannte ihn.

Seit dieser Zeit hat der Aasgeier einen nackten Hals.

33. Die Rache des Baumhuhnes

Der Knabe Kenanchiwé lebte im Hause seiner Großmutter. Er war ein böses Kind, das allerhand Streiche verübte.

Einmal fiel ein großer Regen, und ein Baumhuhn, ganz durchnäßt, flüchtete in die Hütte, um Schutz zu suchen.

Der Knabe aber packte den Vogel, warf ihn zur Tür hinaus und sagte:

»Hier hast du nichts zu suchen.«
Da lief das nasse Baumhuhn wieder in den Wald hinaus.
Am anderen Tage ging die Großmutter in den Wald, um Brennholz zu suchen. Da schwärzte sich Kenanchiwé das Gesicht und den Körper mit Kohle, schlich der Großmutter nach, warf sie zu Boden und nahm ihr ihren Bastschurz weg. Dann lief er schnell nach Hause und wusch die Kohle ab.
Als die Großmutter zurückkehrte und ihr Erlebnis erzählte, tat er sehr entrüstet und sagte, er wolle in den Wald gehen und den Übeltäter bestrafen.
Er nahm Pfeile und Bogen und eilte in den Wald. Dort brachte er sich mit dem Pfeil an einer Zehe eine Wunde bei und kehrte nach Hause zurück, um der Großmutter zu zeigen, wie er im Kampfe mit dem Übeltäter verwundet worden sei.
Die arme Frau setzte sich hin und klagte laut.
Aber das Baumhuhn hatte gesehen, wie Kenanchiwé der Großmutter den Bastschurz wegnahm und wie er sich selbst verwundete. Weil der Knabe es im Regen hinausgejagt hatte, kam es nun, machte »m m, m m« und begann, der Großmutter alles zu erzählen.
Da wurde der Knabe zornig, nahm die Trompete und blies laut, damit die Großmutter nicht hören sollte, was das Baumhuhn sagte.
Aber auf den Klang der Trompete kamen alle die jungen Krieger des Dorfes herbei und hörten die Erzählung des Baumhuhns. Da nahmen sie Kenanchiwé die Trompete fort und verhauten ihn wegen seiner Übeltat.

34. Vom kleinen Jungen, der Zaunkönig wurde

Ein kleiner Junge spielte alleine vor dem Hause. Die Mutter rief: »Komm essen, mein Junge!«
Der kleine Junge antwortete: »Mutter, ich will nicht essen.«

Die Mutter fragte: »Hast du vielleicht keinen Hunger, mein Junge?«
»Ich, ich habe keinen Hunger.«
Die Mutter lachte. ›Mein Junge spielt, und deshalb ißt er nicht‹, dachte sie. »Iß, mein Junge«, rief sie, »komm essen, und dann kannst du wieder spielen.«
Der Junge kam und aß. Die Mutter fragte: »Mit wem spielst du, mein Junge?«
Er sagte: »Mutter, ich spiele allein.«
Seine Mutter sagte: »Tue das nicht, mein Junge! Der Zaunkönig holt dich.«
Der kleine Junge erschrak und weinte. Die Mutter umarmte ihn und tröstete: »Weine nicht, mein Junge! Der Zaunkönig holt dich nicht.«
Da wurde der kleine Junge ruhig. Er hatte keine Angst mehr und bat die Mutter, alleine spielen zu dürfen. »Mein Mütterchen«, sagte er, »ich will alleine spielen.«
Die Mutter sagte: »Mein Söhnchen, spiel alleine vor dem Hause!«
»Ja«, sagte der Sohn und nahm den Hund mit vor das Haus.
Der kleine Junge fragte den Hund: »Hund, hast du Hunger?«
Der Hund wedelte mit dem Schwanze. Der kleine Junge gab ihm zu essen. Der Hund aß und füllte sich den Bauch. Dann führte der kleine Junge den Hund spazieren. Der Hund sah ein Vögelchen und machte »Wauwau«. Der kleine Junge guckte. Der Hund machte »Wauwau« zu dem Vögelchen, und das Vögelchen ging weg. Da spielte der kleine Junge mit dem Hunde weiter.
Die Mutter kam, sah sie spielen und lachte. Sie setzte sich neben ihren Sohn. Da sang der Zaunkönig. Der kleine Junge ahmte ihn nach. Der Zaunkönig kam näher. Die Mutter sah es. Der Zaunkönig blieb bei dem kleinen Jungen stehen und sang. Der Hund erblickte ihn und fing zu laufen an. Er wollte ihn fangen. Der Zaunkönig lief auch. Der kleine Junge lachte und sagte zu seiner Mutter:

»Mütterchen, mein Hündchen ist böse.
Zaunkönig blieb bei mir stehen,
mein Hund hat ihn gesehen,
wollte ihn fangen,
Zaunkönig ist weggegangen.«

Das sagte der kleine Junge zu seiner Mutter, und die Mutter lachte, und der kleine Junge lachte auch.

Dann wurde der Hund schläfrig und ging ins Haus, um sich hinzulegen. Der kleine Junge rief seinen Hund. Aber der Hund kam nicht. Da fing der Junge zu weinen an.

Die Mutter fragte: »Warum weinst du, mein Söhnchen?«

»Mutter, mein Hund ist schläfrig. Ich weine.«

Die Mutter rief den Hund. Der Hund kam. Der kleine Junge freute sich und spielte mit seinem Hunde vor dem Hause.

Dann legte sich der Hund hin und schlief ein. Während er schlief, kam der Zaunkönig. Der kleine Junge erschrak. Diesmal sah die Mutter den Vogel nicht kommen. Der Zaunkönig packte den kleinen Jungen und trug ihn auf dem Rücken davon.

Der kleine Junge schrie. Der Hund erwachte und machte »Wauwau«. Die Mutter sah jetzt auf. Der Zaunkönig trug ihren kleinen Sohn auf dem Rücken und flog davon. Die Mutter weinte, und der Hund weinte auch.

Der Zaunkönig sprach zu dem kleinen Jungen: »Kindchen, weine nicht! Ich trag dich in den Himmel hinein.« Und er fügte hinzu: »Du wirst mit meinem Kind im Himmel spielen.« So sprach das Vögelchen, und der kleine Junge wurde still.

Aber die Mutter weinte, und der Hund weinte auch.

Der kleine Junge spielte mit dem Kinde des Zaunkönigs. Er gewöhnte sich daran und wurde schließlich selbst zum Zaunkönig. Dieser Zaunkönig, der hier singt, ist der kleine Junge. Er wurde dazu, als der Zaunkönig ihn holte. Aber seine Mutter hat geweint, und sein Hund hat auch geweint.

35. Der Knabe und der Bakurao

Eine Mutter ging mit ihrem Knaben in die Pflanzung, und während sie Maniokwurzeln ausriß, schoß der Knabe am Waldrande nach Vögeln. Ein Bakurao flog vor ihm auf und setzte sich ein Stückchen weiter nieder. Der Knabe schoß einen Pfeil nach ihm ab, der aber nicht traf. Der Vogel flog darauf wieder ein Stück weiter und wartete. Der Knabe lief ihm nach und schoß zum zweitenmal, ohne zu treffen, worauf der Vogel wieder ein Stück weiterflog. So verfolgte der Knabe vergebens seine Beute weit in den Wald hinein, bis der Bakurao schließlich aufflog und zwischen den Bäumen verschwand.

Der Knabe sah nun, daß er sich zu weit von der Pflanzung seiner Mutter entfernt hatte. Er nahm Richtung und lief durch den Wald zurück. Bald darauf stand er am Ufer eines großen Stromes. ›Wie kommt denn das, daß ich hier einen Strom antreffe, der auf dem Hinweg gar nicht vorhanden war?‹ dachte der Knabe. ›Das hat mir der Bakurao angetan!‹ Er ging nun am Ufer auf und ab und schlief schließlich im Wald. So irrte er tagelang zwecklos an dem Fluß umher.

Eines Tages hörte er einen Specht schreien. »Wenn ich doch fliegen könnte wie ein Specht«, sagte der Knabe zu sich selbst, »so würde ich gleich an das andere Ufer fliegen!« Und dann setzte er hinzu: »Wenn der Specht wie ein Mensch wäre, so würde ich ihn bitten, mich hinüberzutragen.«

Da kam der Specht geflogen, setzte sich dicht vor ihm an einen Baum und fragte: »Was hast du gesagt?« Der Knabe wiederholte seine Bitte. Da wurde der Specht riesengroß und sprach zu ihm: »Setze dich nur auf meinen Rücken, ich werde dich hinüberbringen.« Der Knabe tat es mit Freuden, als aber der Specht in seiner Art zu fliegen begann – zuerst sich fast zu Boden fallen lassend und dann wieder jäh aufsteigend –, wurde dem Knaben angst, und er bat ihn, er möge ihn wieder absetzen. So blieb er wieder am Ufer zurück.

Da sah er einen mächtigen Alligator mitten im Fluß auftauchen und das Wasser mit seinem Schweif schlagen. »Wenn der mich doch hinüberbringen wollte!« sprach der Knabe. Da schwamm der Alligator heran und fragte ihn, was er wolle. Der Knabe brachte seine Bitte vor, und der Alligator hieß ihn auf seinem Rücken Platz nehmen. Dann schwamm er mit ihm dem anderen Ufer zu. Als sie in die Mitte des Stromes gekommen waren, befahl der Alligator dem Knaben: »Jetzt sollst du mir alle Schimpfnamen geben, die du kennst!« Der Knabe wollte es aber nicht tun, denn er wußte, daß ihn der Alligator dann fressen würde. So kamen sie dem Ufer näher, und schließlich sprang der Knabe mit einem Satz ans Land und entfloh. Er lief, verfolgt von dem Alligator, in den Wald hinein und kam an eine Lagune. Da stand der Reiher und fischte. »Warum rennst du denn so?« fragte er den Knaben. »Ich fliehe vor dem Alligator, der mich verfolgt und fressen will«, antwortete dieser. »Komm her!« sprach der Reiher. »Ich werde dich in meinem Fischnetz verstecken.« Mit dem Fischnetz aber meinte er seinen Kropf. Er spie vier Trahirafische aus, die er im Kropfe hatte, verschluckte den Knaben und darauf wieder die vier Fische. Da kam auch schon der Alligator auf der Spur des Knaben daher und fragte den Reiher, wo der Knabe hingegangen sei. Der Reiher bestritt, daß der Knabe hier vorbeigekommen sei, aber der Alligator bestand darauf, weil seine Spur hierherführe. »Gewiß hast du ihn verschluckt«, sprach er, »laß sehen, was du in deinem Kropfe hast!« – »Ich habe nur vier Fische gefangen«, antwortete der Reiher und spie die Fische aus. »Da sind sie!« Da kehrte der Alligator um, und der Reiher ließ den Knaben wieder aus seinem Kropf heraus.

Der Knabe ging weiter und kam auf einen breiten Weg. ›Das ist der Weg zu meinem Dorf‹, dachte der Knabe, es war aber der Weg der Wildschweine. Als er ihn weiter verfolgte, kam er an die Wohnung der Wildschweine. Sie fragten ihn, woher er komme, und er berichtete ihnen die Geschichte seiner Irrfahrt. Da luden ihn die Wildschweine ein, bei ihnen zu bleiben. Sie hatten alle ihre Tierhäute an, die sie aber zu Hause ablegten, um Menschengestalt anzunehmen. Der Knabe erhielt auch seine Tierhaut, damit er sich in ein Wildschwein verwandeln konnte, und blieb nun lange Zeit in seiner neuen Gesellschaft.

»Laßt uns Manduvi (Erdnüsse) sammeln!« sprachen die Wildschweine eines Tages, und sie gingen Jutahi- und Kopaybakerne suchen, das waren ihre »Manduvi«. Dann brachten sie sie nach Hause und stießen sie im Mörser; das war das Mehl der Wildschweine.

Eines Tages beschlossen die Wildschweine, in die Pflanzung zu gehen, um Bataten, Maniok und Kara zu stehlen. Am folgenden Tage machten sie ihre Körbe und Kiepen zurecht und gingen nach der Pflanzung. Während die anderen die Erde nach den Wurzeln umwühlten, ging der Knabe umher. Plötzlich blieb er vor einem umgestürzten Baume stehen und sprach: »War es nicht hier an diesem Baum, wo meine Mutter ihren Korb hinstellte an jenem Tage, als ich den Bakurao verfolgte und mich im Walde verlor? Das ist die Pflanzung meiner Mutter!« Da zog er seine Tierhaut aus, und während die Wildschweine ihre Lasten zurechtmachten, versteckte er sich. Er ließ sie fortgehen und blieb allein an dem Baum zurück.

Nach einer Weile sah er seine Mutter kommen. Sie stellte ihren Korb an der gewohnten Stelle nieder, und als sie sich umdrehte, erblickte sie ihren Sohn. Da weinte sie und wollte ihn umarmen; er aber sprach: »Fasse mich nicht an, Mutter, bleibe dort stehen und weine!« Dann forderte ihn seine Mutter auf, nach Hause zu kommen, und er folgte ihr von fern. Zu Hause aber hielt er sich stets von den Leuten abgesondert, schlief in einer Ecke und sang die ganze Nacht hindurch von seinen Abenteuern sowie die Gesänge, die er bei den Wildschweinen gelernt hatte. Er war selbst schon zum Wildschwein geworden.

36. *Der rollende Totenschädel*

Ein Jägertrupp lagerte im Wald. Die Bratroste waren schwer mit Fleisch beladen. Kapuzineraffen steckten mit ausgebreiteten Armen am Spieß neben zusammengerollten Brüllaffenschwänzen und abgeschnittenen Gliedmaßen von allerlei Tieren. Rund um den Platz herum lagen Köpfe, Felle, Knochen und Eingeweide zerstreut. Die Jäger waren alle ausgezogen und hatten im Lager nur einen Knaben zurückgelassen, um das bratende Fleisch zu wenden. Da erschien auf dem Lagerplatz ein Mann. Er ging umher, betrachtete finster die Jagdbeute, zählte dann die Hängematten und ging wieder fort. Als die Jäger abends ins Lager zurückkamen, erzählte der Knabe von dem Besuch, aber niemand glaubte es ihm. Als sich dann aber die Männer in ihre Hängematten schlafen gelegt hatten, erzählte der Knabe von neuem die Geschichte seinem Vater, und dieser wurde schließlich mißtrauisch. Er und der Knabe banden ihre Hängematten los und zogen sich in der Dunkelheit ein Stück von dem Lagerplatz in das Dikkicht zurück. Sie hatten den Platz noch nicht lange verlassen, als sie Stimmen wie von Eulen, Tigern und anderem Nachtgetier hörten und dazwischen das Stöhnen von Menschen und das Krachen brechender Knochen. »Das ist Kurupira mit seinem Anhang, der die Jäger tötet!« sagte der Mann zu seinem Knaben.

Als der Morgen anbrach, gingen sie nach dem Lagerplatz. Da waren nur noch die leeren, blutbefleckten Hängematten, und zerbissene Menschenknochen lagen verstreut da, mitten darunter der Kopf des einen Jägers. Als sich der Mann mit seinem Sohn zum Gehen wandte, rief ihn der Kopf plötzlich an: »Nimm mich doch mit, Gevatter!« Der Mann sah sich erstaunt um. »Bring mich doch nach Hause, Gevatter!« wiederholte der Kopf seine Bitte. Da sandte der Mann seinen Knaben voraus ins Dorf, während er selbst einen Sipo abriß, den Schädel anband und ihn hinter sich her am Boden schleifte. Bald aber wurde es ihm unheimlich, und er ließ ihn auf dem Weg zurück. Als er aber weiterging, rollte der Kopf wie ein Kürbis hinter ihm her und schrie fortwährend: »Gevatter! Gevatter! Warte doch ein wenig! Nimm mich doch mit!« So mußte der Mann langsamer gehen, damit der Schädel dicht hinter ihm dreinrollen konnte. Der Mann dachte aber nach, wie er den unheimlichen Begleiter wohl loswerden könnte. Er hieß also den Kopf auf dem Weg ein wenig warten, er müsse im Walde seine Notdurft verrichten. Nachdem er dies getan hatte, ging er jedoch nicht zu dem Kopf zurück, sondern suchte den Weg ein gutes Stück weiter vorwärts. Dort grub er rasch eine Fallgrube, bedeckte sie mit dünnen Zweigen und Blättern und versteckte sich. Unterdessen wartete der Kopf auf dem Wege, daß der Mann aus dem Walde zurückkommen sollte, und rief schließlich: »Gevatter, bist du denn noch nicht fertig?« – »Noch nicht, Gevatter!« antwortete der Kot des Mannes. Der Schädel aber sprach: »Was! Zu meiner Zeit, als ich noch Mensch war, konnte doch der Kot nicht reden?« Dann rollte er auf dem Wege dahin, und eine Strecke weiter stürzte er in die Fallgrube. Der Mann kam nun hervor, füllte die Grube mit Erde zu und stampfte sie fest. Dann ging er in sein Dorf.

Als es Nacht wurde, hörte man in dem Dorf vom Walde her Schreie, die immer näher kamen. »Das ist der Totenschädel, der sich aus der Grube befreit hat«, sprach der Mann zu den Dorfbewohnern.

Der Kopf hatte unterdessen Flügel und Krallen bekommen wie ein riesiger Falke. Er schwebte heran und warf sich auf den ersten, der ihm in den Weg kam, und fraß ihn auf. Am folgenden Abend jedoch versteckte sich ein Medizinmann an der Stelle, wo der Weg aus dem Walde kam, und wartete mit Bogen und Pfeil auf das Ungeheuer. Mit der Dunkelheit kam es schreiend nähergezogen und setzte sich auf einem Baum am Waldrand nieder. Es sah jetzt ganz wie ein riesiger Falke aus. Da schoß der Medizinmann einen Pfeil gegen ihn ab, der ihm durch beide Augen ging, worauf er sofort tot von seinem Sitz herabstürzte.

37. Das Fest der Tiere

Die Tiere feierten einst ein Fest, das viele Tage lang dauerte. Alle waren dazu eingeladen: Rehe und Tapire, Wildschweine und Jaguare und Vögel von allen Arten. Viele waren schon angekommen, und immer neue zogen noch heran. Den großen Falken Wyrohuete hörte man von fern auf einer Signaltrompete blasen: »Bu-bu-bu!« Und die Tiere freuten sich und sprachen: »Da kommt der große Falke auch, um mit uns zu tanzen!« Er schmückte sich noch und bereitete sich zum Tanz vor. Auch die Affen waren noch nicht angekommen. Als die Tiere vom Tanz ausruhten, forderten sie den Sohn des Jaguars zum Singen auf. Der alte Jaguar belehrte ihn erst, wie er singen solle, und dann sang er und sang gut. Dann sollte der alte Jaguar sich auch hören lassen. Seine Frau bat ihn, er möge nichts Schlimmes singen, aber der Jaguar sang: »Die Wildschweinshaut ist voller Schmeißfliegen!« Da wurden die Wildschweine zornig. Dann sang er weiter: »Die Rehhaut ist voller Schmeißfliegen!« Das verdroß die Rehe, und die Jaguarin sprach zu ihrem Gatten: »Du hättest doch etwas Hübsches singen können; warum mußtest du die anderen beleidigen?« Wieder hörte man die Trompete des großen Falken, aber als er ankam, war das Fest schon zu Ende. Denn der Rehgott Arapuha-Tupana stand auf und trat mitten unter die Frauen, um zu singen. Er sang lange Zeit, aber man darf seinen Gesang nicht singen, sonst müssen alle, die ihn hören, sterben. Plötzlich schnob er und verschwand. Über alle Festteilnehmer ging es dabei wie ein Blitzschlag hin, und sie wurden zu Tieren. Als die Affen schließlich ankamen und nichts mehr von dem Feste vorfanden, wurden sie zornig. Sie gingen in die benachbarten Pflanzungen, Mais stehlen, und trieben sich, Früchte suchend, auf den Bäumen herum, und dabei blieb es. Wenn sich der Jaguar damals nicht so betragen hätte, so wären noch jetzt alle Tiere wie Menschen und könnten singen.

38. Der Ursprung des Honigfestes

Es waren einst zwei Brüder. Der eine machte sich eine Jagdhütte in der Krone eines Azywaywabaumes, auf dem sich die Araras zu versammeln pflegten, um die Blüten zu fressen. Er hatte schon viele Araras geschossen, als zwei Jaguare kamen. Sie brachten Stücke von Kürbisflaschen mit, die sie mit Nektar anfüllten, den sie aus den großen, gelben Blüten des Azywaywa auspreßten. Der Mann sah ihnen verwundert zu, getraute sich aber nicht, auf sie zu schießen. So beobachtete er sie täglich lange Zeit hindurch.

Eines Tages wollte sein Bruder auch in der Jagdhütte ansitzen. Da erzählte er ihm, daß er dort die beiden Jaguare treffen werde, und warnte ihn, er solle nicht auf sie schießen. Der Bruder begab sich in die Jagdhütte. Als aber die beiden Jaguare gekommen waren und sich dicht bei ihm auf die Äste setzten, glaubte er wenigstens den einen töten zu können, und schoß zwei Pfeile auf ihn ab, die nicht die geringste Wirkung taten. Darauf schoß er auch zweimal auf den anderen Jaguar, mit dem gleichen Erfolg. Nun bemerkten aber die Tiere, daß er in der Jagdhütte war. Da verursachten sie einen heftigen Sturm, der die Jagdhütte samt dem Jäger zur Erde schleuderte und zerschmetterte. Die Jaguare aber stiegen herab und schleiften den Leichnam nach dem Eingang zur Unterwelt, der nur so groß war wie ein Ameisenloch. Durch diese Öffnung zogen sie ihn hinab.

Am anderen Tage dachte sich der Bruder des Toten gleich, daß jener seine Warnung nicht beachtet hätte und verunglückt wäre. Er ging, um ihn zu suchen, fand die herabgestürzte Jagdhütte und folgte der Blutspur bis zu dem Ameisenloch. »Hier müssen sie ihn hinabgezogen haben«, sagte er sich und verwandelte sich in eine Ameise. Er kroch durch das Loch hinab und kam bald auf eine breite Straße, die nach dem Dorf der Jaguare führte. Schon von weitem hörte er von dort deren Gesänge. Er sah in dem Dorf ein großes Haus, vor dem der Leichnam seines Bruders in der Sonne an einem Holzkreuz angebunden war. Er ging in das Haus hinein und sah an einer Stange unter dem Dach viele Gefäße mit Honig aufgehängt. Darunter tanzten und sangen die Jaguare des Nachts, und der Mann fand dieses Fest so schön, daß er seinen toten Bruder ganz vergaß und nur noch den Wunsch hatte, mittanzen zu dürfen. Er lernte die ganzen Gesänge, und schließlich meinte er, die Jaguare würden ihn wohl auch in Menschengestalt nicht erkennen. So verwandelte er sich allnächtlich in einen Menschen und sang und tanzte mit den Jaguaren, und tagsüber wurde er zur Ameise.

So trieb er es, bis er den Jaguaren alles abgelauscht hatte und ihrer überdrüssig war. Dann kehrte er durch das Ameisenloch an die Oberwelt zurück und erzählte seinem Volk, was er gesehen und gelernt hatte. »Laßt uns heute singen!« sprach er zu den Leuten, aber diese antworteten: »Wie singt man denn?« Da lehrte er sie singen. »Laßt uns nun Honig holen! Ich weiß, wie man unter dem Honig singt.« Sie taten es und brachten den Honig in das Dorf unter Freudengeschrei. Nun lehrte er die Frauen unter den aufgehängten Honiggefäßen singen, und einen Monat später zeigte er auch den Männern, wie man den Honig mit Wasser mischt und auf dem Dorfplatz das Fest feiert.

39. Der Alligator und die streitbaren Weiber

Die Weiber eines Dorfes pflegten zu gewissen Zeiten nach einer Lagune zu gehen, wo ein großer Alligator hauste. Hier hatten sie sich Hütten errichtet mit Kochgeräten, Töpfen usw. Federschmuck und schöne Leibgürtel nahmen sie dorthin mit, auch Moschus, den Körper einzureiben. Eines der Weiber wurde mit allen diesen Zieraten ausgestattet und ihre Haut mit Moschus bestrichen. So blieb sie am Ufer sitzen, während die übrigen im Walde Früchte sammelten. Andere fischten oder bereiteten Speisen zu.

Das Weib im Festschmuck rief, sobald sich alle entfernt hatten: »Alligator, komm, bring Fische!« Der Alligator antwortete: »Ich komme.« Er kam dann hervor, ein Bündel Fische tragend. Dann legte er seinen Kopf der Frau auf den Schenkel, ließ sich von ihr die Parasiten absuchen und schlief ein. Die anderen Weiber bereiteten unterdessen das Mahl und gingen nach Beendigung des Festes nach Hause, indem sie den Männern nur die leeren Fruchtschalen brachten. Das geschmückte Weib blieb mit dem Alligator zurück und folgte erst später.

Schließlich wunderten sich die Männer, daß die Frauen immer nur mit leeren Schalen zurückkamen, und beschlossen, der Sache auf den Grund zu gehen. Einer befahl seinem Sohn, die Mutter zu begleiten. Nach langer Weigerung ward er zugelassen und erzählte den Männern dann, was er gesehen hatte.

Zwei Tage später gingen diese selbst zusammen an den See, während die Frauen zurückbleiben mußten. Auch sie rieben sich mit Moschus ein und riefen den Alligator. Dieser kam wie sonst, brachte Fische und legte sich zum Schlaf nieder, wurde nun aber von den Männern mit einer Keule getötet und in den Wald geworfen. Darauf gingen die Männer jagen, töteten noch andere Alligatoren, Reiher, Enten sowie Aasgeier und kehrten mit der Beute zurück. Spöttisch riefen sie den Weibern zu: »Ihr habt uns betrogen; jetzt könnt ihr Aasgeierfleisch essen!«

Anderntags zogen die Weiber wieder aus; aber der Alligator erschien nicht. Seine Leiche wurde endlich im Walde gefunden. Voll Zorn eilten sie nach Hause, machten sich Pfeile und Bogen und forderten die Männer zum Kampf heraus. Die Männer nahmen die Sache nicht ernst und legten die Pfeile umgekehrt auf den Bogen, um keinen Schaden zu tun; die Weiber aber schossen mit der Spitze und töteten die Männer bis auf wenige, die entkamen. Die Weiber zogen nun den Fluß hinab. Man hat nichts mehr von ihnen gehört.

Solange der Alligator gelebt hatte, sprachen alle Alligatoren. Seitdem spricht keiner mehr.

40. *Die Zauberpfeile*

In einem Walde hausten zwei große Brüllaffen, welche die Menschen fraßen, deren sie habhaft wurden. Zwei Brüder machten sich auf, sie zu töten. Unterwegs sahen sie eine Kröte sitzen. »Wohin des Wegs?« fragte diese. »Wir gehen, die Affen zu erlegen.« – »Wollt ihr mich zum Weibe nehmen, so sage ich euch, wie ihr euch zu verhalten habt; wenn nicht, so geht ihr dem sichern Tode entgegen!« Lachend schlugen die Brüder das Anerbieten aus und zogen weiter. Bald erreichten sie den Baum, auf dem, mit Schleuderpfeilen bewaffnet, die Affen saßen. Ringsum bleichten die Gebeine der Menschen, die ihnen zum Opfer gefallen waren. Die beiden Jünglinge hatten dieselben Waffen und eröffneten sofort den Kampf, aber geschickt bückten sich die Affen, und unschädlich flogen die Pfeile über sie hin. Nun gingen auch sie zum Angriff über. Bald fiel einer der Brüder, ins rechte, bald darauf der andere ins linke Auge getroffen, und die Affen bemächtigten sich ihrer Beute.

Zu Hause war ein dritter Bruder zurückgeblieben. Er war krank. Sein Körper war voll Wunden und Geschwüre. Nur seine Großmutter gewann es über sich, ihn zu pflegen. Einst ging auch er auf die Vogeljagd. Einer seiner Pfeile fiel vor einem Schlangenloch nieder. Die Schlange kam heraus und fragte: »Was machst du hier? Wie kannst du jagen, da du doch so krank bist?« – »Ja«, erwiderte er seufzend, »wohl bin ich krank und unglücklich; alles hat mich verlassen; meine Brüder sind tot, nur meine Großmutter erbarmt sich meiner und pflegt mich.« Da sprach die Schlange: »Ich will dir ein Heilmittel geben, aber sage niemandem, wer dir geholfen hat!« So bestrich sie seinen ganzen Körper mit schwarzer Salbe. Als er nach Hause kam, fragte die Alte, wovon er so schwarz geworden sei. »Ich bin unter die verkohlten Bäume geraten«, war seine Ausrede. Am folgenden Tage ließ er sich zum zweitenmal von der Schlange bestreichen und erzählte seiner Großmutter das gleiche. Am dritten Tage fühlte er sich gesund und beschloß nun, seinerseits auszuziehen, um seine Brüder zu rächen.

Die Schlange gab ihm einen Pfeil und sprach: »Mit dieser Waffe wirst du die Affen erlegen, die deine Brüder gefressen haben. Unterwegs wirst du einer Kröte begegnen, die dich auffordern wird, ihr zu Willen zu sein. Tue, als wenn du darauf eingingest, und täusche sie!« Als er zur Kröte kam, tat er, wie ihm geheißen war. Die Kröte ließ sich von ihm betören und riet ihm zum Lohn, die Affen zuerst schießen zu lassen und dann auf ihre Augen zu zielen.

So kam er an den Baum der Ungeheuer und sah die Gebeine seiner Brüder darunter liegen. Die Affen riefen ihm zu, zuerst zu schießen. Er aber wartete ruhig, bis die Gegner schossen, und traf dann erst den einen, darauf den anderen ins Auge. Die Affen stürzten, blieben aber mit ihren Schwänzen in den Ästen hängen. Auf den Rat der Kröte schickte er eine Eidechse, sie herabzuholen, was auch gelang.

Der Jüngling kehrte nun zur Schlange zurück, den glücklichen Ausgang seines Abenteuers zu melden. Diese aber gab ihm ein ganzes Bündel Pfeile, welche die Kraft besaßen, jedes Wild, nach dem man sie ausschickte, zu treffen und herbeizuholen. Auch Waldfrüchte, Honig usw. konnten die Pfeile liefern. Für jede Art Jagd war ein besonderer Pfeil bestimmt. Zu jedem gehörte noch ein besonderes Zaubermittel, in eine

Kalabasse eingeschlossen, mit dem man die Wirkung allzu heftig zurückfliegender Pfeile abschwächen und diese zum Stillstand bringen konnte.
So verschaffte sich der junge Mann alle Arten Wild und Fische mit leichter Mühe. Bald darauf nahm er ein Weib, baute sich eine Hütte und legte eine Pflanzung an. Seiner Frau hatte er eingeschärft, daß niemand die Pfeile in seiner Abwesenheit benutzen dürfe, sonst würden alle Leute sterben. Dennoch wußte einst sein Schwager seine Frau zu überreden, ihm die Pfeile zu geben. Anfangs ging alles gut; der Schwein- und Fischpfeil taten das Werk und wurden durch das Zaubermittel zum Stillstand gebracht. Als aber der Honigpfeil zurückkam, erschien plötzlich ein großer, gespenstischer Kopf mit weitem, zahnbewehrtem Rachen. Voll Angst lief der Schwager fort, ohne an das Gegenmittel zu denken. Das Gespenst fiel nun über die Menschen her und tötete, wen es fand. Durch den Lärm herbeigerufen, kam der Mann aus der Pflanzung zurück, und es gelang ihm endlich, das Ungeheuer zu bannen. Aber das halbe Dorf war bereits tot.
Nochmals ging er zur Schlange, ihr sein Leid zu klagen. »Dir ist recht geschehen«, erwiderte sie, »aber was ist zu ändern! Laß uns morgen zusammen auf die Jagd gehen, den Piraruku zu erlegen. Wenn dich aber eine von meinen Töchtern anstößt, so sollst du es mir sagen!« Des andern Tages kam die Schlange mit ihrer ganzen Familie und traf die mit Netzen ausgerüsteten Karaja an der Lagune. Diese fischten, während der Mann mit der Schlange den Wald durchstreifte. Eine der Töchter hatte ihn unterdessen angerührt, aber er sagte nichts.
Nun verwandelte sich die Schlange in einen Piraruku und überredete den Mann, dasselbe zu tun. Beide gerieten in das Netz der Fischer. Die Schlange entkam durch ein Loch, der Mann aber wurde von den übrigen Karaja ans Land gezogen. Ein Mann versuchte ihn mit Keulenschlägen zu töten, er aber ergriff ihn und zog ihn unter Wasser, so daß jener die Keule fahren ließ. Als die Schlange sah, daß er ohne ihren Beistand

schließlich zugrunde gehen mußte, half sie ihm aus dem Netz heraus und entzauberte ihn. »Das war die Strafe«, rief sie, »daß du nichts gesagt hast, als meine Tochter dich anrührte!«

41. Die Pirarukus

In einer Lagune waren reiche Fischgründe, wo zur Wasserzeit immer viele Fische gespeert wurden. Oft aber ereignete es sich dabei, daß die Fische die Kanus nach sich zogen und sie an einem großen Baumstamm in der Mitte des Sees zum Umschlagen brachten. Eines Tages ging Aschurä mit einigen Kameraden dort fischen. Da tauchte vor ihnen plötzlich die Federmaske eines Piraruku auf. Die Leute wichen anfangs erschreckt zurück, bald aber ermannten sie sich wieder, riefen noch andere Genossen herbei und begannen, die Pirarukus zu treiben und mit Netzen zu umstellen. Nachdem bereits eine Anzahl erlegt war, sagte ein Greis, nun sei es genug; die übrigen aber töteten mehr. Als nun plötzlich ein Surubim über das Netz sprang, wiederholte der Alte seine Aufforderung, vom weiteren Fang abzulassen; doch vergebens. Endlich sah er auch einen Piaba springen. »Das bedeutet nichts Gutes«, rief der Alte, »der Piaba springt sonst nicht; dieser hier ist gesprungen; hört auf!« Statt dessen versuchten die übrigen, die gefangenen Fische mit Keulenschlägen zu töten. Da verschwand plötzlich der See und alles, was darin war. Nur ein Knabe, der am Ufer auf einem Baume saß, wurde gerettet. Er weinte, und seine Tränen fielen ins Wasser. Ein kleiner Fisch fing sie auf.

Jetzt erschienen die Pirarukus in Menschengestalt wieder. Sie fragten den Knaben einer nach dem anderen: »Sehe ich aus wie dein Vater; sehe ich aus wie dein Onkel, dein Bruder usw.?«, bis dieser endlich alle seine Verwandten bestimmt hatte. Nun gingen sie zusammen ins Dorf zu den Weibern, deren Männer sie jetzt vorstellten. Einer der Pirarukus legte seinen Kopf der Frau auf den Schoß, um ihn absuchen zu lassen, befahl ihr aber, ja nicht in seinem Genick nachzusehen, und schlief bald darauf ein. Die Frau aber vermochte ihre Neugierde nicht zu bezwingen, untersuchte das Genick des Mannes und fand dort eine Reihe kurzer Stacheln. Da erschrak sie und erweckte durch einen lauten Schrei den Mann. »Was hast du?« fragte dieser. »Ach, es ist nichts; es ist nur eine Laus heruntergefallen.« Der Mann nahm die Entschuldigung an und ging in die Festhütte zum Tanz.

Die Frau beschloß, mit ihrem Kinde zu fliehen. Vor ihrem Weggange sprach sie zu ihrem Papagei: »Wenn der Vater kommt und nach mir fragt, so sage, ich sei beim Wasserholen; kommt er wieder, so sage, ich sei beim Holz- oder Früchtesuchen!« So geschah es. Der Mann wurde von dem Papagei so lange hingehalten, bis die Frau weit entfernt war. Endlich aber merkte er den Betrug, riß wütend dem Vogel die Federn aus, der höhnisch ausrief: »Jetzt weiß ich, daß du kein Mensch, sondern ein Piraruku bist!« und eilte seinem Weibe nach. Diese suchte Schutz bei einem Reiher, in dessen Kropf sie sich verbarg. Der Mann kam nach und fragte den Vogel, warum er so dick sei. »Ich habe so viele kleine Fische gegessen«, erwiderte dieser. »So laß deinen Kot sehen!« Der Reiher tat, wie ihm geheißen war, wobei das Weib beinahe zum Vorschein gekommen wäre. Der Mann eilte weiter. Das Weib mit ihrem Kinde setzte später ihre Flucht fort, aber weit und breit war kein Wasser. Fast verschmachtend, erreichte sie endlich einen Sumpf, in dem ein Zitteraal lag. Sie bat ihn um Wasser; er aber gewährte es nur unter der Bedingung, daß sie ihm zu Willen war.

Später traf das Weib einen zweiten Aal, der die gleiche Forderung stellte, um Wasser zu schaffen, aber von der Frau betrogen wurde; endlich einen dritten, der aber kein Wasser mehr lieferte. Das Kind verwandelte sich vor Durst in einen Vogel und flog fort.

Die Frau begegnete weiter einem Jaguar. Dieser fragte: »Womit hast du dein Kind so schön bemalt?« – »Das habe ich mit gekochtem Wachs gemacht.« Der Jaguar bat darauf das Weib, ihn ebenfalls so schön fleckig zu machen, und legte sich ruhig vor sie hin. Die Frau kochte eine große Menge Wachs und begoß den Jaguar damit, so daß er starb. Die Schwester nahm dem Jaguar das Fett heraus und stopfte es in einen hohlen Baum, worauf beide Weiber ihre Flucht fortsetzten. Nach einer Weile sagte die Schwester: »Laß mich zurückgehen; ich vergaß meine Pfeife!«

»Geh«, sagte das Weib, »aber iß nichts vom Fett des Jaguars, sonst wirst du selbst einer!« Die Schwester jedoch folgte nicht, verzehrte vielmehr, vom Hunger getrieben, davon eine große Menge. Sie kehrte später ein zweites Mal um unter dem Vorwande, ihre Schürze vergessen zu haben, aß nochmals vom Fett und ward nun selbst in einen Jaguar verwandelt.

So folgte sie in Tiergestalt ihrer Schwester nach. Diese suchte sie nun loszuwerden, überredete sie, die Augen zu schließen, und stieg währenddessen auf einen Baum, von dem aus sie dem Jaguar höhnisch zurief: »Das ist die Strafe für deinen Vorwitz; jetzt sieh, wie du weiterkommst!« Endlich kam sie an einen Fluß, an dem ein Alligator saß. Diesen bat sie, sie überzusetzen. Der Alligator stellte dasselbe Verlangen wie früher der Zitteraal, sah sich aber ebenfalls betrogen. Voll Ärger brachte er den Mann auf ihre Fährte. Die Frau hatte mittlerweile ein verlassenes Haus erreicht und sich Feuer angezündet, als sie plötzlich eine Dampfwolke aufsteigen sah. Es war ihr Mann, der Piraruku, der, seine Pfeife rauchend, des Weges kam. Sie warf ihm Asche ins Gesicht, so daß der Mann sie nicht erblickte und seine Pfeife ausging. Während er diese wieder anzündete, gewann sie einen Vorsprung und warf, als er ihr zum zweiten Male nahe kam, mit Kohlen nach ihm. Das drittemal blieb dies jedoch erfolglos; da warf sie mit Salz. Ein großer Fluß bildete sich zwischen beiden, so daß die Frau gerettet war. Voll Zorn und Scham darüber, daß es ihm nicht gelang, das Weib in seine Gewalt zu bekommen, kehrte der Piraruku zu den Seinigen zurück, die, als sie sich erkannt sahen, ihren See wieder aufsuchten und sich seitdem nicht wieder haben sehen lassen.

42. Der Stern

Es war einmal ein Jüngling, der lebte im Junggesellenhaus. Eines Nachts blickte er empor zum sternenfunkelnden Himmel. Da fiel ihm ein Stern besonders auf durch seinen ruhigen, hellen Glanz.

»Wie schade, daß ich dich nicht in meine Kürbisflasche einschließen kann, um dich nach Herzenslust zu bewundern!« rief er aus, seufzte und starrte lange Zeit zärtlich hinauf zu dem gefühllosen Stern.

Endlich ging er in das Junggesellenhaus, wo seine Brüder bereits schliefen. Er schlief ein und träumte von dem schönen Stern. In der Nacht wachte er plötzlich auf und sah zu seiner Überraschung ein junges Mädchen mit hellen, leuchtenden Augen zu sich herabblicken. Er dachte, es wäre eine »Versuchung«, und beschwor sie, ihn sofort zu verlassen. »Warum?« antwortete sie. »Ich bin der helle Stern, den du in deiner Kürbisflasche zu haben wünschtest.«

Der junge Mann war im ersten Augenblick stumm vor Erstaunen. Dann fragte er: »Aber du kannst doch sicherlich nicht in meine Kürbisflasche hinein.«

»Doch, das kann ich«, antwortete der Stern. Der junge Mann öffnete seine Kürbisflasche und tat das Sternmädchen hinein. Sie erhob ihre Augen zu ihm, und sie waren wunderschön in ihrem leuchtenden Glanz. Von nun an hatte der Jüngling keine Ruhe mehr. Während des Tages ging er hinaus in den Wald. Er konnte an nichts anderes denken als an den Stern, den er sich in einem Augenblick der Narrheit gewünscht hatte und dessen Gegenwart ihn nun so beunruhigte.

In seiner Abwesenheit wollten seine Brüder ihm einen Streich spielen und ihm die Palmnüsse stehlen, die er gewöhnlich in seiner Kürbisflasche aufbewahrte.

Einer von ihnen kletterte hinauf, um die Kürbisflasche von dem Balken loszubinden, an dem sie befestigt war. Der andere stand unten und fing sie auf. Als er sie öffnete, ließ er sie mit einem Schrei fallen.

»Es ist ein Tier darin mit feurigen Augen!« schrie er. Sie liefen beide davon und ließen die Kürbisflasche am Boden liegen.

Als der Jüngling zurückkam, erzählten ihm die Brüder, was sich ereignet hatte, und warnten ihn, die Kürbisflasche zu berühren. Er war ärgerlich auf sie, verhehlte ihnen die Wahrheit, so gut er konnte, und hing die Kürbisflasche auf wie zuvor.

Das Sternmädchen kam nur des Nachts aus seinem Versteck, und der junge Mann, obgleich noch etwas ängstlich, weidete seine Augen an ihrer Schönheit.

Eines Tages forderte der Stern den jungen Mann auf, jagen zu gehen. Sie kamen an eine Bacaba-Palme, und das Sternmädchen bat ihn, hinaufzuklettern und ihr einen Büschel Früchte zu holen. Als der Jüngling den Wipfel erreicht hatte und die Früchte pflückte, rief sie ihm zu: »Halte dich fest!« Und indem sie auf den Baum sprang, schlug sie mit einer Rute dagegen. Da fing der Baum an zu wachsen, wuchs und wurde länger, bis er den Himmel erreichte. Da band sie ihn mit den Blättern an eine dicke Wand, und sie sprangen zusammen in den Himmel hinein.

Der Jüngling fürchtete sich sehr. Er sah ein weites, ödes Feld und in weiter Ferne ein Haus. Das Sternmädchen verließ ihn und ging auf das Haus zu. Sie kam bald zurück mit Speisen für den jungen Mann. Sie bat ihn, sich nicht zu entfernen von dort, wo er war, und ging wieder fort.

Der Jüngling blieb zurück, traurig und verwirrt durch alles, was ihm begegnet war. Nach einer kleinen Weile hörte er, nicht weit entfernt, den Klang von Jagdhörnern und Stimmen. Es schien ein Fest gefeiert zu werden mit Gesang und Tanz. Das Sternmädchen kam zurück und beschwor ihn, den Platz nicht zu verlassen und vor allem nicht der Versuchung zu unterliegen, hinzugehen und dem Tanze zuzusehen. Dann ließ sie ihn allein.

Der Jüngling war nicht imstande, seine Neugierde zu unterdrücken, und ging zu dem Fest ...

Was er sah, war schrecklich! Es war eine Art Totentanz. Eine Menge Skelette drehte sich im Tanz, in formlosem Wirrwarr. Das verfaulte Fleisch hing von den Knochen, und ihre Augen lagen vertrocknet in den eingesunkenen Höhlen. Die Luft war schwer von dem faulen Geruch.

Der junge Mann rannte voll Entsetzen davon. Da traf er das Sternmädchen, das ihn ernstlich tadelte wegen seines Ungehorsams. Sie ließ ihn baden, damit er sich säubere von der Befleckung.

Dann verließ sie ihn wieder und ging fort. Aber er konnte nicht länger dort bleiben. Sobald er sah, daß sie weit genug fort war, eilte er nach der Stelle, wo sie den Palmbaum angebunden hatte. Sie sah zurück, erriet seine Absicht und lief herbei, um ihn zu hindern. Aber der Jüngling sprang schnell auf den Baum, der sogleich zusammenschrumpfte und sich ausbreitete, bis er war wie zuvor.

Der Stern sah traurig herunter auf den jungen Mann und sagte: »Du läufst vergeblich davon. Du wirst bald zurückkehren.«

Und so geschah es. Als er den Erdboden erreichte, fühlte der Jüngling Kopfschmerzen. Er konnte kaum noch seinem Vater und seinen Brüdern erzählen, was geschehen war. Alle Heilmittel waren vergebens. Er starb.

So erfuhren die Indianer, daß kein Himmel der Seligkeit sie droben erwartet, wenn auch die Sterne scheinen und sie locken.

43. *Der Schlangenpfeil*

Ein Jäger verirrte sich im Wald und blieb dort. Als er unter einen großen Baum kam, legte er sich schlafen.

Da hörte er schreien. Der Kurupira schlug wider die hohen Baumwurzeln, dann schrie er. Wiederum schrie er und schlug wider eine Baumwurzel. So kam er immer näher. Dann hörte er ihn ganz nahe. Da kam der Kurupira, setzte sich neben ihn, und sie begannen sich zu unterhalten:

»Ach, mein Enkel, wie geht es dir?«

»Ach, Großvater, mir geht es so so, aber wie geht es dir?«

»Mir geht es auch so so.«

»Ach, Großvater, ich habe mich verirrt!«

»Ist es möglich, mein Enkel? Deine Hütte ist doch nicht weit. Wann bist du von zu Hause weggegangen?«

»Gestern, Großvater.«

Sie fuhren fort sich zu unterhalten:

»Ach, mein Enkel, ich habe Hunger.«

»Ich habe auch Hunger. Ich habe heute noch nichts gegessen.«

»Mein Enkel, ich möchte essen!«

»Ich auch.«

»Mein Enkel, gib mir deine Hand zu essen!«

»Hier ist sie, Großvater.«

Er schnitt die Hand eines Affen ab, den er am Abend erlegt hatte, und gab sie ihm. Der Kurupira nahm sie und aß.

»Mein Enkel, deine Hand schmeckt gut. Ich möchte auch die andere essen!«

»Hier ist sie, Großvater.«

Er nahm sie und aß.

»Ach, mein Enkel, ausgezeichnet schmeckt deine Hand! Gib mir nun auch deinen Fuß zu essen!«

»Hier ist er, Großvater.«

Er schnitt den Fuß des Affen ab und gab ihn ihm.

»Hier ist er, Großvater.«

Der Kurupira nahm ihn und aß.
»Ach, mein Enkel, schmackhaft ist dein Fuß!«
»Ist es möglich, Großvater?«
Dann bat er ihn um sein Herz.
»Ach, mein Enkel, ich möchte auch dein Herz haben.«
»In der Tat, Großvater? Hier ist es.«
Er zog sogleich das Herz des Affen hervor und gab es ihm.
Der Kurupira nahm das Herz des Affen und aß es. Darauf bat der Jäger um das Herz des Großvaters.
»Nun möchte ich auch dein Herz haben!«
Bevor ihn der Kurupira um eine andere Sache bitten konnte, bat ihn jener um sein Herz.
»Ist es möglich, mein Enkel? Dann gib mir dein Messer!«
»Hier ist mein Messer.«
Der Kurupira nahm sofort das Messer, stieß es sich in die Brust, fiel um und starb. Der Jäger machte sich davon und ließ ihn liegen.
»Wohl getan, daß er gestorben ist!«
Damit ging er weg. Nach einem Jahr erinnerte er sich wieder der Sache.
»Jetzt will ich nach dem Kurupira sehen, der gestorben ist, um ihm die grünen Zähne auszuziehen als Zaubermittel. Er muß schon verwest sein. Ich will mir seine Knochen holen zu Pfeilspitzen.«
Er ging hin, fand die schon gebleichten Knochen und machte sich daran, sie mit der Axt, die er mitgenommen hatte, abzulösen.
»Jetzt ziehe ich mit der Axt die Zähne aus«, sagte er.
Er schlug sogleich mit der Axt auf die Zähne. Da wurde der Kurupira wieder lebendig und setzte sich auf. Der Mann erschrak heftig.
»Ach, mein Enkel, ich habe Durst; ich will Wasser!«
»In der Tat?«
Da schlug der Mann sogleich sein Wasser in seinen Hut ab.
»Hier ist Wasser für dich, Großvater!«

»Jetzt bin ich gut erwacht, aber ich weiß nicht, wo wir in der Unterhaltung stehengeblieben waren, als ich einschlief. Was war es doch, mein Enkel?«
»Ich weiß es nicht.«
»Jetzt wollen wir gehen, mein Enkel. Was willst du nun haben, mein Enkel?«
»Ich weiß es nicht.«
»Ich gebe dir einen Pfeil, damit du Beute machst.«
»Wohl gesprochen, Großvater!«
»Vorwärts also!«
»Vorwärts!«
Sie gingen in den Wald, und dort gab ihm der Kurupira den Pfeil.
»Jetzt hast du einen Pfeil für die Jagd. Willst du nun gehen?«
»Ja, ich will gehen.«
»Weißt du vielleicht, wo deine Hütte ist?«
»Nein.«
»Dann will ich mit dir zu deiner Hütte gehen.«
»Gut, Großvater, laß uns also gehen!«
Sie kamen in die Nähe der Hütte.
»Jetzt, mein Enkel, gehe ich weg und lasse dich da. Wenn du mich haben willst, wirst du mich schon zu finden wissen. Wenn du es wünschest, komme ich zu dir. Verstanden? Nun lebe wohl! Du allein kennst die Kraft dieses Pfeils. Nimm ihn nicht mit in deine Hütte! Erzähle niemandem etwas davon, nicht einmal deiner Frau! Du allein verstehst es, mit ihm zu jagen. Dieser Pfeil ist eine Surukuku-Schlange. Du brauchst keinen Bogen, um Beute zu machen. Es genügt, wenn du den Pfeil schleuderst. Ich erzähle dir dies alles, damit du es weißt und ihn nicht verlierst. Gut! Jetzt gehe ich weg!«
»Lebe wohl, Großvater! Ich werde dich bald besuchen.«
»Gut, mein Enkel! Ich bin immer zu deiner Verfügung.«
Von da an war der Jäger immer erfolgreich. Er erlegte viel mehr Wild als die anderen. Niemand wußte, wie er jagte. Da

sagten sie: »Wie verhält sich das? Er schießt Vögel, er erlegt Vierfüßler. Warum können wir das nicht so?«

»Ich weiß es nicht.«

»Wir gehen in den Wald und erbeuten nichts. Er aber geht weg und kommt rasch wieder heim, wenn wir ihn noch gar nicht erwarten.«

Andere sagten: »Wie kann das nur sein? Wir wollen ihn belauern, wie er seine Beute erlegt!«

»Laßt uns zwei Knaben schicken, ihn auszuspähen!«

»Vorwärts!«

Sie machten sich sogleich daran, ihn zu belauern. Als er in den Wald ging, schlichen sie hinter ihm her. Heimlich beobachteten sie ihn. Sie sahen, wie er seinen Pfeil von dem Ast eines Baumes schoß, und schlichen sich sogleich hin, um zu beobachten, wie er mit dem Pfeil tötete.

»Jetzt werden wir schon ausspähen, wo der Pfeil ist! Jetzt werden wir die Wahrheit schon erfahren!«

Sie belauerten ihn. Er sah einen Vogel dahinfliegen. Da beobachteten sie, wie er den Pfeil hinter ihm herschleuderte und darauf zu dem Vogel lief, der tot am Boden lag mit dem Pfeil daneben.

»Ist es denn möglich? Jetzt wissen wir, wie er seine Beute erlegt!«

Sie kehrten um und sprachen:

»Morgen wollen wir hingehen, um seinen Pfeil zu erproben, und sehen, wie er Beute macht!«

Am Morgen gingen sie hin. Sie fanden den Pfeil, zogen ihn aus seinem Versteck hervor und erprobten ihn sogleich an einem fliegenden Vogel. Sie schleuderten den Pfeil. Dieser flog dahin, kehrte um und traf einen von den Knaben, der sofort zu Boden stürzte und starb. Der andere lief heim und erzählte: »Mein Gefährte ist tot!«

»Woran ist er denn gestorben?«

»Eine Schlange hat ihn gebissen!«

»Laßt uns sehen!«

Sie gingen hin und fanden den Leichnam.
Der Herr des Pfeils suchte nach diesem, um auf die Jagd zu gehen, aber er fand ihn nicht mehr.
»Wo ist mein Pfeil hingekommen? Vielleicht ist er zu seinem Herrn zurückgekehrt. Was mache ich nun? Jetzt habe ich keinen Pfeil mehr! Vielleicht haben sie ihn entdeckt, und deswegen ist er umgekehrt. Vielleicht ist der Pfeil zum Kurupira zurückgekehrt!«
Er ruhte nicht eher, als bis er wußte, daß sie seinen Pfeil gefunden und erprobt hatten, daß der Knabe von der Schlange gebissen worden und gestorben war und daß der Pfeil darauf zum Kurupira zurückgekehrt war.
»Das ist eine schöne Geschichte! Wer hat sie geheißen, den Pfeil anzurühren? Sie dachten wohl, es sei ein gewöhnlicher Pfeil, während es doch eine Schlange war. So haben sie mich um meinen Pfeil gebracht, so daß er nicht mehr zu mir zurückkehrt!«
Deswegen machte sich der Knabe davon in ein anderes Land und floh mit den übrigen Verwandten, die sich aus Furcht vor der Rache des Jägers einen anderen Wohnsitz suchten.

44. Der alte Aasgeier und seine Töchter

Man erzählt, daß ein alter Aasgeier vier Töchter hatte. Eine war verheiratet mit der Eidechse, die andere mit der Eule, die dritte mit der Ente und die vierte mit der kleinen Taube. Man sagt, daß die Schwiegermutter zu ihren Töchtern sprach:
»Ach, meine Töchter, laßt unsere Pflanzung herrichten!«
»Ja, Mutter«, antworteten sie.
Sie sagten es sogleich ihren Gatten:
»Mann, richte die Pflanzung her für meine Mutter!«
»Wenn es weiter nichts ist?« erwiderte er. »Wohlan!«
Die Eidechse und die Eule gingen sofort zusammen weg in

der Morgendämmerung, um zu roden. Am Mittag kamen sie zum Essen. Die Schwiegermutter hatte sie gern.

Die anderen, die Ente und das Täubchen, gingen zur Arbeit, als die Sonne schon hoch gestanden hatte. Die Schwiegermutter haßte sie. Es dauerte nicht lange, da kehrten sie schon wieder von der Arbeit zurück, und die Schwiegermutter sagte, als sie sie kommen sah:

»Ah, da sind sie ja! Da kommen schon diese Faulenzer!«

Sie brauchten zum Roden ganze drei Tage, und am Morgen des folgenden Tages begannen sie das Unterholz umzuhauen. Einer von ihnen sagte: »Frau, morgen wollen wir anfangen, unsere Rodung vom Unterholz zu reinigen.«

Die Schwiegermutter hörte es.

»Das ist eine Lüge!« sprach sie. »Sie haben nichts getan. Die anderen beiden Söhne sind arbeitsam; diese aber betrügen mich.«

»Warte nur, Schwiegermutter!« sagte er da. »Meinetwegen sei wütend über mich und meinen Freund. Ich werde mich schon zu rächen wissen!«

Die anderen gingen nur weg, um zu schlafen. Sie rodeten nicht; sie arbeiteten nicht. Sie betrogen die Schwiegermutter, die sie liebte, weil sie glaubte, sie seien fleißig. Die Eule schlief auf einem Baum, die Eidechse in einem Loch.

Die Ente sagte zu ihrem Gefährten:

»Mein Bruder, wollen wir uns ihre Arbeit ansehen?«

Sie gingen und fanden die beiden schlafend, die Eule auf dem Baum, die Eidechse im Loch.

»Also, so verhält es sich? Mein Bruder, da kannst du Arbeiter sehen! Und deshalb liebt sie die Mutter. Uns liebt sie nicht, weil wir nichts arbeiten. Jetzt haben wir alles gesehen!« Sie kamen nach Hause und sagten:

»Ha, mein Weib, wir haben ihre Arbeit gesehen.«

»Ist ihre Pflanzung groß?«

»Wo ist sie denn? Nichts, gar nichts! Sie haben nicht gerodet. Nicht einen einzigen Baum haben sie umgehauen!«

»Ist es möglich!«
»Wie sollte es anders sein? Wir fanden sie schlafend!«
»Ha-ha! Deswegen also liebt sie die Mutter.«
Man sagt, daß sie dies ihrer Mutter erzählte.
»Mutter, sie behaupten, die anderen hätten nichts gearbeitet. Nicht einen einzigen Baum hätten sie gefällt. Sie trafen sie schlafend!«
Darauf ließen diese ihre Rodung trocknen, gingen auf die Jagd, schossen Fische, fingen Vögel und sammelten Früchte für die Schwiegermutter. Dann sagte der eine von ihnen:
»Weib, übermorgen wollen wir unsere Rodung brennen. Sage es doch deiner Mutter und deinem Vater!«
»Gut«, antwortete die Frau.
Darauf gingen sie zu ihrer Mutter:
»Mutter, dein Sohn will, daß du mit uns gehst, um unsere Rodung zu brennen. Der Vater soll ebenfalls mitgehen, um uns zu helfen.«
»Gut, meine Tochter, wann soll das sein?«
»Übermorgen.«
»Alter!«
»Was gibt's?«
»Deine Tochter ist gekommen, um uns zu bitten, ihnen beim Brennen ihrer Rodung zu helfen.«
»Es ist recht, Alte; ich bin bereit.«
Der Tag kam, und sie gingen zur Rodung. Als die Alte den Rand der Rodung erreichte, schrie sie gleich:
»Herrgott, was für eine große Rodung!«
»Vater, komm und hilf mir die Rodung brennen, und auch du, Mutter!« bat die Tochter.
»Weib, sage deiner Mutter, sie solle mitten in die Rodung gehen, dorthin, wo jener hohe Baum steht! Wir anderen wollen am Rande brennen.«
»Mutter, geh mit dem Vater dorthin nach der Mitte, wo jener hohe Baum steht!«
»Es ist recht, meine Tochter.«

Die Alte ging mit dem Alten, und die beiden, die Tochter und ihr Mann, blieben am Rande der Rodung. Die anderen waren auf der anderen Seite. Dann sahen sie, daß das Feuer sie schon umkreiste. Die Alte schrie, als sie die Flammen kommen sah:

»Ach, meine Tochter, warum verbrennst du uns? Jetzt, Alter, müssen wir verbrennen! Ach, meine Tochter, warum verbrennst du uns? Ich habe keinen Zorn. Ich habe nichts über dich gesagt. Was soll ich denn von dir erzählt haben? Verdirb mich nicht!«

Darauf erstieg sie den hohen Baum. Das Feuer war stark. Es kam seinen Weg daher. Zwar erreichte es sie nicht mehr, aber die Hitze drang bis zu ihr.

So fielen sie beide verbrannt herab und wurden von den Flammen verzehrt.

45. Der Kurupira und die Frau

Man erzählt, daß ein Mann von seiner Frau einen kleinen Sohn hatte. Eines Tages ging der Mann jagen und begegnete dem Kurupira. Dieser tötete ihn, öffnete ihm den Leib und nahm die Leber heraus. Dann zog er ihm Hose und Hemd aus und bekleidete sich damit. So verkleidet, ging er zu der Frau des Toten und rief:

»Alte! Alte! Wo bist du?«

»Hier bin ich«, antwortete diese.

Er trat in das Haus, und da sie ihn nicht anschaute, dachte sie, es sei ihr Gatte.

»Hier bin ich. Ich bringe gutes Fleisch. Bereite es mir zu!«

Mit diesen Worten zog er die Leber ihres Gatten hervor und gab sie ihr. Sie briet sie, und nachdem sie Maniokmehl geholt hatte, setzte sie sich mit dem Kind zum Mahle nieder. Auch der Kurupira setzte sich auf die Matte und sprach:

»Wir wollen essen!«

Sie aßen zusammen. Dann sagte der Kurupira:
»Jetzt will ich schlafen. Bring mir den Sohn, daß er bei mir schläft!«
Der Kurupira legte sich sogleich in die Hängematte. Die Frau brachte ihm den Sohn. Während jener schlief, betrachtete sie ihn aufmerksam. Dann sagte sie:
»Das ist nicht mein Mann! Das ist nicht mein Mann! Das ist der Kurupira!«
Sofort packte sie ihre Sachen in einen Tragkorb, nahm ihren Sohn und legte jenem an seiner Stelle einen Mörser an die Brust. Dann lud sie den Korb auf den Rücken, nahm das Kind in eine Tragbinde an die Brust und machte sich davon. Gleich darauf erwachte der Kurupira. Er erhob sich, ging hinaus und sagte:
»Ah, dieses Weib hat mich betrogen!«
Sofort machte er sich auf die Suche, indem er schrie:
»Alte! Alte! Wo bist du?«
Die Frau sah den Kurupira auf ihrer Spur gehen und floh vor ihm. Sie lief und stieg auf den hohen Ast eines Mambui-Baumes. Dort blieb sie, ohne einen Laut von sich zu geben. Sie sah den Kurupira unten kommen und hörte ihn rufen:
»Alte! Alte! Wo bist du?«
Ein Uakurau, der auf einem Ast des Baumes saß, sang:
»Mambui! Mambui!«
Der Kurupira dachte, er sänge nur, und da er die Frau nicht sah, kehrte er um. Als die Frau den Kurupira umkehren sah, stieg sie sofort herab und lief in den Wald hinein. Man erzählt, daß der Kurupira sagte:
»Dieses Weib hat mich betrogen!«
Er kehrte wieder um und lief hinter ihr her, indem er rief:
»Alte! Alte! Wo bist du?«
Da eilte die Frau zu einem großen Baumstamm, der ein großes Loch hatte, aus dem die Kröte Kunauaru hervorsprang.
»Ach, Kunauaru«, sagte sie, »befreie mich, bitte, von dem Kurupira!«

Man erzählt, daß die Kröte von dem Harz ihres Körpers ein Seil machte, an dem die Frau durch das Loch des Baumes emporstieg. Der Kurupira kam und rief:
»Alte! Alte! Wo bist du?«
Der Kunauaru sagte:
»Hier ist sie.«
Man sagt, daß die Frau die Kröte bat, den Kurupira nicht hinaufsteigen zu lassen.
»Fürchte dich nicht! Ich will ihn töten«, antwortete darauf der Kunauaru. Er strich sofort sein Harz auf den Stamm des Baumes, und als der Kurupira sich gegen den Baum lehnte, blieb er daran kleben, so daß er starb.
Darauf stieg die Frau mit ihrem Sohn herab und lief nach Hause.

46. Vom Manne, der Schlangen aß

Donunauá war ein stattlicher Kaschinauá-Indianer. Er war mit einer sehr schönen Frau verheiratet, welche Pái hieß.
Einst verspürte Pái Lust nach Fleisch und wollte nicht länger nur von Pflanzennahrung leben. Deshalb sagte sie zu Donunauá:
»Mein Gatte, ich möchte gerne Fleisch essen. Geh doch auf die Jagd.«
Donunauá nahm seinen Bogen und seine Pfeile, steckte sein Messer in den Gürtel und erwiderte:
»Koche du Mandioca und Bananen, damit wir sie zu dem Wildbret essen. Ich will sehen, ob ich einen Affen für dich erlege.«
Als Donunauá in den Wald kam, sah er viele Schlangen. Aber er wollte keine töten, sondern ging suchend weiter.
Schließlich erblickte er einen Jaguar, der einen Hirsch geschlagen hatte und ihn gerade reißen wollte. Er legte einen Pfeil auf seinen Bogen und schoß den Jaguar gerade ins Herz.

Dann band er den Jaguar und den Hirsch zusammen und schleppte das Wild nach Hause.

Páis Freude war groß, als sie die Jagdbeute sah. Sie aßen von dem frischen Fleische und bukanierten das übrige. Daran hatten sie lange zu essen.

Donunauá aber wurde des Tierfleisches überdrüssig und begann Lust auf Schlangenfleisch zu verspüren. Doch mochte er seiner Frau nicht gestehen, daß er Schlangen essen wollte, und deshalb sprach er zu ihr:

»Mein Weib, ich möchte gern Aale essen; ich will sehen, ob ich nicht einen Aal fange.«

Im Walde traf er eine große Jararáca-Schlange. Er schlug sie tot, schnitt den Kopf und die Schwanzspitze ab, zerschnitt den Rest in kleine Stücke, wickelte die Stücke in Blätter und kehrte nach Hause zurück.

»Schnell«, rief er, »koche mir diesen Aal!«

Pái kochte die Stücke in den Blättern und setzte sie dem Gatten vor. Dieser aß mit solchem Wohlbehagen, daß auch das Weib Lust verspürte zu essen.

»Gib mir ein Stück!« bat sie.

»Wie fleischig dieser Aal ist!« sagte er, indem er ihr ein Stück gab.

Aber Pái fand keinen Geschmack an dem Gerichte, sondern sprach:

»Dieser Aal hat viel Ähnlichkeit mit einer Schlange, er stinkt nach Schlange.«

Donunauá lachte und antwortete:

»Stinkig soll er sein? Köstlich ist er! Du selbst bist stinkig!«

Während Pái vorzog, wieder von dem gedörrten Wildbret zu essen, begab er sich bald darauf zum zweiten Male in den Wald und erschlug wieder eine große Schlange. Diesmal aber aß er ganz allein davon.

Mittlerweile ging das Fleisch zur Neige, und Pái sprach:

»Ich habe kein Fleisch mehr, geh doch wieder auf die Jagd.«

Er griff zu Pfeilen und Bogen, eilte in den Wald und erlegte ein Wildschwein. Aber auch eine Schlange tötete er. Die Schlange zerhackte er wieder in Stücke, nachdem er den Kopf entfernt hatte, und vom Schweine nahm er das Fett. Dann wickelte er die Schlange in das Schweinefett ein und ging nach Hause.

»Pái«, sprach er zu seiner Frau, »ich habe ein Wildschwein erlegt und dir das Fett mitgebracht.«

Die Frau freute sich nicht wenig, briet das Fett, zusammengeschnürt, wie der Mann es gebracht hatte, und aß es. Am nächsten Tage fühlte sie sich krank, begann abzumagern und gelb zu werden.

»War es wirklich Schweinefett, was du mir zu essen gabst?« fragte sie.

Da lachte der Mann.

»Weshalb lachst du? Du siehst, daß ich krank bin und abmagere. War es wirklich Schweinefett?«

»Gewiß war es Schweinefett«, antwortete Donunauá, »aber du hast auch Schlangenfleisch gegessen.«

Da ward Pái zornig, griff zur Axt und wollte ihren Mann töten. Donunauá jedoch floh weit weg von dem Dorfe, wo er wohnte, und Pái starb.

47. Der Jüngling und die Menschenfresserin

Ein Jüngling saß einstmals in einem Baume am Flußufer und angelte, als die Menschenfresserin mit einem Netze in der Hand an dieselbe Stelle kam. Sie sah das Spiegelbild des Jünglings im Wasser und warf ihr Netz aus, um ihn zu fischen. Aber sie fing nichts.

Als der Jüngling im Baume das sah, lachte er laut auf.

»Aha, da bist du«, sagte die Menschenfresserin. »Steig herab!«

»Nein!« antwortete er.

»Gib acht! Ich schicke die Wespen aus, dich zu holen.«
Und sie schickte die Wespen aus; aber der Jüngling brach einen Zweig ab und schlug sie alle tot.
»Steig herab«, wiederholte die Menschenfresserin, »oder ich schicke dir die Tucandyra-Ameisen.«
Aber der Jüngling weigerte sich auch diesmal, herabzusteigen. Da ließ sie ihn durch die Ameisen angreifen, und er mußte ins Wasser springen, um ihren Bissen zu entrinnen. Nun warf die Menschenfresserin ihr Netz aus, verstrickte ihn gut in die Maschen und trug ihn nach Hause. Sie ließ ihn im Hofe liegen und ging in den Wald, um Holz zu holen.
Während sie weg war, kam ihre Tochter nach Hause.
»Jedesmal, wenn meine Mutter von der Jagd kommt«, sprach sie zu sich selbst, »erzählt sie mir, was sie gefangen hat; aber heute hat sie mir nichts gesagt. Ich muß doch sehen, was für ein Wildbret sie gebracht hat.«
Sie öffnete das Netz und sah den Jüngling.
»Verstecke mich!« sagte dieser.
Sie versteckte ihn. Dann nahm sie einen großen Holzmörser, bekleidete ihn mit Wachs, daß er die Gestalt eines Menschen bekam, und legte ihn in das Netz.
Als die Menschenfresserin mit dem Holze nach Hause kam, machte sie ein Feuer an, legte das Netz samt Inhalt darüber. Von dieser Hitze begann das Wachs zu schmelzen, das Netz fing Feuer, und der Holzmörser kam zum Vorschein. Wie sie den Betrug sah, rief sie ihre Tochter und sprach zu ihr:
»Wenn du mir nicht meine Jagdbeute wiedergibst, werde ich dich töten.«
Da bekam die Tochter Angst und sagte zu dem Jüngling, er solle ein paar Wedel der Assahy-Palme abschneiden, die sie in Tiere verwandeln würde. Dann ergriffen sie die Flucht.
Die Menschenfresserin verfolgte sie. Wie sie die Flüchtigen beinahe erreicht hatte, befahl der Jüngling den Palmwedeln, sich in Tapire, in Hirsche, in Wildschweine und andere Tiere zu verwandeln. Die fraß die Menschenfresserin alle auf.

Als sie die Tiere verschlungen hatte, machte der Jüngling eine große Fischreuse, in der sich viele Fische fingen. Kaum langte sie an dieser Stelle an, so sprang sie in die Reuse und begann zu schlingen. Unterdes schnitt der Jüngling einen Wedel von der Marajá-Palme ab, spitzte den Stiel zu und schlug seine Feindin damit. Dann nahm er die Flucht wieder auf.

Die Tochter der Menschenfresserin ging nicht mehr mit. Aber ehe sie ihn verließ, sagte sie ihm:

»Wenn du einen Vogel ›kan, kan, kan, kan‹ rufen hörst, dann nimm dich in acht; meine Mutter ist in der Nähe.«

Lange lief er. Schließlich kam er an eine Stelle im Walde, wo Affen damit beschäftigt waren, Honig auszunehmen. Da hörte er »kan, kan, kan, kan« rufen.

»Versteckt mich!« sagte er zu den Affen.

Sie verbargen ihn in einem leeren Topfe, und die Menschenfresserin lief vorüber, ohne ihn zu sehen.

Darauf schickten ihn die Affen weiter, und er setzte seinen Marsch fort, bis er wieder rufen hörte: »Kan, kan, kan, kan.«

Er befand sich gerade bei der Behausung zweier Surucucú-Schlangen und bat sie, ihn zu verbergen. Die Schlangen willigten ein, und die Menschenfresserin lief wieder vorüber, ohne ihn zu sehen.

Am Abend hörte er, wie die Surucucú-Schlangen miteinander besprachen, daß sie ein Feuer machen wollten, um ihn zu rösten. Während sie das Holz zurechtmachten, begann der Makauán zu singen.

»O Makauán, mein Vater«, rief der Jüngling, »ich muß mit dir reden.«

»Was willst du, mein Sohn?« fragte der Makauán und kam näher.

»Ich befinde mich hier bei zwei Surucucú-Schlangen, die mich fressen wollen.«

»Wie viele Eingänge hat ihr Loch?«

»Nur einen einzigen.«

Der Makauán fraß die beiden Schlangen auf, und der Jüngling setzte seine Flucht fort. Er verließ den Wald und traf am Flußufer einen Tuiuiú, der mit Fischen beschäftigt war. Er hatte einen großen Korb neben sich stehen, in den er die gefangenen Fische warf. Der Jüngling bat den Vogel, er möge ihn mit sich nehmen. Da ließ der Tuiuiú ihn in den Korb klettern; und als er seinen Fischfang beendet hatte, trug er ihn auf einen großen Baum, wo er ihn lassen mußte, weil er zu müde war.

Von dem Baume aus sah der Jüngling eine Hütte. Er stieg hinab und begab sich zu der Behausung, wo er eine Frau traf, die sich beklagte, daß die Cotias ihr die Mandioca wegfräßen.

Sie führte ihn in die Hütte und fragte ihn, von wo er käme. Da erzählte er ihr seine Geschichte, und wie er im Flußarme angelte, als die Menschenfresserin kam und ihn mit sich schleppte. Damals war er ganz jung, jetzt aber war er alt, und seine Haare waren ergraut.

An dieser Erzählung erkannte die Frau, daß er ihr Sohn war, und sie behielt ihn bei sich.

48. Ulé

Es waren einmal zwei Brüder, Hanekubedú und Isahán, die gingen in den Wald. Dort trafen sie eine Bande Brüllaffen mit Pfeilen. Sie sagten zu den Affen, sie sollten schießen. Die Affen aber sagten:

»Schießt ihr zuerst!«

Da schoß Hanekubedú und traf nicht. Nun schossen die Affen auf ihn und töteten ihn. Darauf schoß auch Isahán und traf ebenfalls nicht. Die Affen töteten auch ihn.

Die Mutter wartete auf die zwei Knaben Tag und Nacht, sie kamen aber nicht. Da ging sie in den Wald, sie zu suchen. Auch der Vater ging auf die Suche, doch fanden sie die Knaben nicht. Am Wege trafen sie die Kröte; die sagte, die Kinder wären tot, die Affen hätten sie getötet. Da ging die Mutter nach Hause, raufte sich das Haar und weinte.

Sie hatte noch einen dritten Sohn, Ulé, der war klein und häßlich. Den gab sie dem Großvater, denn da die beiden schönen Söhne tot waren, wollte sie auch den häßlichen Sohn nicht mehr haben.

Eines Morgens ging der Knabe in den Wald, um Vögel zu schießen. Er schoß, fehlte und suchte den Pfeil; der war gerade vor die Tür des Okumáre gefallen.

Als Ulé ihn aufheben wollte, packte Okumáre den Knaben und fragte ihn:

»Was gibt dein Großvater dir zu essen?«

Ulé antwortete:

»Nur abgeschabte Mandioca-Schalen und Fischgräten.«

»Und hast du eine Decke?«

»Nein, nur diese.« Und er zeigte ein altes Stück Hängematte, das er auf der Schulter hatte.

Da sagte Okumáre:

»Ich werde dich aufziehen.«

Seine Kinder aber wollten nicht, daß er den häßlichen Knaben aufziehe, nur eines sagte:

»Komm, wir wollen dich mit Medizin einschmieren«, denn Ulé war voller Beingeschwüre.

Okumáre rieb ihn ein und schickte ihn baden bis nachmittags. Dann rieb er ihn wieder ein und schickte ihn baden, bis es dunkel war. Am nächsten Tage geschah es ebenso.

Da wurde Ulé groß und stark und schön und gesund. Und Okumáre gab ihm Pfeile und Bogen und sagte:

»Jetzt will ich dir den Kriegerschmuck anlegen.«

Alle Kinder des Mannes kamen herbei und wollten helfen. Ulé aber sagte:

»Nein, nur das eine soll helfen, das mich zuerst behalten wollte.«

Darauf legten ihm Okumáre und das Mädchen die Armstulpen, die Waden- und Knöchelbänder an, gaben ihm Ohrschmuck, salbten ihm das Haar, banden es und bemalten ihn mit Genipapo. Der Mann gab ihm einen steinernen Lippenflock und sprach:

»Jetzt kannst du gehen und deine Brüder an den Brüllaffen rächen. Geh diesen Weg. Du wirst dort die Kröte finden und die wird dir sagen, wo du die Brüllaffen triffst. Schieße du nicht zuerst auf die Affen, dann wirst du sie töten.«

Ulé ging und fand die Kröte am Wege sitzen. Sie zeigte ihm, wo die Affen wohnten. Er hörte schon von ferne das Geschrei.

Die Affen sagten zu ihm:

»Schieße!«

Er aber schoß nicht, sondern erwiderte:

»Schießt ihr zuerst!«

Die Affen schossen, trafen aber nicht. Dann schoß Ulé; da fielen die Affen vom Baum herab, und er schlug sie alle tot.

Als Ulé die Brüllaffen getötet hatte, kehrte er nach dem Hause Okumáres zurück und sagte.

»Ich habe meine Brüder gerächt. Die Affen sind tot.«

Da gab ihm der Mann ein Wurfholz und sprach:

»Nun gehe nach Hause zu deiner Mutter. Wenn sie dir zu essen reicht, so iß jedoch nicht, sondern iß nur das, was dein Großvater dir reicht.«

Dann gab er ihm noch einen Zauberstab und sagte ihm, wenn er damit schlage, so werde der Wind alles mögliche zu essen bringen: Honig, Wild, Schweine, Fische usw.

Da ging Ulé nach Hause. Seine Mutter lief ihm entgegen, und die anderen riefen:

»Da kommt dein Sohn!«

Er aber sagte:

»Du bist nicht meine Mutter, denn du hast mich fortgegeben.«

Und die Mutter brachte ihm Mandiocasuppe, er aber aß nur die Mandiocaschalen und die Fischgräten, die der Großvater ihm gab. Sie legte ihm auch eine schöne Matte hin, damit er darauf sitze; er aber setzte sich auf eine kleine, abgerissene Matte, die der Großvater ihm brachte.

Dann nahm er sein Wurfholz und machte Wind. Da kamen Schlangen, die ließ er in den Zauberstab kriechen, und heraus kamen Honig, Fische und Wildschweine. Vom Honig gab er allen zu kosten, das andere aber aß er mit den Steinen.

Eines Tages ging er auf den Fischfang und ließ Wurfholz und Zauberstab zu Hause. Da packte ein Kind das Wurfholz und machte Wind, und sogleich krochen Schlangen herbei. Das Kind verstand nicht, die Schlangen in den Zauberstab hineinzubringen. Und sie bissen das Kind und alle anderen Leute, so daß alle starben.

Ulé hörte den Wind und ahnte, was geschehen war. Schleunigst lief er nach Hause, aber es war zu spät. Denn unterwegs begegneten ihm die Schlangen, und weil er sein Wurfholz nicht bei sich hatte, bissen sie auch ihn.

So starb Ulé.

49. Die Sage von den Arbeiten des Helden Kuí-dômö-tönönirán

Es war einmal ein sehr tapferer Mann, der hieß Kuí-dômö-tönönirán (»Der den Rauch des Tabaks verträgt«). Tag für Tag stellte er Waffen her: Pfeile, Bogen und Keulen. Seine Frau ging jeden Tag Mandioca ausgraben.

Die Frau war nicht treu, sondern hatte einen Liebhaber, mit dem sie sich im Wald traf und der ihr einen Affen schoß. Den Affen versteckte sie unter der Mandioca im Korbe. Zu Hause stellte sie den Korb mit den Wurzeln in die Ecke und legte sich in ihre Hängematte, um zu schlafen.

Als sie aufwachte, rief sie ihre Mutter und sprach:

»Mutter, ich habe geträumt, in meinem Korbe liege unter den Mandiocawurzeln ein Affe. Sieh doch einmal nach, ob das wahr ist!« Die Mutter ging hin, fand den Affen im Korbe und bereitete ihn zum Mahle.

»Wer hat dir den geschossen?« fragte Kuí-dômö-tönönirán.
»Niemand hat ihn mir geschossen«, antwortete die Frau, und sie erzählte ihm dieselbe Geschichte, die sie ihrer Mutter vorgelogen hatte. Der Held wurde argwöhnisch und bemerkte, daß seine Frau immer zum Flusse eilte, um Wasser zu holen, wenn es in der Nähe flötete.

Als er wieder die Flöte hörte und seine Frau zum Flusse ging, griff er nach seiner Keule und schlich ihr nach. Er fand sie mit dem Liebhaber eng umschlungen am Ufer sitzen. Da trat er leise hinzu und schlug erst den Burschen und dann der Frau mit der Keule auf den Kopf. Wie sie bewußtlos am Boden lagen, durchschoß er jeden mit einem Pfeil, der bis in die Erde drang und haftenblieb. Vor Schmerz erwachten sie aus der Betäubung und schrien laut. Da schlug er sie mit der Keule tot.

Dann begab er sich nach Hause, packte seine Sachen zusammen, um zu seinen Brüdern zu ziehen, und sprach beim Abschied zu seiner Schwiegermutter:

»Ich weiß nicht, weshalb ich deine Tochter geheiratet habe. Sie wollte nur einen anderen Mann lieben. Nun liegt sie ans Ufer gespießt.«

Damit ging er fort.

Die Schwiegermutter rief:

»Herbei, ihr Männer, Kuí-dômö-tönönirán hat meine Tochter getötet!«

Die Männer eilten herbei, und der Held legte sich in den Hinterhalt, um sie zu töten, wenn sie ihm nachstellten. Aber niemand verfolgte ihn, denn sie fürchteten seine Kraft und seinen Mut.

Da setzte er seinen Weg fort und kam zur Hütte seines ersten Bruders.

»Mein Bruder«, sprach dieser, »in dieser Gegend gibt es ein Ungeheuer, das Menschen frißt. Wenn man Holz holen geht, so kriecht es aus seinem Loche, ruft ›Tö, luk, luk‹ und packt einen.«

»Hab keine Furcht«, antwortete der Tapfere, »ich werde das Ungeheuer töten.«
Der Bruder und sein Weib baten flehentlich, er möge doch nicht gehen. Er aber nahm die Axt und begab sich an die Stelle, wo das Ungeheuer zu erscheinen pflegte. Dort spaltete er ein langes Scheit Holz und legte die beiden Stücke nebeneinander.
Als das Ungeheuer den Klang der Axt vernahm, kroch es unter »Tö, luk, luk« aus seinem Loche und wollte den Helden packen. Der aber sprang schnell zur Seite, ergriff einen der Holzscheite und schlug das Ungeheuer tot.
Da herrschte große Freude beim Bruder und bei allen Leuten, und alle gingen hin, den toten Wurm anzuschauen.
Zwei Tage blieb der Held im Hause seines ersten Bruders. Dann zog er weiter, den zweiten Bruder aufzusuchen.
»Was gibt es für Neuigkeiten hier, mein Bruder?« fragte er.
»Ach, mein Bruder, hier wohnt ein Mann, der Menschenleber frißt. Er jagt ein Wasserschwein und lädt dann Leute zur Mahlzeit ein. Wenn der Gast kommt, dann heißt er seine Frau das Mahl rüsten und schlägt ihm vor, unterdes zum Flusse zu gehen, um ein Bad zu nehmen. Am Flusse aber gibt es ein Loch. Er fordert den Gast auf, die Hand in das Loch zu stecken. Der Gast tut das und bückt sich dabei, den Rücken dem Manne zugewendet. In diesem Augenblicke schlägt ihn der Leberfresser mit der Axt tot.«
Am folgenden Tage kam der Leberfresser zur Hütte des Bruders und lud Kuí-dômö-tönönirán zum Capivara-Braten ein. Der Held sagte zu und nahm den Sohn seines Bruders mit, während der Bruder und die Schwägerin in großer Sorge zurückblieben.
Als sie zur Hütte des Mannes kamen, sprach dieser:
»Frau, rüste das Mahl, wir wollen unterdes ein Bad nehmen gehen. Ich werde dieses Beil mitnehmen, weil ich etwas Brennholz schlagen will.«

Am Ufer forderte er den Helden auf, in das Loch zu fassen. Der tat, wie der Leberfresser ihn hieß, blickte aber dabei nach der Seite. Und als der Mann das Beil hob, wich er schnell aus und schlug den Übeltäter mit seiner Keule tot.

Die Frau des Leberfressers freute sich und rief:

»Nun werde ich seine Leber fressen!« Aber Kuí-dômö-tönönirán tötete auch sie.

Nach zwei Tagen wanderte der Held zur Hütte seines dritten Bruders.

»Was gibt es hier Neues, mein Bruder?« fragte er.

»Ach, mein Bruder, auf jenem Baume wohnt ein gewaltiger Falke. Am Nachmittage, wenn die Kinder auf der Tenne vor dem Hause spielen, kommt er geflogen, packt eines und bringt es seinen Jungen zum Fraße.«

Auf der Tenne lag ein Baumstumpf. Den bemalte der Held, daß er aussah wie ein Kind, mit Haaren, Augen, Mund und Nase. Des Nachmittags spähte der Falke nach einem Kinde aus. Er sah den bemalten Baumstumpf, hielt ihn für ein Kind, stieß und schlug seine Fänge hinein, um ihn wegzutragen. In diesem Augenblicke tötete der Held den Falken mit einem Pfeilschusse.

Es waren aber zwei Falken, Männchen und Weibchen. Als das Männchen nicht zurückkehrte, kam das Weibchen geflogen. Es erging ihm ebenso. Der Held verbrannte die Falken, stieg dann auf den Baum und tötete die Jungen, die er ebenfalls verbrannte.

Nach zwei Tagen begab sich der Held nach der Hütte seines vierten Bruders.

»Was gibt's hier Neues, mein Bruder?« fragte er.

»Ach, mein Bruder, in jenem Baume gibt es ein Nest von Spechten. Nachmittags kommen sie die Kinder auf der Tenne anhacken.«

»Bekümmere dich nicht«, antwortete der Tapfere, »ich werde sie töten.«

Er setzte seinen kleinen Neffen auf den Platz, mit einem

Zweig trockener Blätter in der Hand, damit er die Spechte verscheuchen könne. Als der Vogel kam, raschelte der Knabe mit den trockenen Blättern, so daß der Specht nach der Richtung hüpfte, wo der Tapfere verborgen war. Der tötete diesen Specht und dann auch den zweiten.

Nachdem er sich in der Hütte seines vierten Bruders mit einem sehr hübschen Mädchen verheiratet hatte, wanderte Kuí-dômö-tönönirán mit seiner jungen Frau zu seinem fünften Bruder.

»Was gibt es hier Neues, mein Bruder?« fragte er.

»Ach, mein Bruder, hier lebt ein riesiger Skorpion, der die Menschen lebendig verschlingt. Er wohnt auf einem hohen Sumaúma-Baume, unter dem eine Hütte steht. Wenn Wanderer in dieser Hütte übernachten, so steigt er vom Baume herab und verschlingt die Schlafenden.«

»Sorge dich nicht«, antwortete der Held. »Beschaffe mir nur ein Licht, dann werde ich ihn schon töten.«

Er ging mit seiner Frau nach der Hütte unter dem Baume und nahm das Licht und einen Topf mit. Das Licht zündete er an und stülpte den Topf darüber.

»Wenn der Skorpion kommt«, sagte er zu seiner Frau, »dann werde ich dich anstoßen. Dann mußt du schnell den Topf vom Licht wegheben, damit es hell in der Hütte wird.«

So geschah es. Als der Skorpion herabstieg, erhellte sich die Hütte, und der Held stieß dem Untiere einen Speer in die Brust. Der Skorpion kletterte auf seinen Baum zurück, stöhnte, erbrach sich und starb.

Alsdann rief der Held seinen Bruder und die Verwandten, um den Sumaúma-Baum zu fällen, denn es wohnten auf demselben noch viele junge Skorpione, und wenn die groß wurden, hätten sie wiederum Menschen verschlungen. Also legten die Leute die Axt an den Baum, fällten ihn und verbrannten die jungen Skorpione.

Nach zwei Tagen wanderte Kuí-kômö-tönönirán mit seiner Frau zu seinem sechsten Bruder.

»Was gibt es hier Neues, mein Bruder?« frage er.
»Ach, mein Bruder, jeden Abend kommt hierher ein großer Coatá-Affe, welcher die Nacht über hier schläft und sich des Morgens fortbegibt. Niemand kann ihn töten, der nicht gesehen hat, wohin er tagsüber geht. Viele unserer Leute sind ihm schon gefolgt, aber keiner ist zurückgekehrt. Alle hat er in die Irre geführt, alle sind im Walde elend umgekommen.«
»Sei unbesorgt, Bruder«, antwortete er. »Laß mir einen kleinen Korb mit Speisen zurechtmachen, so will ich morgen dem Affen nachgehen.«
Die Frauen bereiteten Maiskuchen, kochten Mandioca und Bananen und füllten einen kleinen Korb damit.
Als der Morgen dämmerte, ließ der Coatá-Affe sein »Ȯwa! Ȯwa!« hören und machte sich auf den Weg. Da nahm der Held seine Waffen und das Körbchen mit Speise und folgte vorsichtig, damit der Affe ihn nicht sähe.
Der Coatá kletterte unterwegs auf viele Bäume, große und kleine, und fraß von den Früchten. Auch der Held sättigte sich an den Speisen, die er mitgenommen. Der Weg ging über viele Flüsse, über hohe Berge und durch tiefe Täler, und überall am Wege bleichten die Gebeine der Männer, die dem Affen nachgegangen waren. So ging es bis zu einem morschen Baumstamme. Dort machte der Affe halt und trat dann den Rückweg an, denn schon hatte die Sonne ihren Höchststand überschritten.
Von weitem schon hörten der sechste Bruder und die Frauen sein »Ȯwa! Ȯwa!«, und sie wurden traurig, denn sie glaubten, auch Kuí-dômö-tönönirán habe sich verirrt wie die anderen Männer vor ihm.
Doch bald tauchte der Held auf. Voller Freude umarmte ihn der Bruder.
Der Coatá war schon auf seinen Baum geklettert, um zu schlafen. Da griff der Held zu seinem Bogen und schoß dem Affen einen Pfeil in die Brust. Laut auf schrie das Tier. Es

wickelte seinen Schwanz um einen Ast, um sich vor dem Fallen zu bewahren, und das Blut strömte ihm aus der Wunde. Schließlich verendete es und stürzte zur Erde, und die Brüder verbrannten es.

Nach diesen Taten blieb Kuí-dômö-tönönirán im Dorfe seines jüngsten Bruders wohnen, und alle Leute ehrten ihn.

Aber der Schwager seines Bruders dachte:

›Dieser Mann ist ein großer Held. Alle Untiere hat er erlegt. Wer weiß, ob es ihm nicht eines Tages einfallen wird, auch uns zu töten. Es ist besser, man beseitigt ihn beizeiten.‹

Und der Schwager ging auf die Jagd und erlegte einen Aasgeier. Den mußte seine Frau zubereiten. Dann lud er den Helden zu Gaste, damit er mit ihm ein Baumhuhn esse, das er erbeutet.

Der Held aß von der Brust des Aasgeiers und erkrankte. Fünf Tage lang schlief er, dann wurde er gelb, magerte ab und starb schließlich unter großen Schmerzen.

Das ist die Sage vom Helden Kuí-dômö-tönönirán, der die Untiere ausrottete.

50. *Auke*

Es war einmal ein leichtsinniges Mädchen, das wurde schwanger. Eines Tages, als es mit den andern Mädchen und Frauen im Fluß badete, hörte es aus der Nähe plötzlich den Schrei eines jungen Wildschweines. Sie sah sich überrascht um, aber sie konnte das Schwein nirgends entdecken. Kurz darauf hörte sie den Schrei ein zweites Mal. Wiederum schaute sie genau ihre Umgebung an, aber sie konnte abermals nichts entdecken. Dann kehrte sie mit den andern Frauen nach Hause zurück und legte sich ins Bett. Da hörte sie den Schrei zum drittenmal, und nun verstand sie, daß er aus ihrem eigenen Leib kommen mußte. Und wie sie genauer hinhörte, da verstand sie, daß das Kind sagte: »Mama, bist du es müde, mich herumzutragen?« – »Ja«, sagte das Mäd-

chen, »komm heraus!« – »Gut, morgen werde ich herauskommen.«
Als am nächsten Tag die Wehen einsetzten, ging die junge Frau abseits in den Wald. Sie machte sich ein Bett aus Blättern und sagte: »Wenn du ein Bube bist, werde ich dich töten; wenn du aber ein Mädchen bist, werde ich dich aufnehmen.« Und sie gebar einen Sohn. Da grub sie ein Loch, setzte das Kind hinein und verscharrte es. Dann kehrte sie nach Hause zurück.
Als ihre Mutter sie schlank heimkommen sah, fragte sie nach dem Kinde, und als sie gehört hatte, was die Frau getan hatte, schimpfte sie und sagte, sie hätte das Kind ja ihr zum Stillen bringen können. Und als sie wußte, daß der Kleine unter einer Sucupira beerdigt war, ging sie dorthin, grub das Kind aus, wusch und stillte es. Dann trug sie es zu sich heim.
Die Mutter aber wollte das Kind nicht stillen, und so machte es die Großmutter auf ihre Weise. Und der Kleine sagte zu seiner Mutter: »Warum willst du mich denn nicht stillen?« Da erschrak die junge Frau und antwortete: »Doch, doch, ich werde es tun.«
Das Kind wuchs erstaunlich schnell. Es hatte die Gabe, sich in alle möglichen Tiere verwandeln zu können. Wenn es gebadet wurde, verwandelte es sich in einen Fisch. Und wenn es mit den andern Kindern in die Pflanzung ging, verwandelte es sich in einen Jaguar und erschreckte mit seinem Gebrüll die ganze Verwandtschaft.
Da sagte eines Tages der Bruder von des Kindes Mutter: »Wir werden es töten.« Und als das Kind dasaß und eine Fleischpastete aß, trat der Onkel jäh dahinter und erschlug es mit einem Prügel. Dann beerdigte er das Kind hinter der Hütte.
Aber am nächsten Morgen kehrte der Knabe in die Hütte zurück, ganz von Erde bedeckt, und sagte: »Großmutter, warum hast du mich umgebracht?« – »Das war ich nicht«, sagte die Großmutter, »das hat dein Onkel getan, weil du

alle Leute erschreckst.« – »Nein«, sagte Auke, »ich tue niemandem etwas zuleide.« Aber kurze Zeit danach, als er wieder mit den Kindern spielte, verwandelte er sich abermals in einen Jaguar.

Da beschloß der Onkel, sich des Buben auf andere Weise zu entledigen. Er rief ihn zu sich und sagte ihm, er solle mit in den Wald gehen, um dort Honig zu sammeln. Sie überschritten zwei Gebirgsketten, und als sie zu einem dritten Gebirge kamen, ergriff der Onkel den Buben und warf ihn in eine tiefe Schlucht. Aber Auke verwandelte sich in ein trockenes Blatt und schwebte langsam auf den Boden hinunter. Dann spuckte er aus, und rings um den Onkel entstanden Felsen, die er nicht übersteigen konnte. Dann kehrte er nach Hause zurück und sagte, der Onkel würde später nachkommen.

Als aber fünf Tage verstrichen waren und der Onkel noch immer nicht gekommen war, ließ Auke die Felsen durch Zauber wieder verschwinden, und der Onkel kam halbtot vor Hunger endlich wieder daheim an.

Nun beschloß der Onkel, Auke auf andere Weise zu töten. Er bot ihm Platz auf einer Strohmatte an und brachte ihm zu essen. Aber Auke wußte, was der Onkel machen würde.

Der Onkel trat hinter Auke und erschlug ihn wieder mit einem Prügel. Darauf verbrannte er ihn und vergrub die Asche. Dann verließen alle jenes Dorf und siedelten sich woanders an. Die Mutter von Auke weinte, aber die Großmutter sagte: »Was weinst du? Wolltest du nicht selber, daß er getötet würde?«

Nach einer langen Zeit bat die Mutter Aukes die Dorfältesten um die Asche ihres Sohnes. Zwei Männer wurden also ausgeschickt, um die Asche in jenem verlassenen Dorf zu suchen. Als die beiden Männer dorthin kamen, sahen sie zu ihrer Überraschung Auke dort sitzen, aber er war ein Weißer geworden. Er hatte sich ein großes Haus gebaut, aus dem schwarzen Holz eines Baumes Negerdiener gemacht, aus dem

Holz eines Bacuri Pferde und aus dem Holz einer Piquiá Kühe.

Auke rief die beiden Boten herbei und zeigte ihnen seine Besitzungen. Dann ließ er seine Mutter kommen, um bei ihm zu leben. Er ist der Kaiser Don Pedro II.

Märchen brasilianischer Neger

51. Die Kinder von Sonne und Mond

Am Anfang der Zeit waren Sonne und Mond miteinander verheiratet, bewohnten zusammen ein Haus und gingen auch miteinander auf das Feld zum Arbeiten. Und da sie sehr kräftig waren, hatten sie viele Kinder, Buben und Mädchen. Aber da es immer mehr Kinder wurden, hatten sie immer mehr Arbeit, um alle satt zu machen.

Eines Tages sagte da der Sonnenmann zu seiner Frau: »Wir werden unsere Kinder töten. So bleibt uns selbst dann mehr zum Essen, und wir brauchen nicht so viel zu arbeiten.« Die Mondfrau wollte erst nicht, aber da ihr Mann keine Ruhe gab, sagte sie endlich ja dazu.

»Was willst du denn mit unsern Kindern machen?« fragte die Mondfrau. »Ich werde sie im Meer ersäufen«, sagte der Sonnenmann. Und dann mußte die Mondfrau einen großen Sack nähen. Aber während sie da so nähte, taten ihr ihre Töchter leid. Und als der Sack fertig war, fragte sie ihren Mann:

»Soll ich die Kinder in den Sack tun?« – »Ja, aber vergiß keines, sonst werde ich böse.«

Da ergriff die Mondfrau alle Söhne und steckte sie in den Sack. Die Mädchen ergriff sie auch, warf sie in ein großes Tongefäß und setzte sich oben auf die Öffnung.

»Sind alle Kinder im Sack?« fragte der Sonnenmann. »Ja, alle sind drin.« – »Der Sack ist aber gar nicht voll.« – »Ich habe ihn zu groß genäht.« Der Sonnenmann traute seiner Frau nicht so recht, und er suchte im ganzen Haus herum, aber er fand kein einziges Kind mehr. Da nahm er den Sack auf die Schulter und wanderte hin zum großen Meer. Dort

schüttete er die Kinder ins Wasser, und die Buben verwandelten sich sofort in Fische.
Als der Mann gegangen war, nahm die Mondfrau den Tonkrug und lief in entgegengesetzter Richtung davon. Sie lief und lief, bis sie in ein Land kam, wo es ganz finster war. Da merkte sie, daß sie weit von ihrem Mann fort war. Und sie schüttete ihren Krug aus, und die Mädchen kamen alle herausgekrochen.
Und noch heute läuft der Sonnenmann hinter seiner Frau und hinter den Sternenmädchen her, aber er erwischt sie nie. Die Fische im Meer aber kümmern sich weder um Vater noch um Mutter. Sie schwimmen, wie es ihnen paßt. Die einen sieht man mehr am Tag, die andern mehr bei Nacht.

52. *Wie der Frosch die Tochter des Elefanten heiratete*

In einem Fluß lebte einmal ein Frosch. Als er groß war, dachte er ans Heiraten. Und er überlegte: ›Soll ich eine Kröte heiraten? Nein! – Soll ich eine Häsin heiraten? Nein! - Soll ich eine Tigerin heiraten. Nein! Sie würde mich auffressen.‹ Als er es so mit sich besprach, da kamen einige Elefanten, um zu trinken. Der Frosch sah ein Elefantenmädchen, und das gefiel ihm. Und so schwamm er zum Elefantenvater, streckte den Kopf aus dem Wasser und sagte: »He!« – »Was willst du?« – »Gibst du mir deine Tochter zur Frau?« – »Ich werde sie dir nicht geben. Du bist viel zu gering, um ein Elefantenmädchen zu heiraten.« – »Das werden wir ja sehen!« sagte der Frosch.
Nun gab es da in der Gegend einen Zauberer. Der hatte zwei Töchter. Jeden Morgen kamen diese an den Fluß, um in ihren Krügen Wasser zu holen. Als sie am nächsten Tag kommen, springt der Frosch in den Krug. So schnell ist er gesprungen, daß die Mädchen es nicht gemerkt haben. Sie tragen die Krüge nach Hause, und da springt der Frosch heraus:

»He!« – »Was willst du?« fragt der Zauberer. »Wie muß ich es machen: ich will die Tochter des Elefanten heiraten.« – »Bevor ich dir eine Antwort gebe, mußt du mir zuerst ein Ei des weißen Krokodils bringen.« – »Gut, ich werde dir ein Ei bringen. Laß mich jetzt durch deine Töchter wieder zum Fluß zurücktragen!«
Die Mädchen tragen den Frosch wieder zum Fluß, und er schwimmt davon.
Er schwimmt drei Wochen lang, dann kommt er zum Hause des weißen Krokodils. Das Haus ist unter dem Wasser. Man kann es nicht sehen.
»He!« – »Was ist?« sagt das weiße Krokodil. »Braucht man hier einen Koch?« – »Wenn er gut ist, ja. Wenn er schlecht ist, wird er gefressen.« – »Er ist gut.« – »Wir werden sehen.«
Der Frosch kocht also. Er kann gut kochen, und das weiße Krokodil ist zufrieden. Aber in der Nacht nimmt der Frosch ein Ei des weißen Krokodils und schwimmt damit davon. Sechs Wochen schwimmt er, dann ist er dort, wo der Zauberer wohnt. »Hast du das Ei?« – »Hier ist es.«
Der Zauberer läßt das Ei kochen, durch seine Töchter läßt er es kochen. Dann schneidet er es auf, ißt es und sagt: »Wenn du die Tochter des Elefanten heiraten willst, dann mußt du zu ihm sagen: ›Gib mir deine Tochter, oder ich lasse den Fluß austrocknen!‹ Dann wird er sagen: ›Nein!‹ Und dann schwimmst du den Fluß so weit aufwärts, bis du zur Quelle kommst. Dort lebt dein Großvater. Dem erzählst du alles, und er wird das Nötige tun.«
Da ließ sich der Frosch wieder an den Fluß tragen. Er schwimmt drei Jahre lang, bis er an die Quelle kommt. Da sitzt ein großer, dicker Frosch. »He, Großvater!« – »Ja, mein Kind. Was willst du?« – »Großvater, der Elefant will mir seine Tochter nicht geben. Du sollst den Fluß austrocknen lassen.« – »Gut. Schwimm zurück und sage es dem Elefanten. Und drei Tage später wird der Fluß leer sein.«
Da schwimmt der Frosch zurück. Und am nächsten Tag sagt

er zum Elefanten: »He.« – »Was willst du Lästiger schon wieder?« – »Willst du mir deine Tochter geben?« – »Wenn du noch einmal fragst, dann zerstampfe ich dich!« – »Gut. So lasse ich dich dursten.«

Drei Tage später ist der Fluß trocken, denn der Großvater des Frosches hat alles Wasser getrunken. Alle Tiere kommen ans Ufer, und als sie nichts zu trinken finden, schimpfen sie auf den Elefanten: »Wenn wir sterben, bist du schuld dran! Aber erst wollen wir sehen, wie du selber krepierst!« Und es kommen der Tiger und der Löwe, die Hyäne und der Jaguar. Und alle schreien: »Wo ist dieser Dickkopf von einem dummen Elefanten? Wir werden ihn bis auf die Knochen abnagen!«

Da geht der Elefant dorthin, wo der Frosch im Trockenen sitzt, und sagt: »Sieh zu, daß du das Wasser herschaffst, sonst bringen mich die Tiere um.« – »Und wirst du deine Tochter geben?« –»Ja, hier hast du sie.«

Da sagt der Frosch zu dem Elefantenmädchen: »Nimm mich auf deinen Rücken und trag mich flußaufwärts!«

Sie kamen zum Großvater. »He, Großvater!« – »Was ist, mein Enkel?« – »Hier bin ich mit meiner Frau!« – »Gut! Dann will ich das Wasser wieder ausspucken.«

Und der Großvater machte das Maul auf, und das Wasser strömte heraus. So schnell und so tief floß es, wie man es nach einer Regenzeit fließen sieht. Und die Tiere mußten laufen, um nicht zu ertrinken.

Die Kinder von Frosch und Elefant aber sind die Nilpferde.

53. Die Onça und der Ochse

Es war einmal eine Onça, die wohnte in einem Gebirge. Und ins Tal kam sie nur, um Beute zu machen. Als sie eines Tages herabstieg, traf sie einen Ochsen und bekam sofort Lust, ihn hinterrücks zu überfallen.

Da sagte die Onça zum Ochsen:
»Gevatter, du bist ein guter Waldläufer, hast du deinen Freund nicht gesehen, der hier im Unterholz wohnte? Er war auch mein Freund, und es ist lange her, daß ich ihn gesehen habe.«
»Gestern habe ich ihn bei der Tränke getroffen, und ich glaube, daß er jetzt dort auf mich wartet. Wenn du mitkommen willst, liebe Freundin, können wir miteinander gehen.«
So sprach der Ochse. Die Onça antwortete:
»In diesem Falle gehe ich nicht, denn ich habe Hunger, und dort gibt es keinen Hammel, den ich reißen kann. Außerdem wohnt dort in der Nähe mein Feind.«
»Wer ist denn dein Feind?« fragte der Ochse.
»Es ist ein Bauer mit einem Gesicht, das dreißig Onças erschlagen kann. Was vermag ich allein gegen ihn? Und es gibt dort keinen Wald, in dem ich mich verstecken kann.«
»Aber du, Gevatterin Onça«, erwiderte der Ochse, »du fürchtest dich nur, weil du etwas angestellt hast; wer nichts verbrochen hat, braucht sich auch nicht zu fürchten!«
Darauf die Onça:
»Gevatter, kannst du dich nicht mehr erinnern, wie ich jenes Kalb aus der Kuhherde gerissen habe? Hinter mir liefen drei Hunde her, und besonders der eine war verdammt gefährlich; sein Gebell allein hat mich betäubt. Zur Ruhe bin ich erst gekommen, als ich auf einen Baum geklettert war und versuchte, das Luderpack mit meiner Pranke zu erwischen. Aber verdammt! Sie sind davongerannt wie der Teufel.«
»Nun also, Gevatterin Onça, du bist wohl nur stark, wenn du im Wald bist? Komm doch ins Freie!«
Darauf die Onça:
»Gevatter, aber du ziehst mich ja ins Freie, du bist also doch mißtrauisch?«
So suchte die eine den Wald und der andere das Freie, bis sie auseinandergingen.

54. *Vom klugen Hasen und vom dankbaren Ziegenbock*

Es waren einmal ein Hase und ein Ziegenbock, die hatten Freundschaft miteinander geschlossen. Sie trafen sich jeden Tag draußen vor dem Dorf und erzählten einander die Neuigkeiten, die es gab.

Eines Tages, als der Hase in einer kleinen Erdhöhle schlief, hörte er draußen Schritte vorbeitappen. Er wachte auf und spitzte die Ohren. Da war ein Löwe, der sagte zu einem andern: »Morgen werde ich in jenes Dorf gehen und werde mir den Ziegenbock holen, denn ich habe schon lange kein Ziegenfleisch mehr gefressen.«

Der Hase verhielt sich still, bis die beiden Löwen weitergegangen waren. Und am Morgen sprang er aus seiner Höhle heraus und lief zu dem Ziegenbock, der auf einer Wiese vor dem Dorf fraß. »Freund Ziegenbock«, sagte der Hase, »ich habe heute nacht gehört, daß ein Löwe kommen und dich fressen will.« – »Das werde ich gleich meinem Herrn, dem Dorfältesten, sagen.«

Und damit ging der Ziegenbock zur Hütte seines Herrn und sagte: »Herr, in der nächsten Nacht will ein Löwe kommen und mich holen.« – »Laß mich nur machen«, sagte sein Herr, »wir werden den Löwen schon umbringen.«

Und der Herr ging hin und grub rundherum um seine Hütte und um den Pferch eine Grube, deckte sie ab, damit keines seiner Tiere hineinstürze, und ging dann aufs Feld.

Dem Ziegenbock war nicht ganz wohl in seiner Haut, denn er hatte nicht gesehen, wie sein Herr die Falle baute. Als er ums Gehöft herumging, sah er die zugedeckte Grube und dachte: ›Die hat sicher unser Herr gebaut, um mich vor dem Löwen zu verstecken.‹ Und er suchte eine Lücke in der Abdeckung, sprang in die Grube hinunter, und weil es da unten angenehm kühl war, schlief er ein und hörte nicht, wie am Abend sein Herr die Grube abdeckte.

Mitten in der Nacht kam der Löwe, und da er von der Grube

nichts wußte, fiel er hinunter und mitten auf den Ziegenbock hinauf. Der erschrak gewaltig, als auf ihn plötzlich der Löwe herunterstürzte, aber er faßte sich schnell und sagte: »Wenn du mich frißt, Löwe, wirst du so dick werden, daß du aus dieser Grube nie mehr hinauskommst. Aber wenn du mich verschonst, werde ich meinen Herrn bitten, daß er dich morgen herausholt und dir eine Ziege schenkt.«

Der Löwe wollte sich auf so etwas nicht einlassen, aber er war klug genug, um zu verstehen, daß er mit einem dicken Bauch nie aus der Grube herauskäme.

Während nun der Löwe noch nachdachte, was er tun solle, und während der Ziegenbock vor Angst zitterte, kam der Hase gerannt. Der Hase hatte Sorge um seinen Freund gehabt und wollte nachsehen, wie die Dinge stünden. Als er sah, daß der Ziegenbock bei seinem Feind in der Grube saß, sagte er: »He, ihr beiden da unten. Ich will euch helfen. Ich werde ein Seil holen und euch herausziehen.«

Und damit sprang er über die Grube, holte aus der Hütte ein Seil und warf ein Ende davon in die Grube hinunter. Da wollte gleich der Löwe an dem Seil herausklettern, aber der kluge Hase sagte: »Nein, du bist mir zu schwer.« Und damit ließ er das Seil in die Grube hinunterfallen. »Löwe, wirf mir das Seil wieder herauf. Zuerst muß der Ziegenbock heraufklettern, und dann werden wir zu zweit das Seil halten, und du kannst nachkommen.«

Da gab der Löwe murrend nach, und der Ziegenbock kletterte an dem Seil aus der Grube. Kaum war er heraußen, da warf der Hase das Seil wieder hinunter und rief: »Bleib nur drunten und warte bis morgen früh!«

Und als in der Dämmerung der Herr des Ziegenbocks ins Freie kam, sah er den Löwen in der Grube liegen, nahm seinen Speer und tötete ihn.

Die Geschichte von dem Hasen, der den Löwen hereingelegt hatte, sprach sich jedoch unter den Tieren herum, und der andere Löwe, der Freund des getöteten, wurde sehr zornig auf

den Hasen und sagte: »Warte nur, ich erwische dich schon noch. Und dann werde ich meinen Freund rächen.«
Und er legte sich vor die Höhle des Hasen, so daß dieser nicht herauskonnte, und sagte: »Entweder du kommst heraus, oder du wirst hier verhungern.«
Der Ziegenbock aber wunderte sich, als den ganzen Tag sein Freund Hase nicht zu sehen war. Und am Abend machte er sich auf, um den Hasen zu suchen. Aber schon von weitem sah er einen Löwen vor dem Loch des Hasen liegen. Da drehte er um, ging nach Hause und sagte zu seinem Herrn: »Ein Löwe will den Hasen fressen, der mir das Leben gerettet hat.« – »Was kümmert mich ein Hase«, sagte der Herr, »es gibt genug davon. Bleib du in deinem Pferch und kümmere dich nicht um andere!« – »Nein«, sagte der Ziegenbock, »der Hase ist mein Freund, und wenn du nicht mitkommst, gehe ich allein, um mit dem Löwen zu kämpfen.«
Das wollte der Mann doch auch nicht, und so nahm er seinen Speer und ging mit dem Ziegenbock dorthin, wo der Löwe lag. »Warte, Herr!« sagte der Ziegenbock. »Wenn uns der Löwe kommen hört, wird er davonlaufen. Ich werde mich von der andern Seite nähern, dann kannst du dich hinter den Löwen schleichen und ihn töten.«
Und der Ziegenbock ging mutig von der andern Seite auf den Löwen zu, und als der sich zum Sprung duckte, traf ihn der Speer des Mannes, und er starb. Der Herr aber lobte seinen Ziegenbock wegen des Mutes und den Hasen wegen seiner Klugheit.

55. Der Löwe und der Hase

Ein hungriger Löwe strich einmal im Feld einher und suchte ein Tier, das er fressen könne, denn er hatte großen Hunger. Er begegnete einem Hasen, sprang auf ihn zu und fing ihn, um ihn zu verschlingen. Da sagte der Hase: »Herr Löwe, friß mich nicht, denn du wirst doch nicht satt werden. Ich weiß dir etwas viel Besseres.« – »Was ist das?« – »Einen großen, großen Käse.« – »Wo liegt er?« – »Man hat ihn in einen Brunnen gelegt, damit er schön frisch bleibt und in der Hitze nicht austrocknet.« – »Gut, so führ mich da hin! Ist es so, wie du sagst, dann werde ich dich laufenlassen, werde ich von deinem Käse nicht satt, dann werde ich dich hernach noch auffressen.«

Der Hase führte den Löwen einen weiten Weg. Endlich wurde es Nacht, und da kamen sie zu dem Brunnen, von dem der Hase gesprochen hatte. Sie schauten über den Rand hinunter, und in dem Wasser unten spiegelte sich der Vollmond.

»Siehst du den großen Käse, Löwe?« – »Ja, ich sehe ihn, Hase. Schaff ihn herauf.« – »Du mußt mich mit dem Eimer hinunterlassen.« Da ließ der Löwe den Hasen am Eimer hinunter in den Brunnen. Der Hase trank sich satt, und dann rief er: »Löwe!« – »Ja, was ist?« – »Der Käse ist so groß. Ich kann ihn mit meinen Pfoten nicht richtig fassen.« – »Nun, so werde ich dich wieder heraufziehen, und du mußt mich selbst in den Brunnen abseilen.«

Der Löwe zog den Eimer mit dem Hasen herauf und sprang selbst in den Eimer hinein. Da ließ der Hase das Seil los, und der Löwe sauste mit dem Eimer hinunter in den Brunnen und ertrank. Der Hase aber ging zu den Hirten und ließ sich von ihnen Milch geben, weil er den Löwen, der viele Rinder zerrissen hatte, besiegt hatte.

56. Der Affe und die Alte

Ein sehr schlauer Affe mußte sich ein paar Kupfermünzen verdienen, und im Handumdrehen füllte er einen Einmachtopf mit einer gewissen Sache und bedeckte sie mit einer Schicht Butter. Dann ging er hinaus und rief:

»Wer kauft frisches Butterchen! Wer kauft Butter im Topf!«

Eine Alte, die gerade dabei war, Süßigkeiten für ein Festessen, das in ein paar Tagen stattfinden sollte, zuzubereiten, rief ihn herbei und kaufte ihm den Topf mit Butter ab.

Kurz darauf machte sie sich an die Arbeit, um einen Biskuitkuchen zu bereiten, und war entrüstet über den Streich, den ihr der Affe gespielt hatte.

»Es macht nichts, du Gauner von einem Affen. Das sollst du mir bezahlen!«

Sie besorgte eine Wachspuppe, färbte ihr das Gesicht mit Kohle schwarz und stellte sie in die Tür, neben einen Stand mit Bananen, die so reif waren, daß es eine Lust war ...

Der Affe ging vorüber, und als er die Früchte sah, wurde er angelockt. Er ging auf die Puppe zu, von der er annahm, sie sei eine wirkliche Schwarze, und sagte zu ihr:

»Caterina, gib mir eine Banane ...«

Doch die Puppe blieb still. Sie rührte sich auch nicht.

Er bat noch einmal, doch die Puppe sagte nichts.

Schon halb verärgert wiederholte der Affe:

»Caterina, gib mir eine Banane, sonst haue ich dir eine runter ...«

Er erhielt keine Antwort, haute ihr eine runter und blieb mit der Hand am Wachs ihres Gesichtes kleben.

»Caterina, laß meine Hand los, gib mir eine Banane, paß auf, daß ich dir nicht noch eine runterhaue ...«

Er tat es und klebte fest.

»Caterina, laß meine beiden Hände los, gib mir eine Banane, sonst gebe ich dir einen Fußtritt ...«

Die Puppe blieb still.

Der Affe versetzte der Figur einen Tritt in den Bauch und blieb kleben.

»Höre, Caterina, laß meine beiden Hände los und meinen Fuß, gib mir eine Banane, sonst gebe ich dir noch einen Fußtritt ...«

Die Puppe gab keine Antwort.

Der Affe versetzte ihr – puff! – noch einen Fußtritt und blieb kleben.

So festklebend sah ihn die Alte, die aus dem Fenster beobachtete, was vor sich ging, und sie lief, um den Affen zu packen.

»Jetzt entwischst du mir nicht mehr!«

Sie rief die Köchin herbei, um den Affen für das Bankett, das am selbigen Abend stattfand, zuzubereiten. Als die Köchin den Affen schlachtete, fing dieser an zu weinen und sang:

»Schlachte mich langsam,
Denn Weh und Ach . . .
Auch ich habe Kinder
O Weh und Ach . . .«

Die Köchin begann ihn abzuhäuten, und der Affe sang:

»Häute mich langsam ab,
Denn Weh und Ach . . .
Auch ich habe Kinder,
O Weh und Ach . . .«

Die Negerin rief ganz erschrocken die Herrin herbei, die nichts von Liedern wissen wollte und ihr befahl, die Arbeit fortzusetzen.

Und der Affe sang noch, auch als er bereits im Ofen steckte:

»Schmore mich langsam,
Denn Weh und Ach . . .
Auch ich habe Kinder,
O Weh und Ach . . .«

Während des Banketts war der Tisch besetzt mit Doktoren und vornehmen Leuten, und der Affe lag mitten in der Bratenschüssel. Und nachdem er verspeist worden war, sang er noch:

»Verspeist mich langsam,
Denn Weh und Ach . . .
Auch ich habe Kinder,
O Weh und Ach . . .«

Alle schauten einander ungläubig an, aber die Alte suchte die Gäste zu zerstreuen, indem sie viel sprach und vom Affen mit rachedurstigem Appetit aß.
Plötzlich verspürte sie ein Rumoren in den Därmen und lief auf den Abort. Bald darauf kam daraus der Affe hervor, begleitet von einer Schar von Äffchen, die alle Bratsche spielten, im Garten umherliefen und sangen:
»Ätsch! Ich habe den Popo von der alten Sinhá gesehen! Ich habe den Popo von der alten Sinhá gesehen! Ätsch!«

57. Der Affe und der Aluá

Es war einmal ein Affe, der wollte Aluá brauen; weil er aber kein Geld hatte, ging er zu seinem Freund Hahn und bat ihn, ihm zwölf Maiskolben zu verkaufen: er wolle sie ihm an einem gewissen Tag zu einer gewissen Stunde bezahlen.
Als er den Mais bekommen hatte, verabschiedete er sich und machte sich auf den Weg zum Fuchs. Diesen bat er, ihm dieselbe Menge Mais zu verkaufen. Er machte mit ihm den gleichen Tag aus, an welchem er den Hahn bezahlen sollte, nur eine halbe Stunde später.
Vom Fuchs begab er sich zu seinem Freund Hund, kaufte bei ihm dieselbe Menge Mais und setzte wieder denselben Zahltag fest wie für den Hahn und für den Fuchs, nur eine halbe Stunde später.
Weil der Affe noch immer nicht zufrieden war, ging er nun zum Hause der Onça. Diese verkaufte ihm auf Ehr und Gewissen auch ihren Mais. Bevor er ging, sagte er der Onça, sie möge das Geld am gleichen Tag abholen wie der Hahn, der Fuchs und der Hund, nur eine halbe Stunde später.
Dann machte sich der Affe ganz zufrieden aus dem Staub. Er ging nach Hause und braute sehr viel Aluá und bewahrte ihn in einem großen Tonkrug auf. Aus Heugabeln baute er

sich dann ein Bett und legte sich hinein; und dann band er sich ein Tuch um den Kopf und stellte sich krank.

Am Zahltag klopfte der Hahn an die Tür, trat ein und sah den Affen jammern und klagen, daß er schwerkrank sei. Als der Freund Hahn ausgeruht hatte, befahl der Affe einem Buben, dem Hahn vom Aluá aufzuwarten. Der Aluá schmeckte dem Hahn vortrefflich.

In diesem Augenblick klopfte der Fuchs an die Tür. Der Hahn erschrak und fürchtete sich sehr. Da sagte der Affe:

»Das tut nichts, Gevatter, du versteckst dich unter dem Bett.«

Der Hahn versteckte sich, und der Fuchs trat ein. Der Affe sagte zum Fuchs, er sei sehr krank, und jammerte weiter. Nachdem der Fuchs ausgeruht hatte, wartete der Affe ihm vom Aluá auf. Und der Fuchs trank davon sehr viel. Der Affe fragte ihn, wie ihm der Aluá geschmeckt habe, und der Fuchs sagte, er habe ihm ausgezeichnet geschmeckt. Darauf erwiderte der Affe:

»Dem Gevatter Hahn hat er auch geschmeckt!«

Da sagte der Fuchs:

»Oh, dieser Kerl ist hier gewesen?«

Der Affe erwiderte:

»Nein, er ist schon lange verschwunden.« Und dabei deutete er mit dem Finger unter das Bett gerade auf den Hahn. Da gab es einen wilden Kampf zwischen dem Fuchs und dem Hahn, bis schließlich der Fuchs den Hahn verschlang. Als der Affe den Lärm hörte, schrie er:

»Au weh, wollt ihr, Leute, mich ganz umbringen!«

In diesem Augenblick klopfte der Hund an die Türe. Es geschah genau dasselbe, und am Ende fraß der Hund den Fuchs.

Dann trat die Onça ein, trank auch vom Aluá, und als sie erfuhr, daß der Hund unter dem Bett war, ging sie auf ihn los und verschlang ihn. Hierauf wollte die Onça mit dem Affen abrechnen. Dieser weigerte sich zu zahlen: die Onça

hätte ja seinen Aluá getrunken, und außerdem hätte sie schon drei Tiere im Bauch!
Die Onça war wütend und wollte auf den Affen losstürzen. Dieser aber kletterte rasch auf einen Baum. Als die Onça sah, daß sie den Affen nicht fangen konnte, schwur sie Rache und ging ihres Weges. Sie versammelte alle Onças um einen Brunnen und sagte ihnen, sie sollten den Affen kein Wasser trinken lassen.
Der Affe war schon fast tot vor Durst, und weil er nicht zum Brunnen gelangen konnte, warf er sich auf eine Kalebasse, die ein Fuhrmann auf seinem Karren vorbeiführte. Aber die Kalebasse enthielt nicht Wasser, sondern Honig.
Der Affe gab nicht auf; er schmierte sich ganz mit Honig ein, ging weiter, kam zu einem Ort, wo es viele trockene Blätter gab, und wälzte sich in ihnen. Wie verwandelt machte er sich auf zum Brunnen und ging an allen Onças vorbei, die ihn mit den Worten begrüßten:
»Lebewohl, du liebes Laub!«
Darauf antwortete der Affe nichts. Er kam zum Brunnen, trank sich mit Wasser satt, schüttelte alle Blätter ab, rannte zwischen den Onças durch und schrie:
»Piticau, piticau! . . .«
Über diese List wurde die Onça noch wütender. Sie grub ein großes Loch auf dem Weg, auf dem der Affe immer vorbeikam, setzte sich hinein und ließ sich von den anderen Onças mit Erde zudecken, so daß nur die Augen und die großen Zähne herausschauen.
Der Affe ließ sich jedoch nicht täuschen, holte einen schweren Stein, warf ihn auf die Zähne der Onça und sagte:
»Ich habe nicht gewußt, daß der Boden Zähne hat!«
Die Onça starb, der Affe machte seine Streiche weiter . . .

58. Das Mädchen, das Palmöl verkaufte

Es war einmal ein Mädchen, das war sehr fleißig und brav. Besonders verstand es sich darauf, aus einer Palmsorte Öl zu gewinnen. Hatte es genug beisammen, so trug es das Öl in großen Tonkrügen auf den Markt in die Stadt, um es dort zu verkaufen.

Eines Abends war in den Tonkrügen des Mädchens noch Öl übriggeblieben, als alle andern Verkäufer auf dem Markt schon ihre Sachen zusammenpackten, um heimzugehen. Das Mädchen zögerte und überlegte sich noch, ob es wirklich das Öl den weiten Weg wieder mit heimschleppen müsse, als plötzlich ein dunkelgekleideter Mann zu ihm trat. Er sah aus wie ein Kaufmann oder wohlhabender Hausbesitzer, unterschied sich nicht von andern Menschen. Aber das Mädchen spürte sofort: es mußte ein Zauberer sein.

Der Mann verlangte Öl. Mit bangem Herzen füllte das Mädchen das Öl, das ihm noch geblieben, in den Krug des Mannes. Der fragte, was er schuldig sei, und gab die geforderten Münzen. Als das Mädchen das Geld nachzählte, sah es, daß eine Münze zerbrochen und somit ungültig war. Verlegen drehte das Mädchen die Münze in der Hand, blickte auf, sah den Mann noch vor sich stehen und sagte:

»Herr, die Münze ist ungültig. Meine Mutter wird mich schlagen, wenn ich nicht den rechten Betrag heimbringe.«

Der Zauberer entgegnete: »Ich habe kein anderes Geld bei mir«, und ging mit dem Krug fort. Das Mädchen lief ihm jammernd nach. Der Zauberer drehte sich um und sagte streng: »Geh nach Hause, Kind, und laß mich in Ruhe! Du kannst nicht hinter mir herlaufen. Kein Menschenwesen darf in das Land, in dem ich wohne.«

Aber das Mädchen wollte nicht hören und rief nur immer, daß es die Münze ersetzt haben wolle.

Und das Mädchen ging hinter dem Zauberer her, immer im Abstand von ein paar Schritten. Von Zeit zu Zeit sagte es:

»Meine Münze, ich will meine Münze ...«
Sie gingen und gingen, bis sie in ein Land kamen, wo die Menschen kopfüber in ihren Mörsern steckten und mit den Beinen zappelten. Und sie gingen weiter, bis der Weg an einem Tümpel haltmachte.
Der Zauberer drehte sich zu dem Mädchen um und sang:

»O Ölverkäuferin, du junges Kind,
Ich rate dir, kehr um geschwind!«

Doch das Mädchen antwortete:

»Ich folge dir auf Schritt und Tritt,
Gibst du mir nicht das Geldstück mit.«

Und der Zauberer sagte: »Dieser Weg hört hier auf. Dahinter liegt der Fluß aus Blut. Da mußt du umkehren.«
Doch das Mädchen beharrte: »Ich kehr' nicht um ...«
Und der Zauberer wies auf den dunklen Schatten des Waldes, zeigte hinauf zu den strengen Gipfeln der Berge.
»Sieh, Kind, den dunklen, unheimlichen Urwald, die unwegsamen Gebirge. Kehr um!«
Doch das Mädchen wollte nicht umkehren, ehe es das Geld bekommen hatte.
Und sie gingen und gingen. Der Weg nahm kein Ende. Sie wanderten und wanderten, bis sie ins Land der Toten gelangten.
Der Zauberer setzte sich zur Rast nieder und zog aus seinem Sack ein paar Kokosnüsse hervor. Er reichte sie dem Mädchen und sprach: »Hier, öffne mir die Kokosnüsse. Dann trink du die Milch daraus, wir sind beide durstig und erschöpft. Es wird dich erfrischen. Mir kannst du das Fruchtfleisch geben.«
Das Mädchen brach die Nüsse auf, trank aber nicht von der erfrischenden Flüssigkeit, sondern bot sie dem Zauberer dar und begnügte sich mit dem Kokosfleisch.
Dann gab ihr der Zauberer eine Banane und sagte: »Schäl die Banane und iß die Frucht. Mir kannst du die Schale geben.«

Das Mädchen schälte gehorsam die Banane, reichte aber wiederum dem Zauberer die Frucht und begnügte sich mit der Schale.
Darauf sprach der Zauberer zu dem Mädchen: »Mein Kind, irgendwo da hinten liegen Kürbisse. Geld kann ich dir keines mehr geben, aber von den Kürbissen nimm dir drei. Doch folge meinem Rat, nimm keinen von den Kürbissen, die dich anrufen werden, du sollest sie aufheben. Sondern nimm von den Kürbissen, die stumm sind. Dann kehre nach Hause zurück.
Wenn du die Hälfte des Weges zurückgelegt hast, zerbrich den ersten Kürbis, den zweiten, wenn du an der Tür deines Hauses angelangt bist, und den dritten, wenn du drinnen in der Hütte bist.«
Das Mädchen bedankte sich und suchte nach den Kürbissen. Es tat alles so, wie es ihm der Zauberer geraten hatte.
Mit einiger Mühe errechnete sich das Mädchen die Mitte des Weges. Es war vor dem Fluß voller Blut. Dort zerbrach sie also den ersten Kürbis. Und wer beschreibt ihr Staunen, als aus der kleinen, trockenen Frucht eine Schar von wohlbewaffneten Reitern auf herrlichen Pferden hervorkrochen. Sie scharten sich um das Mädchen, nannten sich seine Sklaven, die ihm in allem ergeben seien. Das Mädchen setzte sich auf ein reichgeschmücktes Pferd, und viel bequemer und schneller als auf dem Hinwege kam sie zu Hause an. Sie sprang vom Pferd. Einer ihrer Sklaven hielt die Zügel, ein anderer die Steigbügel. Dann zerbrach das Mädchen den zweiten Kürbis. O Wunder! Eine ganze Herde fetter, blanker Rinder, wolliger, weißer Schafe, Ziegen und Geflügel umgaben sie plötzlich. Dazu die nötigen Hirten und Hunde. Ja, das war ein Staunen! Die Mutter des Mädchens stürzte mit Geschrei aus dem Haus und hob die Arme gen Himmel vor Verwunderung. Aus den benachbarten Hütten liefen die Bewohner herbei. Aber das Mädchen hielt sich nicht auf mit Erklärungen und Erzählen. Sie ging in das Haus hinein und zerbrach den

letzten Kürbis. Da quollen Geldstücke heraus, es wollte gar nicht mehr aufhören. Das Geld türmte sich zu Haufen, bis zur Decke, und füllte die ganze Hütte aus, so daß das Mädchen zur Hintertür hinaus entfliehen mußte, um nicht im Reichtum zu ersticken.

Jetzt waren sie reiche Leute.

Von nichts anderem sprach man im Dorf, als was dem fleißigen Mädchen geschehen war.

Die Mutter aber sprach zu dem Mädchen: »Jetzt sind wir reiche Leute und brauchen keine Not zu leiden. Aber die neidischen Zungen der Nachbarn werden schon bald irgendwelche Geschichten wider uns erfinden. Es wäre klug, wenn wir uns die Frau des Häuptlings geneigt machten und ihr gleich ein Geschenk schickten.«

Das Mädchen war es zufrieden.

Und die Mutter nahm zwanzig Geldstücke, zwanzig Kühe, zwanzig Ziegen, zwanzig Hühner und schickte sie mit einem Sklaven – auch ihn als Geschenk – an die Frau des Häuptlings, die sehr mächtig war.

Die war sehr erstaunt über die reichen Gaben und konnte erst gar nicht verstehen, woher das Geschenk komme und was sie damit solle.

Nach vielen Fragen und Antworten hin und her erfuhr die Frau des Häuptlings die ganze Geschichte und wie das arme Mädchen zu so viel Reichtum gekommen war. Aber die Frau des Häuptlings war nicht etwa froh und zufrieden mit dem Geschenk. Sie wollte mehr haben, wollte niemandem im Dorf ein Wunder gönnen, das nicht ihrem Hause zuteil geworden war.

Ungnädig also schickte sie den Sklaven mit all dem Getier zurück und ließ sagen, das wäre ja alles schön und gut. Es käme aber einem armen Dorfmädchen nicht zu, von einem Zauberer so reich beschenkt zu werden. Jetzt werde die Tochter des Häuptlings ebenfalls Öl auf dem Markt verkaufen, und dann werde man ja weitersehen . . .

Das Mädchen war betroffen über diese Antwort der Häuptlingsfrau. Sie sagte aber nichts und ging auch nicht hin, der Tochter des Häuptlings ihre guten Ratschläge und Erfahrungen mitzuteilen.
Also, die Tochter des Häuptlings nahm einen Krug mit Öl, wanderte zum Markt und setzte sich hin. Aber sie schickte alle Käufer fort und wartete auf den Zauberer. Schließlich kam er, als es schon dämmerte. Er kaufte ihr das Öl ab und bezahlte mit der richtigen Anzahl Münzen. Es war keine zerbrochene dabei. Das Mädchen aber versteckte schnell ein Geldstück und zählte unter großem Geschrei dem Käufer die Münzen vor, es fehle eine zum richtigen Preis.
Der Zauberer sagte: »Was soll ich machen? Ich habe kein Geld mehr bei mir!«
»Ach«, sagte die Tochter des Häuptlings freudig – denn nun wußte sie, es war wirklich der gleiche Zauberer –, »das macht nichts. Ich werde mit dir kommen zu deinem Haus, da kannst du mir ja die fehlende Münze geben.«
»Gut«, entgegnete der Zauberer, »gehen wir also los.«
Und sie wanderten und wanderten. Aber die Tochter des Häuptlings war es nicht gewohnt, bescheiden hinter jemandem herzugehen. Sie schritt neben dem Zauberer und jammerte, daß der Weg steinig und weit sei.
Nach einer Weile sang der Zauberer:

»O Ölverkäuferin, du junges Kind,
Ich rate dir, kehr um geschwind.«

Doch die Tochter des Häuptlings brummte: »Nein, ich gehe weiter mit.« Und sie gingen zusammen immer weiter, immer weiter.
Nach einer Weile sagte der Zauberer: »Geh fort von meinem Weg, verlasse mich.«
Aber das Mädchen wollte nicht und ging weiter mit ihm.
Sie war nicht gewohnt, so weit zu laufen. Ihre Füße schmerzten, und sie stöhnte und wimmerte. Endlich erreichten sie das

Land der Toten. Dort ruhten sie aus, und der Zauberer gab dem Mädchen eine Kokosnuß und sagte: »Brich mir die Nuß auf, trink du die Milch und gib mir das Fruchtfleisch.«
Das Mädchen tat genauso, wie der Zauberer es geheißen hatte. Sie trank mit Behagen die erfrischende Milch und reichte dem Zauberer das trockene Kokosfleisch. Dann gab ihr der Zauberer die Banane:
»Schäle sie, Mädchen, iß du die Banane, ich will mich mit der Schale begnügen.«
Und die Tochter des Häuptlings schälte die Banane, aß sie mit Behagen und warf dem Zauberer die Schale zu. Dann sagte der Zauberer: »Geh und hole dir drei Kürbisse. Nimm aber nicht die, die dir zurufen werden, du sollest sie aufheben, sondern nimm die Stummen. Dann geh nach Hause und zerbrich einen Kürbis auf halbem Wege, den anderen vor deiner Tür und den dritten im Hause.«
Das Mädchen rannte vergnügt los und fand auch die Kürbisse. Aus dem Haufen tönten ihr laute Stimmen entgegen: »Nimm mich, nimm mich ...«, und die Kürbisse rollten ihr rufend vor die Füße.
›Was soll ich mich noch bemühen und die Stummen lange heraussuchen? Dann muß ich mich bücken, und ich bin doch so müde. Drei liegen mir ja direkt vor den Füßen‹, dachte das Mädchen und nahm die drei rufenden Kürbisse auf und steckte sie in ihren Sack, wo sie sofort still waren. Dann machte sie sich auf den Heimweg.
Auf halbem Wege zerbrach sie den ersten Kürbis. O Schreck, was kamen da für Ungeheuer herausgestürzt! Löwen, Hyänen und Klapperschlangen stürzten sich auf sie und griffen sie an. Sie rannte, so schnell sie konnte, von Angst gepeitscht, und erreichte halbtot das Haus ihrer Eltern. ›Vielleicht hilft mir der nächste Kürbis‹, dachte sie und zerbrach ihn direkt vor der Tür. Aber noch wildere und furchtbarere Tiere stürzten sich auf sie: Drachen und Riesenschlangen und andere Ungeheuer.

Das Mädchen warf sich verzweifelt gegen die Tür, um zu entkommen. Aber die Tür war verschlossen. Niemand war im Haus als eine taube Dienerin, und die hörte nichts von dem Getümmel vor dem Haus.
Das Mädchen hämmerte mit den Fäusten gegen die Tür, schrie um Hilfe, aber niemand kam, niemand öffnete ihr. Und die wilden Bestien stürzten sich über sie und bissen und trampelten sie tot.

59. Der Mann und die tote Frau

Ein Mann lebte einmal mit seiner Frau und seinen Kindern in einem Dorf. Sie waren lange Zeit zufrieden und glücklich, aber eines Tages wurde die Frau krank, und nach einigen Tagen starb sie. Man trug sie fort und begrub sie.
Als der Mann wieder in sein Haus zurückgekehrt war, setzte er sich auf den Boden und fing zu weinen an. Er weinte drei Tage und drei Nächte. Da kam ein Mädchen aus der Nachbarschaft und fragte ihn: »Was weinst du so viel?« – »Es ist wegen meiner Frau.« – »Ach, deine Frau ist zwar fortgegangen und kommt nicht mehr. Aber sie lebt nun woanders, bei den Geistern.«
Da stand der Mann auf und ging davon. Er ging in den Wald hinaus und wanderte unter den Bäumen herum. Er wanderte so lange, bis er vor Hunger umfiel. Da hörte er plötzlich die Stimme seiner Frau: »Was tust du hier?« – »Ich suche dich.« Er schaute herum, aber er konnte seine Frau nicht entdecken. »Hast du Hunger?« fragte die Frau. »Ja, ich verhungere fast.« – »Nun, so geh hinter den nächsten Baum, dort wirst du zu essen finden.«
Er stand auf und ging hinter den Baum, und dort war eine Schüssel mit gekochter Hirse und ein Blätterkörbchen mit Früchten. Der Mann aß, bis sein Hunger gestillt war. Dann hörte er wieder die Stimme seiner Frau: »Willst du mit mir

kommen und bei mir bleiben?« – »Was fragst du? Und ob ich das will.« – »Aber du mußt dann in meinem Lande bleiben.« – »Ich werde immer bei dir bleiben.« – »Gut, so schließe die Augen, denn du darfst mich jetzt nicht sehen.«

Da machte der Mann die Augen zu, und er hörte schwere Schritte, dann verband ihm jemand die Augen mit einem Tuch, und er wurde weggeführt. Er wanderte über ein Gebirge und watete durch einen Fluß, dann fiel auf einmal die Binde von seinen Augen ab. Da sah der Mann, daß er ein Nashorn geworden war, und seine Frau war auch ein Nashorn. Sie standen auf einer großen Lichtung zwischen dem Wald und einem See und um sie herum viele verschiedene Tiere. Dicht beim See aber stand ein großes Haus, in dem der Geist wohnte, der als König über dieses Land herrschte.

Dem Mann gefiel dieses Leben sehr gut. Er brauchte nicht zu arbeiten und hatte doch immer reichlich zu essen. Er verstand alle Tiere und konnte sich mit ihnen unterhalten. Er sprach auch mit dem Geist und sah, daß es ein guter Geist war.

Aber nachdem der Mann lange Zeit dort gelebt hatte, bekam er Sehnsucht nach seinen Kindern. Er sagte: »Frau, laß uns unsere Kinder besuchen!« – »Mann, das geht nicht. Man würde uns töten, und unsere Kinder würden uns nicht erkennen.«

Nach einiger Zeit sagte der Mann wieder zu seiner Frau: »Komm, laß es uns versuchen! Ich möchte die Kinder wenigstens aus der Ferne sehen.« – »Mann, wir würden den Weg hierher zurück nicht mehr finden und so lange in jenem Land herumirren, bis uns die Jäger umbringen.«

Abermals nach einiger Zeit sagte der Mann: »Frau, ich halte es hier nicht mehr aus, ohne die Kinder zu sehen.« Da sagte die Frau: »Ach, so bleibt uns nur, zum großen Geist zu gehen. Vielleicht kann er dir helfen.«

Sie gingen zum Haus des Geistes und mußten lange warten, bis er herauskommt: »Nashornmann und Nashornfrau, was wollt ihr?«

Da sagt die Frau: »Mein Mann hat Lust, seine Kinder zu sehen.« Da sagt der Geist: »Es gibt nur ein Mittel, aber wenn man es anwendet, dann verliert der Mann sein Gedächtnis.« – »Versuchen wir es«, sagt der Mann.

»Gut, so muß dich deine Frau wieder zu jenem Baum bringen, wo du sie gefunden hast. Sie muß dir die ganze Haut am Körper mit der Rinde jenes Baumes abreiben. Dann erhältst du deine alte Gestalt. Du kannst in dein Dorf gehen, aber du darfst nicht sprechen. Sprichst du, dann wirst du dich an nichts mehr erinnern können. Sprichst du nicht, so kannst du die Kinder in den Wald tragen, und deine Frau wird dich wieder hierherbringen.«

So haben sie es gemacht. Die Frau hat den Mann mit der Rinde des Baumes abgerieben, und da ist seine Nashornhaut und sein Horn abgefallen, und er wurde wieder ein Mensch.

Nun wanderte der Mann fröhlich in sein Dorf zurück und dachte: ›Heute abend werde ich mit den Kindern wieder bei meiner Frau sein. Dann wollen wir uns ein schönes Leben machen.‹

Als er zu seinem Haus kam, sah er das Mädchen des Nachbarn bei seinen Kindern sitzen, denn es hatte in der Abwesenheit des Mannes die Kinder ernährt und versorgt.

Wie der Mann in den Hof seines Hauses trat, fragte ihn das Mädchen: »Wo kommst du her? Wir haben drei Tage auf dich gewartet und dich überall gesucht.« Da vergaß der Mann, daß er nicht sprechen durfte, und er antwortete: »Drei Tage? Ich war doch mindestens drei Jahre fort. Ich war bei meiner Frau.«

Kaum hatte er das gesagt, da konnte er sich an nichts mehr erinnern. Er erkannte auch seine Kinder nicht mehr genau, das heißt, es war ihm, als kenne er sie, aber nicht genau. Und da das Mädchen sah, daß sein Verstand verwirrt war, kümmerte sie sich um ihn. Er hat zunächst einige Tage kaum gesprochen, aber später hat er das Mädchen geheiratet.

Nach vielen Jahren fand er dann einmal im Wald das Horn

eines Nashorns. Er hob es auf und trug es heim. »Schau«, sagte er zu seiner zweiten Frau, »was ich gefunden habe.« Und er hielt sich das Horn vors Gesicht, als wäre das Horn angewachsen. Da lachte seine Frau, und die Kinder lachten, und der Mann lachte auch.

Das ist die Geschichte vom Mann, der seine tote Frau vergessen hat.

60. Quinoqui und Quinoca

In einer Stadt am Meer lebten einmal zwei Negerbuben, der eine hieß Quinoqui, der andere Quinoca. Weil ihnen Vater und Mutter gestorben waren, lebten sie bei einem Onkel. Aber da die beiden oft dumme Streiche machten, konnte sie ihr Onkel nicht leiden.

Von diesen beiden Buben will ich euch jetzt erzählen.

Eines Tages sagte ihr Onkel zu ihnen: »Hier habt ihr einen Korb mit Hirse. Geht damit auf den Markt und verkauft ihn! Ihr müßt soundsoviel Geld dafür verlangen, und das Geld bringt ihr mir wieder. Paßt auf, laßt euch nichts stehlen und euch nicht betrügen, sonst gibt es Prügel.«

Quinoqui und Quinoca nahmen also den großen Korb, der sehr schwer war, und machten sich auf den Weg. Wie sie so am Meer entlanggingen, kamen sie auf den Gedanken zu baden, und, gedacht, getan, sie stellten den Korb unter einem Baum im Schatten ab und schwammen ins Meer hinaus.

Der böse Onkel aber war ihnen nachgegangen, und als er sah, daß sie vergnügt im Meer herumschwammen, nahm er ihren Korb, schüttete die Hirse in einen Sack und sprach bei sich: »Wartet nur, bis ihr mir heimkommt! Da setzt es eine Prügelstrafe, daß ihr nichts mehr zu essen braucht.« Und er schlich sich mit seinem Sack Hirse davon.

Quinoqui und Quinoca schwammen noch eine Zeit herum, dann stiegen sie aus dem Wasser und wollten ihren Korb wieder aufnehmen, aber der war ganz leicht, und wie sie das

Tuch wegzogen, sahen sie, daß er leer war. Als sie nun an die Folgen dachten, die da kommen mußten, fingen sie an zu weinen. Sie weinten und weinten, bis mit einem Male ein Fisch seinen Kopf aus dem Wasser streckte und fragte: »Quinoqui und Quinoca, warum weint ihr?« – »Wir weinen, weil man uns die Hirse gestohlen hat. Und wenn wir ohne Geld heimkommen, dann wird unser Onkel uns Prügel statt Essen geben.« – »Wartet ein wenig! Ich will euch helfen, denn ich bin euer Großvater (der Vater eures Vaters).« Und damit tauchte der Fisch weg; aber schon nach kurzer Zeit kam er zurück und trug eine Perle im Mund. »Da, Quinoqui und Quinoca, habt ihr eine Perle. Wickelt sie in ein Blatt und tragt sie auf den Markt. Geht zum Kaufmann Burro (Esel) und verkauft ihm die Perle; und das Geld gebt ihr euerm Onkel!«

Während Quinoqui und Quinoca auf den Markt gingen, lief der böse Onkel eilig heim und legte den Prügel bereit. Und als die beiden Negerbuben nach Hause kamen, fragte er streng: »Nun, laßt einmal sehen: Wieviel Geld habt ihr für die Hirse bekommen?« Quinoqui und Quinoca aber hatten bei dem Händler Burro genauso viel für ihre Perle verlangt, wie ein Korb Hirse kostet.

»Hier, Onkel, da ist es.« Der Onkel ärgerte sich furchtbar, als er das Geld sah, aber er konnte nichts machen. Mißmutig gab er den beiden ihr Essen und schickte sie schlafen.

Am nächsten Tag weckte der Onkel die Buben schon früh und sagte zu ihnen: »Hier habt ihr wieder einen Korb mit Hirse. Tragt ihn wieder auf den Markt und verkauft ihn! Und kommt mir nicht ohne das Geld heim!«

Und Quinoqui und Quinoca nahmen den Korb und machten sich auf den Weg. Und am Meer angekommen, stellten sie den Korb unter einen Baum in den Schatten und schwammen ins Meer hinaus. Der böse Onkel aber war ihnen gefolgt, und er nahm wieder die Hirse aus dem Korb und schüttete sie in einen Sack, den er mitgebracht hatte. Dann versteckte er sich unter einem Baum, denn er dachte sich, die Buben hätten das

Geld gestohlen, und er wollte ihnen auf die Schliche kommen.

Als Quinoqui und Quinoca aus dem Wasser stiegen und den Korb leer fanden, fingen sie wieder an zu weinen, und sie weinten so lange, bis der Fisch den Kopf aus dem Wasser streckte. »Großväterchen, man hat uns schon wieder die Hirse gestohlen!« – »Macht nichts, Enkelchen, ich werde euch helfen.« Und damit tauchte er weg und kam nach einiger Zeit mit einer Perle im Maul zurück.

Der Onkel hätte gern gewußt, was sich da abspiele, aber er war zu weit weg und konnte nichts sehen und hören.

Quinoqui und Quinoca aber nahmen die Perle und gingen, wie sie es am andern Tage gemacht hatten, zum Händler Burro, verkauften die Perle um den Preis eines Korbes Hirse und kehrten mit dem Geld nach Hause zurück.

Als sie daheim ankamen, war der Onkel noch böser als sonst. »Wo ist das Geld?« – »Hier, Onkel.« – »Marsch, legt euch schlafen! Essen gibt es heute nicht, weil ihr so spät heimgekommen seid.«

Quinoqui und Quinoca legten sich schlafen; sie hatten aber keinen Hunger, denn der gutmütige Händler Burro, der selber keine Kinder hatte und der wohl wußte, daß die Perle mehr wert war als ein Sack Hirse, hatte ihnen zu essen gegeben.

Der böse Onkel aber dachte nach, wie er die beiden Buben loswerden könne, und am nächsten Tag gab er ihnen wieder die gleiche Hirse, die er ihnen schon zweimal gestohlen hatte, und sagte: »Hier, nehmt diesen Korb voll Hirse und tragt ihn auf den Markt. Verkauft die Hirse und kauft dafür einen Korb voll silberner Mangofrüchte. Kommt mir aber nicht ohne die silbernen Mangofrüchte heim, sonst schlage ich euch tot!«

Diesmal war die Lage für Quinoqui und Quinoca verzweifelt, denn wenn sie auch noch kleine und dumme Negerbuben waren, so wußten sie doch recht gut, daß es keine silbernen

Mangofrüchte gibt. Sie gingen also wieder, bis sie ans Meer kamen, stellten den Korb in den Schatten, liefen bis ans Wasser und riefen:

»Großväterchen, Großväterchen!« – »Ja, was gibt's?« – »Unser böser Onkel schickt uns mit einem Korb voll Hirse auf den Markt, wir sollen ihm dafür einen Korb voll silberner Mangofrüchte kaufen, und die gibt es nicht.« – »Enkelchen, ihr müßt in den Wald gehen und den Zauberer Onagro rufen. Erzählt ihm eure Geschichte, und er wird euch helfen.«

Quinoqui und Quinoca nahmen ihren Korb wieder auf und gingen damit in den Wald. Sie kamen zu der Hütte des Zauberers und riefen: »Väterchen Onagro!« – »Ja, was gibt es?« sagte der und streckte seinen Schädel zur Tür heraus und schlug mit dem Schwanz gegen die Mücken, die es dort gab.

»Unser Großvater schickt uns. Ein böser Onkel hat uns diesen Korb voll Hirse gegeben, wir sollen ihn auf den Markt tragen. Und auf dem Markt sollen wir dafür einen Korb voll silberner Mangofrüchte kaufen; und silberne Mangofrüchte gibt es gar nicht.« – »Macht nichts, Quinoqui und Quinoca, wir werden schon welche herzaubern. Schüttet die Hirse hier in dieses Gefäß!«

Die beiden machten es so, und als der Korb leer war, trug ihn der Zauberer in seine Hütte hinein, zündete eine Kerze an und zauberte. Und nach einer langen Zeit hörten die beiden Buben seine Stimme: »Jetzt kommt und bringt den Korb zu euerm Onkel. Ich werde euch aber begleiten, damit euch nichts passiert.«

Der böse Onkel hatte sich nämlich schon eine Axt zurechtgelegt für den Fall, daß Quinoqui und Quinoca doch zurückkommen sollten.

Und die beiden kleinen Schwarzen gingen in die Hütte des Zauberers Onagro, aber sie sahen ihn nicht. In der Mitte der Hütte aber stand der Korb, und er war voll silberner Mangofrüchte. Und sie hörten die Stimme des Zauberers: »Ich bin hier im Korb versteckt. Kommt und tragt alles zu euerm Onkel!«

Da nahmen die beiden Buben den Korb, er war ganz leicht, und trugen ihn heim. Und als der Onkel sie kommen sah, versteckte er die Axt unter dem Stroh am Boden und wartete, bis sie hereinkamen. Und als er den Korb voll silberner Mangofrüchte sah, konnte er kein Wort sagen. Aber Quinoqui und Quinoca sagten:

»Hier, Onkel, ist der Korb, wie du befohlen hast.«

Da griff der böse Onkel in den Korb, er war ganz begierig, von den silbernen Mangofrüchten eine zu essen; aber als er in den Korb griff, schnellte eine schwarze Schlange heraus und biß ihn in die Hand, und der böse Onkel starb sofort.

Der Zauberer Onagro aber verwandelte sich wieder in seine Gestalt zurück und sagte zu den beiden: »Quinoqui und Quinoca, hier könnt ihr nicht bleiben, denn der Geist eures bösen Onkels wird hier weiter wohnen, und er könnte euch schaden. Geht deshalb zu meinem Bruder Burro, sagt ihm einen Gruß von mir, und er wird euch als seine Gehilfen anstellen.«

Damit ging der Zauberer Onagro in seinen Wald zurück, die beiden Buben aber verließen das Haus ihres Onkels und wanderten zum Händler Burro.

»Onkel Burro, dein Bruder, der Zauberer Onagro, schickt uns. Wir sollen dir einen Gruß von ihm sagen und dich bitten, uns als Gehilfen anzunehmen.« – »Wenn ihr von meinem Bruder Onagro kommt, so seid ihr mir willkommen.«

Und so traten Quinoqui und Quinoca in den Dienst des Händlers Burro. Und da er selbst keine Kinder hatte, behandelte er sie wie seine eigenen Söhne, und es ging ihnen gut.

61. Der Bursche und der Jaguar

Einmal war ein Bursche, der hütete das Vieh seines Vaters. Als er es eines Abends heimtreiben wollte, kam ein Jaguar aus dem Wald, der war schon alt und hinkte. Und der Jaguar sprach zu dem Burschen: »Höre: Willst du mir nicht ein Rind schenken?« Da antwortete der Bursche: »Höre: Warum soll ich dir ein Stück aus meiner Herde schenken, wo du doch ein Feind der Menschen und ein Räuber bist? Geh weg, oder ich schieße dich tot.«

Aber der Jaguar gab noch nicht auf. Er sagte: »Höre: Heute ich, morgen du. Warum willst du mich totschießen? Was hast du davon? Aber wenn du mir ein Rind gibst, so helfe ich dir später, wenn du Hilfe brauchst. Heute Feinde, morgen Freunde. Besser so als umgekehrt.«

Der Bursche war nicht auf den Kopf gefallen. Er dachte nach, und dann sagte er: »Also gut. Such dir ein Stück aus der Herde aus und friß es!« Der Jaguar tat das. Der Bursche aber trieb seine Herde heim.

Als er daheim ankam, zählte sein Vater die Herde und sagte: »Es fehlt ein Rind.« – »Ja«, antwortete der Bursche, »es hat sich eines im Wald verlaufen, ich konnte es nicht mehr finden.« Da gab ihm der Vater einen Schlag mit dem Stock und sagte: »Lügner! Du wirst es geschlachtet und verzehrt haben. Scher dich aus meinem Hause und laß dich nie wieder hier blicken. Einen Dieb und Lügner will ich nicht als Sohn haben.«

Da ging der Bursche zurück an den Rand des Waldes und fing zu weinen an. Nach einer Weile kam der Jaguar und fragte: »Was ist los?« – »Mein Vater hat mich aus dem Hause gejagt, weil ein Rind fehlt.« – »Macht nichts«, sprach der Jaguar, »du bist jetzt mein Freund, und ich werde dich nicht im Stich lassen.« Dann verschwand er für zwei, drei Augenblicke, und als er wieder zurückkam, hatte er einen Ring im Maul. »Hier«, sagte er und spuckte den Ring aus, »nimm die-

sen Ring! Sooft du ihn am Finger umdrehst, wirst du ein Goldstück in deiner Hosentasche finden. Paß aber auf und hör: Gib die Hose nie aus der Hand, sonst nützt dir der Ring auch nichts, und ein anderer wird das Geld haben.«
Da bedankte sich der Bursche und ging in die nächste Stadt. Und bis er hinkam, hatte er den Ring so oft umgedreht, daß er die ganze Hose voll Goldstücke hatte, und er mußte sie mit einem Strick festbinden, sonst wäre sie ihm heruntergerutscht. In der Stadt aber machte er sich auf die Suche, um sich ein schönes Zimmer zu mieten. Und nach einer Weile fand er ein Zimmer für feine, reiche Herren. Und er klatschte in die Hände, und da kam die Hausfrau heraus und fragte: »Schwarzer, was willst du?« – »Ich will hier ein Zimmer mieten.« – »Meine Zimmer sind teuer. Hör: Geh in das Viertel der Armen, dort wirst du ein billiges Zimmer finden.« – »Hör: Ich will nicht in das Viertel der Armen. Ich habe Geld und kann bezahlen.« Damit ließ der Bursche die Alte eine Handvoll Goldstücke sehen. Wie die Alte das Geld sah, ließ sie den Burschen ins Haus und gab ihm das schönste Zimmer, das sie hatte. Sie verlangte die Miete im voraus, und er zahlte, ließ es sich gut gehen und lebte die Tage dahin, vergnügt und fröhlich.
Die Alte aber war eine Hexe, und sie brauchte nur in ihrem Zauberbuch nachzulesen, da wußte sie, daß der Ring ein Zauberring war und daß er Gold in die Hosentasche des Burschen zaubern konnte. Und so sagte sie zu dem Burschen: »Hör: Deine Hose ist schmutzig. Gib sie mir, und ich werde sie sauber waschen und bügeln.« – »Nein«, sagte der Bursche, »das mit der Hose werde ich schon selber machen.« – »Ach was«, sagte die Alte, »ein so feiner Herr wie du wird sich selbst die Hose waschen? Das ist unmöglich! Gib sie mir, und morgen hast du sie zurück. Und wenn du willst, so leihe ich dir für heute eine andere.«
Aber der Bursche wollte nicht, denn er dachte an das, was ihm der Jaguar geraten hatte.

Aber die Hexe hatte ihre Mittel. Und am nächsten Tag brachte sie dem Burschen ein Ei, das hatte sie verhext. Und der Bursche lag noch im Bett, als die Hexe ins Zimmer kam und Kaffee, Brot und das Ei brachte. Und sie stellte das Tablett auf einen Stuhl und sagte: »Herr, hier ist dein Frühstück.« – »Das habe ich nicht bestellt!« sagte der Bursche. »Macht nichts«, entgegnete die Hexe, »wer bei mir ein Zimmer mietet, erhält auch das Frühstück dazu.« Und damit ging sie hinaus, nicht ohne vorher noch nach der Hose zu schielen, die der Bursche samt dem Ring unters Kopfpolster gelegt hatte.

Kaum aber hatte der Bursche das Ei gegessen, da wurde er in einen Esel verwandelt, ohne daß er es merkte. Und die Hexe kam und trieb ihn in den Stall hinaus, holte den Ring und die Hose aus dem Bett und produzierte Goldstücke in Masse.

Der Bursche aber trug nun Säcke und alles mögliche, aber in seinem Eselskopf ging es hin und her, und er merkte gar nicht so recht, daß es nun ein anderes Leben war, das er lebte.

Eines Tages nun, da ihn der Knecht der Hexe durch die Straßen trieb, kam er an einer Kirche vorbei, bei der die Tür gerade offenstand. Nach seiner alten Gewohnheit vor der Zeit seiner Verwandlung kniete er nieder und schlug ein Kreuz. Als das die Leute sahen, erschraken sie sehr, und sie liefen zum Pfarrer und erzählten ihm: »Hört: Ein Esel hat sich vor Eurer Kirche hingekniet und hat ein Kreuz geschlagen.« – »Liebe Leute«, sagte der Pfarrer, »entweder habt ihr euch alle getäuscht, oder der Esel ist verhext.« Und der Pfarrer versteckte sich mit einigen Männern hinter der Kirchentür; und als der Esel auf dem Heimweg vom Markt wieder an der Kirche vorbeikam, kniete er wieder nieder und schlug ein Kreuz. Da kam der Pfarrer und fragte den Knecht: »Du da, hör: Wem gehört dieser Esel?« – »Er gehört meiner Herrin.« – »Und woher hat sie ihn?« – »Das weiß ich nicht. Er steht seit einigen Tagen in unserm Stall.«

Da ließ der Pfarrer die Polizei holen, die untersuchte den Fall, und sooft man den Esel vor die Kirche führte, kniete er dort nieder und schlug das Kreuz. Man brachte den Fall vor Gericht, die Alte wurde so lange ausgefragt, bis sie gestand, den Burschen mit einem Ei verzaubert zu haben. Sie wurde dazu verurteilt, entweder den Burschen wieder zurückzuverwandeln und verbannt zu werden oder den Kopf zu verlieren. Da sie aber lieber mit dem Leben davonkommen wollte, entzauberte sie den Burschen und verließ die Stadt.

Der Bursche lebte einige Zeit sorglos, dann dachte er sich: ›Ich muß mir eine Frau suchen.‹ Da verschaffte er sich mit dem Ring viel Geld, ließ ein Haus bauen und machte sich auf, ein Mädchen zu suchen. In der Stadt aber gab es kein Mädchen, das ihm gefallen hätte, denn er wollte eines von seiner Hautfarbe. Und so ging er weg und wanderte durch eine Reihe von Städten und Dörfern, bis er eines Abends an einer Quelle am Rande des Waldes ein hübsches Mädchen fand, das ihm zusagte. Da sprach er es an: »Hör, du gefällst mir! Ich bin reich; willst du mich nicht heiraten?« Das Mädchen antwortete: »Ich bin hier die Sklavin einer alten Frau. Sie wird es nicht erlauben.« – »Ich werde dich ihr abkaufen.«

Da ging der Bursche mit dem Mädchen zum Gehöft der Alten, das war aber die Hexe. Doch die hatte sich anders angezogen und zurechtgemacht, und der Bursche erkannte sie nicht wieder. »Meine Dame«, sagte er, »wenn Ihr mir Eure Sklavin verkaufen wollt, will ich Euch zahlen, was Ihr wollt.« – »Ach«, sagte die Alte, »Geld brauche ich keines, und an das Mädchen habe ich mich gewöhnt. Aber wenn du Lust hast, so kannst du hierbleiben, und mit der Zeit werden wir schon sehen, was wird.«

Der Bursche war einverstanden und zog in die Gemächer des Landgutes ein, die ihm die Alte gastfreundlich überließ. Die Hexe aber ließ ihn gut bedienen, und er ahnte nichts von dem, was sie vorhatte. Und da der Bursche das Mädchen liebte, und da das Mädchen an dem Burschen Geschmack fand, lebten sie bald wie Mann und Frau zusammen – das heißt nur nachts –, weil ihnen die Hexe nichts in den Weg legte. Aber eines Nachts, als die beiden zusammen schliefen, kam die Hexe und verwandelte das Mädchen in ein Schwein, und als der Bursche morgens erwachte, sah er zu seinem Schrekken ein Schwein neben sich liegen. Da dachte er, der Teufel hätte seine Hand im Spiel, weil er das Mädchen nicht ordentlich geheiratet hatte.

Die Hexe aber ließ das Schwein in den Schweinestall bringen und sagte zu dem Burschen: »Am nächsten Sonntag ist Kirchweih, da werden alle Schweine geschlachtet, und es gibt ein großes Festmahl.« – »Nein«, sagte der Bursche, »verkauft mir wenigstens das eine Schwein!« – »Gern, wenn du es dir heraussuchen willst, so verkaufe ich es um ein Milreis.«

Da ging der Bursche in den Schweinestall, aber so viel er auch suchte, er konnte das Mädchen unter den Schweinen nicht herausfinden. Da wurde er ganz traurig, und er sagte: »Ich habe Gott beleidigt, und er hat mich bestraft. Ich will in den Wald gehen und ein Einsiedler werden.« Und er nahm sein Gewehr und seine wenigen Sachen und wanderte in den Wald hinaus. Und als er sich am Abend unter eine Urikury-Palme setzte, kam unerwartet der Jaguar und sagte: »Hör, Bursche, warum machst du so ein trauriges Gesicht?« – »Ich habe ein Mädchen geliebt, und das hat der Teufel in ein Schwein verwandelt, und nun soll es am nächsten Samstag geschlachtet und am Sonntag gegessen werden.« – »Das war nicht der Teufel«, sagte der Jaguar, »sondern die böse Hexe, die schon dich in der Stadt in einen Esel verhext hat. Hör: Ich werde dir helfen, so gut ich es kann. Ich werde das Schwein rauben und dir bringen. Mehr kann ich nicht, denn von Zauberei verstehe ich nichts.«

Damit verschwand der Jaguar, und am nächsten Morgen kam er zurück und trug das Schweinemädchen in seinen Klauen. Es sagte: »Baut euch hier ein Haus, denn unter die Menschen könnt ihr nicht gehn.« Da baute der Bursche ein Haus, und das Schweinemädchen hielt es sauber und kochte und wusch für den Burschen. Der Bursche aber wanderte jede Woche auf den Markt, um Mais, Reis, Zucker und Kaffee einzukaufen, und trug es in einem Korb heim. Eines Tages, als er durch den Wald ging, kamen einige Bienen geflogen, die sagten zu ihm: »Du, hör, schenkst du uns etwas von deinem Zucker?« – »Warum soll ich euch von meinem Zucker geben? Schenkt ihr mir vielleicht etwas von euerm Honig? Nein, wenn ich komme, dann stecht ihr mich.« – »Hör: Wenn du uns heute Zukker gibst, werden wir dir vielleicht morgen helfen können.« – »Gut: Da habt ihr Zucker.« Und er nahm Zucker, zerbröckelte ihn und legte ihn auf ein großes Blatt.

Als er heimkam, saß der Jaguar vor seiner Hütte und sagte: »Hör: Die alte Hexe wird kommen, um das Schweinemädchen zu suchen und um dir den Ring und die Hose zu rauben. Ich bin schon alt und kann euch nicht helfen. Ihr müßt fliehen, oder ihr seid verloren.« – »Nein«, sagte der Bursche, »ich will nicht ewig vor der Hexe davonlaufen.«

Und er ging zurück zu den Bienen. »Hört, Bienen: Ich habe euern Rat nötig, denn eine alte Hexe will mich und meine Frau umbringen.« – »Hab keine Angst«, sagten die Bienen, »laß sie nur kommen, und wenn sie da ist, dann biete ihr Ring und Hose dafür, daß sie aus dem Schwein wieder ein Mädchen macht. Sie wird darauf eingehen, weil sie glaubt, das Mädchen wieder zurückzubekommen, sobald sie den Ring hat. Aber das wird sich finden.«

Der Bursche ging wieder heim. Am andern Tag aber kam die alte Hexe. Der Bursche ging ihr entgegen. »Schöne Dame, wenn Ihr mein Schweinemädchen wieder zu einem Menschenmädchen macht, so will ich Euch auch meine Hose und den Zauberring geben.« – »Gut, Bursche, ich bin damit einverstanden.« Und sie bestrich das Mädchen mit einer Flüssigkeit murmelte dazu Zaubersprüche, und da stand das Schweinemädchen wieder als Mensch da.

»Wo bleibt der Ring und die Hose?« fragte die Hexe. Da zog der Bursche den Ring vom Finger und wollte ihn der Alten geben, aber im gleichen Augenblick stürzten sich die Bienen zu Tausenden auf die Hexe und stachen sie so, daß sie starb.

»Sollen wir nun wieder in die Stadt ziehen?« fragte der Bursche das Mädchen. »Hör: Was sollen wir in der Stadt? Wollen wir hier nicht bei deinen Freunden, dem Jaguar und den Bienen, bleiben?« Dem Burschen war es recht. Sie heirateten nun ordentlich und wie es sich gehört, mit einem Pfarrer und in einer Kirche, mit einem großen Mahl – aber Schweinebraten hat es dort nicht gegeben, der war dem Burschen und seinem Mädchen für immer verleidet.

62. Die Geschichte von der Zauberwurzel

Es war einmal ein junger Bursche, der hieß Maemba. Er wohnte bei seinem Großvater, stand aber tagsüber bei einer alten Dame, die eine Weiße war, in Dienst.

Eines Tages, als er zur üblichen Stunde in das Haus der Herrin ging, stand sie schon an der Tür und sagte: »Bursche, heute gibt es viel Arbeit. Heute kommt Besuch. Drei Damen werden mich besuchen. Kehre das Haus aus, spüle das Geschirr ab, backe einen Kuchen und sieh zu, daß alles sauber ist!«

Maemba machte es so. Mittags war er fertig. Das Geschirr war gewaschen, der Kuchen gebacken, das Haus ausgekehrt und mit Kräutern ausgestreut, das Wasser stand auf dem Feuer, man brauchte nur noch den Kaffee zu brühen.

Da Maemba nichts mehr zu tun hatte, setzte er sich auf die Treppe vor dem Haus. Er saß da noch nicht lange, da kamen drei Katzen, und die wollten die Treppen hinauf und ins Haus hinein. Maemba wollte sie erst verjagen, aber sie fauchten ihn an, und da nahm er einen Stock und gab jeder von den Katzen einen richtigen Hieb über den Kopf. Da liefen die drei Katzen heulend davon.

Maemba setzte sich wieder auf die Treppe, und er wäre fast eingeschlafen, aber da kommt die Hausherrin heraus und sagt: »Bursche, sind die Damen noch nicht gekommen?« – »Nein, es ist noch niemand gekommen.« – »Das ist merkwürdig, denn sie sind sonst immer pünktlich, und es ist schon längst Zeit.«

Aber die Damen kamen nicht, und am Abend ging Maemba heim. Er erzählte seinem Großvater, daß seine Patronin einige Damen zu Besuch erwartet habe, daß sie aber nicht gekommen seien. Und er erzählte auch von den zudringlichen Katzen und wie er sie mit dem Stock vertrieben habe.

Sein Großvater schüttelte den Kopf und sagte nichts.

Als Maemba am nächsten Morgen wieder zu seiner Herrin kam, standen dort einige Polizisten. »Du hast drei weiße Damen geschlagen?« – »Nein.« – »Schweig, du bist ein Lügner wie alle schwarzen Burschen. Aber wir werden die Wahrheit schon aus dir herausprügeln.«

Und die Polizisten nahmen ihn mit und sperrten ihn ins Gefängnis.

Am nächsten Morgen wurde Maemba dem Richter vorgeführt. »Gestehe: Du hast diese drei Damen geschlagen.« Da standen drei weiße Damen, alle hatten sie den Kopf verbunden. – »Nein, ich kenne diese Damen nicht.«

Der Richter läßt den Burschen von den Polizisten verprügeln, aber er leugnet weiter. Da fragt der Richter die Damen: »Ist das der Kerl, der euch geschlagen hat?« – »Ja, das ist er.« – »Könnt ihr das beschwören?« – »Wir schwören.«

Da verurteilte der Richter den Maemba zum Tode, weil er drei weiße Damen ohne Grund geschlagen hätte. »Morgen wirst du aufgehängt.«

Der Großvater von Maemba hörte alles. Er ging zu dem Richter, der war ein gutmütiger Mann, er ließ den Großvater herein und sagte: »Was willst du?« – »Ich glaube, daß mein

Enkel die Damen schon geschlagen und daß er sie doch nicht geschlagen hat.« – »Alter, was schwätzt du da für Unsinn? Entweder hat er sie geschlagen, oder er hat sie nicht geschlagen.«
Da erzählte ihm der Großvater, was ihm Maemba von den Katzen erzählt hatte. Der Richter ist ein guter Kerl. »Gut, sehen wir! Aber wenn du mich angelogen hast, dann sperr' ich dich ein.«
Sie holen einen Pfarrer und gehen zu dem Haus der Herrin Maembas. Um Mitternacht kommen drei Katzen geschlichen. Sie miauen auf der Treppe und gehen hinein. Nach einer Stunde kommen sie wieder heraus. Da nimmt der Pfarrer seinen Wedel und spritzt sie tüchtig voll Weihwasser, und auf einmal stehen da drei Damen, ganz wütend, daß man sie naßgespritzt hat.
»Aha«, sagt der Richter, »ihr seid doch Hexen! Fast hätte ich es mir denken können. Verschwindet vor Tagesanbruch aus der Stadt, oder ich schicke euch die Polizei auf den Hals!«
Am nächsten Morgen wurde Maemba freigelassen. Er ging zu seinem Großvater. »Großvater, in diesem Lande will ich nicht bleiben.« – »Mein Enkel, es ist für uns gleich, wo wir leben. Aber wenn du gehen willst, so begleite ich dich.«
Sie gingen, bis sie ans Meer kamen. Dort verkauften sie ihre Habe und mieteten sich auf einem Schiff ein. Sie fuhren übers Meer und kamen in eine große Stadt in Afrika.
»Großvater, hier gefällt es mir!« – »Enkel, es ist für uns überall gleich.« Sie traten in den Dienst des Königs. Es gab dort viele Diener.
Eines Tages wird der König krank. Man holt einen Arzt, man holt viele. Aber sie können alle nicht helfen. Endlich kommt ein ganz weiser alter Arzt. Er sagt: »Doch, man kann diese Krankheit schon heilen. Aber es gibt nur ein Mittel, und das ist sehr schwer zu finden. Es hilft nur die Zauberwurzel.«
Der König läßt nach der Wurzel suchen, aber niemand im

Lande kennt sie. Da läßt er bekanntmachen: »Wer die Zauberwurzel findet, wer sie herbringt und mich gesund macht, der bekommt meine Tochter zur Frau.«

Maemba sagt zu seinem Großvater: »Wollen wir die Zauberwurzel suchen gehen?« – »Sohn meines Sohnes, für uns ist es überall gleich. Gehen wir suchen!«

Maemba und sein Großvater gingen aus der Stadt hinaus, sie wanderten und wanderten, und nach vielen Tagen kamen sie in ein kleines Dorf. Da sagte der Großvater zu Maemba: »Ich bin alt, und meine Füße können nicht mehr so gut laufen wie die deinen. Ich bleibe hier. Wandere also allein weiter. Aber bevor du gehst, will ich dir noch zu drei Dingen zuraten und von drei Dingen abraten: Vertraue einem alten Mann, einem Hasen und einer Dattelpalme und mißtraue einer alten Frau, einem Schwein und einem Apfelbaum!«

So ging Maemba allein weiter. Und nachdem er eine steinige Gegend durchquert hatte, kam er in eine Oase. Da er durstig war, suchte er einen Brunnen, und er fand auch einen, der mit einem schweren Stein zugedeckt war. Vor dem Brunnen aber war ein Hase, der sagte: »Bursche, gib mir zu trinken, denn ich bin schon halbtot vor Durst!« Da schöpfte Maemba Wasser aus dem Brunnen und ließ den Hasen aus seinen hohlen Händen trinken, weil er kein anderes Gefäß hatte. Nachdem der Hase genug getrunken hatte, sagte er zu Maemba: »Ich weiß, was du suchst. Du willst die Zauberwurzeln holen. Wenn du dieses Gebirge überschreitest, kommst du zu einem Garten, der von einer hohen Mauer umgeben ist. Gehe darum herum, bis du zu einer Palme kommst. Sie wird dir hinüberhelfen. Im Garten findest du die Zauberwurzel, sie wächst in der Nähe eines Apfelbaumes.«

Da bedankte sich Maemba bei dem Hasen und stieg in das Gebirge hinauf. Die Berge waren so hoch, daß sie bis in die Wolken reichten, und Maemba war halbtot, als er endlich auf der andern Seite angelangt war. Er fand die Mauer und die Palme, und mit Hilfe der Palme kam er in den Garten.

Er suchte bis zur Abenddämmerung, und endlich sah er, daß nahe bei einem Apfelbaum ein seltsames Kraut wuchs. Er wollte gerade anfangen zu graben, da sagte der Apfelbaum: »Bursche, suchst du die Zauberwurzel? Dann bist du hier am falschen Ort. Du mußt bis in die Mitte des Gartens gehen, dort ist eine Quelle, und nahe bei der Quelle wachsen jene Zauberwurzeln.«
Maemba bedankte sich beim Apfelbaum und ging zur Mitte des Gartens. Da fand er die Quelle, und bei der Quelle saß eine alte Frau. Maemba grüßte sie und sagte: »Großmütterchen, ist das hier der Ort, wo es die Zauberwurzeln gibt?« – »Ja«, sagte die Alte, »die gibt es hier. Aber es wird schon dunkel, und du kannst sie nicht richtig sehen. Komm mit mir in meine Hütte, und morgen kannst du sie ausgraben und mitnehmen.«
Da ging Maemba mit der Alten mit und kam zu einem kleinen Haus. Die Alte kochte eine Suppe, und sogleich, wie Maemba davon gegessen hatte, fiel er in einen tiefen Schlaf. Die Alte aber sagte dem Zauberer, dem der Garten gehörte, daß ein Bursche gekommen sei, um die Zauberwurzeln zu stehlen. Und der Zauberer, der auch ein Menschenfresser war, band Maemba und legte ihn in seinen Keller, um ihn zu fressen, sobald er Hunger nach Menschenfleisch hätte.
Nun hatte der Zauberer aber einen alten Diener, und als der Maemba im Keller sah, tat er ihm leid. Er schnitt die Fesseln, mit denen der Bursche gebunden war, auf, öffnete ihm leise die Tür und sagte: »Sieh zu, daß du gleich die Wurzeln holst und noch vor Anbruch des Morgens die Mauer übersteigst. Denn wenn dich mein Herr findet, wird er dich sogleich töten.«
Maemba lief so schnell er konnte zu dem Apfelbaum und grub die Wurzeln aus, und dann rannte er weiter, bis er zu der Mauer kam. »Palme, hilf mir hinüber!« Da beugte sich die Palme herunter und hob ihn über die Mauer hinüber.
Am nächsten Morgen kam Maemba sehr müde bei einem

Dorf an. Er setzte sich in den Schatten eines Hauses, um sich auszuruhen. Als er da so saß, kam ein Schwein und sagte: »Bursche, was machst du hier?« – »Ich habe Zauberwurzeln geholt, und nun will ich sie heimtragen.« – »Ruhe dich hier nur aus!« sagt das Schwein. »Ich will schon aufpassen, während du schläfst, damit dir niemand die Wurzeln wegnimmt.« Maemba war so müde von dem langen Lauf, daß er die Augen nicht mehr offenhalten konnte. Er schlief ein. Nach einer Weile schlich sich das Schwein näher, und mampfmampf, es fraß die Wurzeln auf und ließ auch kein Bröckchen davon übrig.

Als Maemba am Abend aufwachte, sah er, daß man ihm die Wurzeln gestohlen hatte. Da blieb ihm nichts anderes übrig, er wanderte noch einmal den Weg bis zu jenem Zaubergarten zurück. Doch als er bei der Palme war, da sagte sie: »Bursche, es ist schon spät. Du kommst heute nicht mehr hin und zurück. Klettere auf mich hinauf und verstecke dich in meiner Krone. Morgen abend kannst du dann deine Wurzeln holen.«

Da stieg Maemba auf die Palme hinauf. Und als es Morgen wurde, sah er, wie der Zauberer in dem Garten herumging und Fallen aufstellte, um die Leute zu fangen, die seine Wurzeln holen wollten. Und er merkte sich genau, wo die Fallen aufgestellt waren.

Am Abend aber stieg er herunter, um die Wurzeln auszugraben, aber der Apfelbaum sah es, und er rief die Alte herbei. Schnell ergriff Maemba seine Wurzeln und lief zur Mauer zurück. Da kam auch schon die Alte angerannt. Aber die Palme ergriff vor der Nase der Alten den Maemba und hob ihn über die Mauer hinüber. Da schrie die Alte wütend: »Palme, hebe sofort auch mich über die Mauer hinüber, oder ich erzähle alles dem Zauberer, und er wird dich umhauen und verbrennen lassen!«

Da beugte sich die Palme herunter, nahm die Alte auf, schnellte dann in die Höhe und schleuderte das böse Weib

weit in die Wüste hinaus, wo sie sich das Genick brach und starb.
Maemba aber wanderte und kam am Morgen wieder in jenes Dorf. Aber er setzte sich nicht mehr an die Mauer in den Schatten, sondern stieg auf einen Baum und band dort seine Zauberwurzeln fest, damit sie nicht herunterfallen konnten. Da kam das Schwein und sagte: »Bursche, was sitzt du so unbequem in den Zweigen? Komm doch herunter und ruh dich aus.« Aber Maemba sagte: »Wenn ich herunterkomme, dann höchstens, um dich zu prügeln, du Wurzeldieb!« Da machte das Schwein, daß es weiterkam.
Am Abend aber wanderte Maemba wieder weiter, und nach einer Zeit kam er dorthin, wo sein Großvater wartete. »Großvater, schau: die Zauberwurzeln!« – »Gut, Enkelsohn. Aber nun müssen wir vorsichtig sein. Der König ist ein Betrüger, und wir müssen ihn überlisten.«
Und sie wanderten zurück in die Stadt, wo der kranke König war. Der Großvater sagte: »Sohn meines Sohnes, nimm nur eine Wurzel und geh damit zum König. Die andern aber laß hier bei mir. Man weiß nie, wie es geht.«
Maemba nahm also eine Zauberwurzel und ging zum Palast. »He da, führt mich zum König! Ich will ihn gesundmachen.« Man führt Maemba zum König, der liegt im Bett. Aber sobald ihn Maemba mit der Zauberwurzel berührt, wird er gesund und springt heraus. Die Wurzel aber wird welk und zerfällt.
»Bursche, du hast mich gesundgemacht. Was verlangst du?« – »Ich will Eure Tochter heiraten!« – »Bursche, das ist zuviel verlangt. Für *eine* Wurzel meine Tochter. Bring mir alle, die du hast, dann werden wir weiterreden und unser Geschäft machen.«
So geht Maemba zurück. »Großvater, der König will alle Wurzeln!« – »Ich glaube nicht, daß er dir seine Tochter gibt, aber hier hast du sie.« Der Großvater gibt ihm aber nicht alle. Eine hat er versteckt.

Am nächsten Tag geht Maemba wieder in den Palast. »König, hier sind alle Zauberwurzeln. Bekomme ich nun Eure Tochter?« – »Bursche, du hast mich betrogen, weil du mir gestern nicht alle Wurzeln gebracht hast. In den Kerker mit dir!« Und er läßt ihn ins Gefängnis bringen.

Die Tochter des Königs sieht den Maemba, wie man ihn ins Gefängnis wirft. Sie verliebt sich in ihn und sagt zu ihrem Vater: »Warum hast du ihn in den Kerker gesperrt? Er würde mir gefallen.« – »Sei du still! Du redest Unsinn. Nur ein reicher Mann kann eine Königstochter heiraten.«

In der Nacht, als alle schlafen, kann die Königstochter keine Ruhe finden. Da kratzt etwas an ihrer Tür. ›Was ist das?‹ denkt sie. Und sie steht auf und öffnet die Tür. Da sitzt ein Hase draußen und sagt: »Königstochter, willst du den Maemba heiraten?« – »Ja, ich möchte schon, aber mein Vater will nicht.« – »Nun, dann tu, was ich dir sage! Geh in das letzte Haus draußen beim Tor. Dort wohnt ein alter Mann, das ist der Großvater von Maemba. Er hat noch eine Zauberwurzel. Und mit ihr kann man alle Schlösser aufsperren. Holt den Maemba heraus und geht zum Hafen. Fragt nach dem Kapitän Hamed, er wird euch übers Meer fahren, wenn ihr ihm die Zauberwurzel versprecht, denn er hat eine kranke Tochter.«

Die Königstochter zieht sich schnell an, nimmt so viel Geld, als sie tragen kann, weckt den Großvater und erzählt ihm alles.

Der Großvater verstand sogleich alles, nahm seine Zauberwurzel: wupp, da gingen alle Schlösser und Türen auf. Sie zogen den Maemba aus dem Kerker heraus und liefen zum Hafen.

»Wo ist das Schiff des Kapitän Hamed?« – »Dort drüben liegt es.«

»Kapitän Hamed?« – »Ja, wer will da von mir etwas mitten in der Nacht? Oh, die Königstochter!« – »Hör, Kapitän! Dieser Bursche hat meinem Vater mit der Zauberwurzel das

Leben gerettet und ihn gesundgemacht. Aber mein Vater will ihn nicht mit mir verheiraten. Wenn du uns nach Brasilien fährst, sollst auch du eine Zauberwurzel haben, mit der du deine kranke Tochter gesundmachen kannst. Willst du?« – »Ja, das will ich gern.«

So segelten sie nach Brasilien, und dort gab der Großvater dem Kapitän die Zauberwurzel, die Königstochter kaufte ein Haus.

»Kinder«, sagte der Großvater, »für uns ist es gleich, wo wir leben, aber hier gefällt es mir!«

63. Das Waisenkind und die heiligen drei Könige

Vor vielen Jahren lebte einmal in einer Hütte vor der Stadt eine arme Negerfamilie. Sie gehörte einer reichen aber bösen weißen Frau. Sie mußten arbeiten wie die Ochsen, erhielten aber schlechteres Essen als das Vieh, und weniger auch.

Die Negerfrau gebar eines Tages einen Buben. Die Eltern wollten das Kind taufen lassen, aber sie hatten kein Geld, um die Taufe zu bezahlen. Da ging der Vater zu der weißen Dame und sagte: »Herrin, meine Frau hat einen Buben geboren, und wir möchten den Kleinen taufen lassen.« – »Nun, so laßt ihn meinetwegen taufen!« – »Ja, aber wir haben keinen Paten und kein Geld für die Taufe.« – »So, heißt das bei euch jetzt ›Taufe‹? Schnaps trinken wollt ihr, gestehe es nur!« – »Nein, Herrin, wir wollen keinen Schnaps trinken, wir wollen taufen.« – »Nun, so geht zum Pfarrer. Was geht das mich an?« – »Wir hatten gedacht, wegen der Patenstelle . . .« – »Fällt mir nicht ein. Sieh zu, wo du einen unter deinesgleichen dafür findest!«

Traurig ging der Vater von Haus zu Haus. Keiner wollte den Paten machen, und die Sklaven wagten es nicht, gegen den Willen ihrer Herrn das zu tun.

Am Abend machte er sich müde und erfolglos auf den Heimweg, und als er im Dunkeln zur Stadt hinausstolperte, stieß er auf der Straße gegen drei Männer: einer war weiß, einer war rot, und der dritte war schwarz. Der Weiße fragte: »Freund, wo gehst du hin?« – »Ich gehe heim zu meiner Frau und zu meinem Kind.« Der Rote fragte: »Und wo kommst du her?« – »Ich komme aus der Stadt.« Und der Schwarze fragte: »Warum bist du so traurig?« – »Ich bin so traurig, weil ich den ganzen Tag herumgelaufen bin und niemand gefunden habe, der bei meinem Sohn den Paten machen würde.« – »So, so!« machte der Weiße. »Böse Menschen sind in dieser Stadt, da werden wir nicht hineingehen.« Und er besprach sich mit den beiden andern. Dann ergriff er wieder das Wort, er sagte: »Freund, hör zu, wir werden morgen zu dir kommen und einen Priester mitbringen für die Taufe. Hier hast du ein Geldstück: kaufe Essen für das Taufmahl!« Und ehe der Vater sich bedanken konnte, waren die drei im Dunkeln verschwunden. Er ging heim. »Hast du einen Paten gefunden? fragte die Mutter des kleinen Negerbuben. »Ja«, sagte der Vater, »ich weiß nicht, was ich sagen soll. Ich habe im Finstern drei Männer getroffen, die wollen morgen zur Taufe kommen. Schau: einer hat mir sogar Geld gegeben.« Und er zeigte ihr das Geld.

»Heilige Mutter Gottes«, rief die Negerin entsetzt, »das müssen drei Räuber sein!« – »Ach was!« sagte der Vater. »Würden die uns vielleicht etwas schenken? Und sie haben auch gesagt, daß sie den Pfarrer gleich mitbringen.«

Es wird Morgen – es war ein Sonntag, und die Leute rannten alle in die Kirche –, da kommen die drei Männer, der Weiße, der Rote und der Schwarze. Gut angezogen sind sie alle drei. Und ein altes Väterchen kommt mitgehinkt, ein Pfarrerchen. Sie kommen in die Hütte. »Guten Morgen, ihr lieben Freunde! Habt ihr alles vorbereitet; wir wollen das Kind taufen.« Und der Schwarze sagt: »Ich will den Paten machen, das heißt: ich will das Kind über das Taufbecken halten, denn

Paten wollen wir alle drei sein. Und wie soll denn das Kind heißen?« – »José.« – »Gut, sehr gut!« rief das Priesterchen und rieb sich die Hände. »So wird das Kind nach mir heißen, und die Paten werden sich nicht streiten.«

Man taufte das Kind, man setzte sich zum Mahl. Dann hinterließen die drei einige bescheidene Geschenke und verabschiedeten sich, nachdem die Eltern sich herzlich bedankt hatten.

Es vergingen sieben Jahre. José wurde groß. Er mußte nun mit seinen Eltern auf der Pflanzung der weißen Dame arbeiten. Eines Tages stieß seinem Vater ein Unglück zu, und er starb. Bald danach wurde die Mutter von einer giftigen Schlange gebissen und starb auch. Nun war José auf einmal allein in der Welt. Seine Herrin ließ ihn rufen. »Schlingel«, sagte sie, »du bist klein und schwach, und da ich dich zum Arbeiten nicht brauchen kann, ist es auch um das Essen schade. Sieh zu, wo du bleibst! Räume die Hütte, die ich für die Arbeiter brauche, und verzieh dich!«

Der arme kleine Schwarze fing an zu weinen, er verließ das Landgut und ging in den Wald. Am Abend, als er vor Müdigkeit nicht mehr weiterkonnte, setzte er sich unter einen Baum. Er war sehr hungrig und fürchtete sich vor den wilden Tieren.

Da waren auf einmal die heiligen drei Könige da und sagten: »Kleiner, was machst du da am Abend in der Wildnis?« – »Meine Eltern sind gestorben, und meine Herrin hat mich davongejagt.« – »Hör auf zu weinen! Wir werden dir helfen. Oder glaubst du, deine Paten würden dich im Stiche lassen?«

Sie gaben José zu essen, wickelten ihn in eine Decke und legten ihn in eine Hängematte. »So: schlafe nun ruhig und sorglos! Morgen werden wir dir eine Hütte bauen.«

Am mächsten Morgen war auf einmal auch das Priesterchen wieder da. Eine Axt trug er, denn es war der heilige Josef. Und zusammen mit den drei andern, dem Weißen, dem Roten und dem Schwarzen, fing er an Bäume zu fällen und eine Hütte zu bauen.

»Kümmere du dich um das Essen!« sagte der heilige Josef zum weißen König. »Die Arbeit verstehen die andern beiden besser, aber niemand kann so gut kochen wie du.« (Das sagte er, weil er den Weißen nicht kränken wollte.) So kochte denn der weiße König, und mittags speisten alle zusammen mit dem kleinen José. Dann gingen sie wieder an die Arbeit, und am Abend war die Hütte fertig. »So: hier sollst du wohnen!« – »Aber ich habe Angst, die wilden Tiere werden mich fressen.« – »Nein, du brauchst keine Angst zu haben! Wir werden es ihnen sagen, daß sie dir nichts tun dürfen.« Damit ging der Rote hinaus in den Wald und unterhielt sich mit den Tieren, und die versprachen, den kleinen José nicht anzurühren. »Erledigt!« sagte der rote König, als er zurückkam.

Am nächsten Tag sagten die drei: »Hör einmal: Was für eine Arbeit willst du denn lernen? Denn das ist ja wohl klar: wir können nicht Jahr für Jahr hier bei dir sitzen bleiben.« – »Ich möchte ein Zimmermann werden.« – »Hehe!« lachte der heilige Josef. »Bürschlein, du gefällst mir immer besser. Zimmermann willst du werden, wie ich einer war? Das ist gut! Das ist sehr gut!« Und er schaute sich im Kreis um, und die drei nickten und waren einverstanden. »Aber den Lehrherrn wollen wir selber aussuchen!« – »Freilich, freilich«, sagte der heilige Josef, »das müßt ihr selber in die Hand nehmen. Aber ihr werdet mir nicht verwehren, daß ich dem Buben meine Axt dalasse.«

Der weiße und der rote König nahmen den José bei der Hand und gingen mit ihm in die Stadt, der schwarze hütete das Haus, und der hl. Josef hatte anderswo zu tun und verschwand plötzlich. In der Stadt gingen sie zu einem braven Meister und sagten: »Hier dieser Kleine ist unser Patenkind. Wir wollen ihn dir zur Lehre anvertrauen. Hier ist das Geld: sieh zu, daß er genug zu essen bekommt und sein Handwerk gut lernt.« – »Ich will alles so machen.«

Einige Jahre arbeitete José dort, dann konnte er alles, was er sollte, und er machte sich auf den Heimweg. Als er bei seiner Hütte ankam, da staunte er, denn er hätte sie nicht wiedererkannt, wenn er nicht gewußt hätte: da muß meine Hütte sein. Die heiligen drei Könige hatten ein großes Haus gebaut, schön ordentlich, einen Stall hatten sie auch nicht vergessen.

»José, wie geht's?« – »Gut geht's, Onkelchen. Ich bin nun ein Zimmermann.« – »Schau, schau: wie groß der Bursche geworden ist! Er braucht nun bald eine Frau. Hast du denn noch kein Mädchen?« – »Nein, ich habe keines.«

Diesmal ging der Schwarze weg, und der weiße und der rote König blieben daheim. Der Schwarze aber ging mit José zu einem Mädchen. Er zeigt sie ihm von weitem. »Würde dir die gefallen?« – »Ja.« – »Nun, wir wollen sehen.«

Und sie gingen hin um die Mittagszeit, als gerade das Essen ausgeteilt war. »Mädchen, wir sind zwei arme Wanderer. Gibst du uns einen Bissen zu essen?« – »Schert euch weg, das Essen reicht kaum für mich«, sagte das Mädchen.

»Nun, das ist nicht ganz das Richtige«, sagte der schwarze König, »gehen wir also weiter.«

Sie wanderten in eine andere Stadt. Dort sahen sie wieder ein schwarzes Mädchen. Sie warteten bis Mittag und gingen dann hin. »Zwei arme Wanderer bitten um ein wenig Essen.« – »Nun wartet, wenn ich gegessen habe und satt bin und es ist noch etwas übrig, dann sollt ihr es haben.«

»Immer noch nicht das Richtige«, brummte der Schwarze. Aber sie blieben doch sitzen und aßen das, was das Mädchen übriggelassen hat. Dann bedankten sie sich und wanderten weiter.

»Weil sie uns etwas übriggelassen hat«, sagte der schwarze König, »soll sie einmal einen Mann bekommen ... aber er wird manchmal einen Rausch haben und ihr ein paar Schläge versetzen. Die andere aber soll verdorren und keinen Burschen finden!«

In der nächsten Stadt sahen sie im Hof eines Hauses wieder

ein schwarzes Mädchen. »Wie gefällt dir die?« – »Gut, sehr gut sogar.«

Sie warten die Mittagszeit ab, und als das Essen ausgeteilt ist, gehen sie in den Hof. »Zwei arme Wanderer bitten um etwas Essen.« – »Ach, ihr Armen! Hier nehmt meine Schüssel! Ich werde morgen wieder Essen haben, ihr aber werdet vielleicht morgen hungern müssen.«

Da sah der schwarze Onkel sein Patenkind an. »Die ist richtig! Was meinst du?« – »Ich liebe sie.«

Der schwarze König ging ins Haus zur Herrin des schwarzen Mädchens. »Die Sache ist so und so: Mein Neffe würde gern eure Dienerin heiraten.« – »Ja«, sagte die Dame, »irgendeinmal muß sie ja heiraten. Sie ist ein braves Mädchen. Aber wie steht es mit dem Burschen?« – »Ich verbürge mich für ihn.« – »Sag, Freund, du kommst mir so bekannt vor. Haben wir uns schon einmal gesehen?« – »Kann sein, kann sein.« – »Wo bist du denn daheim?« – »Ach, ich komme mit meinen beiden Freunden viel herum.« – »Du hast zwei Freunde? Habe ich euch drei schon in der Kirche gesehen?« – »Vielleicht, vielleicht.«

Da wurde die Dame rot, denn sie schöpfte Verdacht, und sagte: »Warst du vielleicht zufällig auch schon einmal in Bethlehem?« Da sagte der Schwarze nichts, aber die Dame verstand, daß er davon nicht sprechen wollte, und sie kniete sich vor den Schwarzen hin, aber der war auf einmal verschwunden.

Was soll ich noch erzählen? Daß José bei der Dame in Dienst trat und das Mädchen heiratete, das könnt ihr euch selbst denken. Und daß es den beiden dort gut ging, besser als uns hier, das könnt ihr euch auch denken. Und daß es eben eine feine Sache ist, wenn ein Schwarzer die heiligen drei Könige zu Paten hat, wer das nicht einsieht, dem soll man den Hintern versohlen!

64. *Die Mondblume*

Es lebte einmal – es ist so lang her, daß ich nicht mehr daran denken kann –, es lebte einmal ein großer und mächtiger Häuptling, ein reicher Herr, der viele Herden besaß und dem viel Land gehörte. Er war ein König unter den Häuptlingen, so mächtig und so stark war er.

Dieser Mann hatte drei Söhne. Und als er alt wurde, fragten sie ihn eines Tages: »Du, Vater, sage uns, wer einmal deine Herden, deine Häuser und deinen Landbesitz erben soll. Sag du es uns, Herr, damit es keinen Streit zwischen uns Brüdern gibt.«

Der Vater aber liebte alle seine drei Söhne gleich, und er konnte sich nicht entscheiden, einen zu bevorzugen. Da dachte er lange nach und kam doch zu keinem Entschluß. Da ließ er alle Zauberer seines Landes rufen, und als sie vor seiner Hütte saßen, ging er hinaus und sagte: »Alte und weise Onkel, wie ihr wißt, habe ich drei Söhne: Subu, Boba und Bofa. Nun weiß ich nicht, wem ich alle meine Sachen vererben soll, und ich will aber auch nicht, daß nach meinem Tod ein Streit ausbricht und die Brüder sich gegenseitig umbringen. Was soll ich tun?«

Die Zauberer schwiegen lange, tranken Schnaps und rauchten ihre Pfeifen. Da tuschelten sie untereinander, und endlich stand einer auf und sagte: »Hoher und weiser Herr. Wir wissen nichts, gar nichts. Aber der Älteste von uns wohnt auf einem Berg. Er ist schon so alt, daß er nicht mehr gehen oder reiten kann. Man muß zu ihm hingehen, wenn man etwas von ihm will. Aber er ist mächtig klug.«

Da sagte der König: »Gut, geht nach Hause! Morgen werden wir uns auf den Weg machen, um den Zauberer-Ältesten zu besuchen.«

Am andern Tag ließ er sich sein Reittier, einen Maulesel, bringen, und Subu mußte ihn führen, während Boba und Bofa die Lebensmittel und die Waffen des Vaters tragen mußten.

So wanderten sie den ganzen Tag durch das Buschland, und am Abend befahl der Vater, zu halten und ein Lager aufzuschlagen. Dann schickte er seine Söhne aus, Holz für das Feuer einzusammeln. Als die drei Brüder durch die Gegend streiften, stießen sie auf eine Fallgrube, in der ein Elefant war. Boba und Bofa kümmerten sich nicht um das Tier, aber Subu hatte Mitleid mit dem Elefanten, und er warf so lange Steine und Erde in die Grube, bis der Elefant heraussteigen konnte. Und als er wieder in Freiheit war, sagte der Elefant zu Subu: »Du hast mir das Leben gerettet, denn morgen wären die Jäger gekommen und hätten mich getötet. Wenn du selbst einmal in Not kommen solltest, so rufe: ›Juijuijuijui‹, und dann werde ich kommen und dir helfen.«

In der Zwischenzeit waren Boba und Bofa zum Lager zurückgegangen und hatten ein Feuer angezündet. Der Vater fragte: »Wo ist denn euer Bruder Subu?« – »Er ist hingegangen, um sich mit einem Elefanten zu vergnügen«, sagten sie.

Als endlich auch Subu mit seinem Holz zum Lager kam, fragte der Vater: »Subu, wo bist du gewesen? Und was hast du getrieben, daß du erst jetzt kommst?« – »Vater, ich habe einen Elefanten befreit, der in eine Fanggrube gefallen war.«

Da sagten Boba und Bofa: »Immer muß er sich in die Sachen anderer einmischen. Hättest du doch den Elefanten dort gelassen, wo er war. Morgen werden die Jäger kommen, und wenn sie merken, daß du den Elefanten befreit hast, dann werden sie böse sein und uns verfolgen.«

Der Vater aber sagte nichts.

Am nächsten Tag zog der Häuptling mit seinen drei Söhnen weiter, und am Abend waren sie am Fuße eines hohen Gebirges angekommen. Da befahl der Vater wieder, ein Lager aufzuschlagen und Holz für ein Feuer zu sammeln. Und die drei Brüder gingen weg, jeder in einer eigenen Richtung, denn sie brauchten viel Holz, um das Feuer die ganze Nacht brennen lassen zu können und damit die wilden Tiere abzuschrecken.

Subu war noch nicht weit gegangen, da stieß er auf eine Falle, in der ein Leopard gefangensaß. Er wagte es nicht, sich der Falle zu nähern, aber da sprach ihn der Leopard an und sagte: »Subu, wenn du mich herausläßt, sollst du es nicht bereuen, denn dann werde ich dein Freund sein und dir helfen.« Da ging Subu hin und half dem Leoparden aus seiner Falle heraus.

Auch diesmal kam Subu als letzter mit seinem Holz zum Lager zurück, und der Vater fragte ihn: »Subu, was ist das, daß deine Brüder schon lange da sind, und du kommst erst jetzt?« – »Herr, ich habe eine Falle gefunden, in der ein Leopard gefangensaß, und ich habe ihn befreit.«

Da wollten Boba und Bofa über Subu herfallen und ihn verprügeln, und sie schrien: »Immer läßt er die wilden Tiere laufen! Was nun, wenn der Leopard heute nacht kommt und uns auffrißt. Auch wir haben jeder eine Falle mit einem Leoparden gesehen, aber wir haben uns gehütet, die bösen Tiere herauszulassen, sosehr sie uns auch angefleht haben.«

Aber der Vater sagte: »Laßt Subu in Frieden, kocht lieber das Essen und geht zeitig schlafen. Morgen müssen wir auf den Berg steigen. Das wird sehr mühsam werden.«

Als die Brüder eingeschlafen waren, schlich sich Subu davon, und er suchte, bis er die beiden andern Leoparden gefunden hatte. Und er befreite auch sie aus ihren Fallen, dann kehrte er zum Lager zurück und legte sich schlafen.

Am nächsten Tag war Subu recht müde, denn er hatte nur wenig geschlafen; aber er beklagte sich nicht, und als der Berg so steil wurde, daß der Maulesel nicht mehr gehen konnte, nahm er willig seinen Vater auf die Schultern und stieg weiter den Berg hinauf.

Der Berg hatte keine Spitze, sondern er war oben rund wie ein Topf, und innen hatte er einen tiefen Krater. In dem Krater wohnte der Zauberer.

Als der Häuptling oben angekommen war, wurde es schon finster, und so konnte man nicht mehr den Weg suchen, der innen hinunterführte. So befahl der Vater wiederum, das Lager aufzuschlagen und ein Feuer zu machen.

Nun war es aber mit dem Feuer schwer, denn es wuchsen keine Bäume oder Büsche mehr oben auf dem Berg. Boba und Bofa begnügten sich daher damit, ein paar Büschel Gras auszurupfen und damit zum Lager zurückzukehren. Subu aber kletterte ein Stück in den Krater hinunter, bis er zu einem Gebüsch kam. In dem Buschwerk aber hatte sich ein Affe in einer Liane verfangen und konnte sich nicht befreien. Subu half ihm heraus, und der Affe sagte: »Subu, du bist jetzt mein Freund, und wenn du meine Hilfe brauchst, dann werde ich dasein.«

Als Subu mit dem Holz zum Lager kam, sagten die Brüder nichts, aber der Vater sprach: »Da seht, ihr Faulen: es gibt doch Holz, und ihr habt nur Gras gebracht.« Boba und Bofa schämten sich, aber auf ihren Bruder hatten sie eine Wut.

Am nächsten Tag suchten sie den Abstieg in den Kessel, und sie fanden eine Schlucht, die in den Krater hinunterführte. Sie kamen unten an und fanden die Hütte des alten Zauberers. Der Vater ließ die Söhne vor der Hütte zurück und ging hinein. Der Zauberer saß am Feuer und rührte in einem Topf um. Der Häuptling verbeugte sich und sagte: »Friede und langes Leben!« – »Setz dich, Häuptling!« sagte der alte Zauberer, ohne aufzusehen. »Ich weiß schon, warum du kommst. Du willst mich wegen der drei Söhne befragen. Ich könnte dir sagen, wer von ihnen der Tüchtigste ist. Aber du sollst sie selbst erproben, sonst glaubst du mir nicht. Darum rate ich dir: schicke sie aus, sie sollen die Mondblume bringen! Wer sie heimbringen kann, der soll dein Erbe und die andern seine Diener sein.«

Der Häuptling kehrte nach Hause zurück, dann schickte er die Söhne um die Mondblume aus. Sie wußten aber nicht, wo sie die Mondblume finden könnten, und so befragten sie die Zauberer, und die alten Onkel sagten: »Da müßt ihr auf das höchste Gebirge gehen, das es gibt. Oben auf dem höchsten

Gipfel hat ein Storch sein Nest, und dieser Storch fliegt jeden Monat einmal auf den Mond. Und dort in einem Teich wächst die Mondblume. Da ist jedoch schwer hinzukommen, denn eine große Schlange bewacht den Teich und frißt alle Wesen, die in ihre Nähe kommen.«

Die drei Brüder machten sich also auf den Weg. Sie wanderten und wanderten, bis ihnen die Füße weh taten, und als sie kaum mehr weiterkonnten, da waren sie erst am Fuße eines hohen Gebirges. Da sagte Boba: »Geht ihr weiter, wenn ihr Lust habt! Ich aber bleibe hier, und wenn ich mich ausgeruht habe, dann gehe ich wieder heim. Soll die Herden erben, wer will! Ich kann auch so leben und will mir nicht den Hals brechen.«

Während Boba sich ins Gras legte und schlief, begannen Subu und Bofa auf das Gebirge hinaufzusteigen, und als sie schon meinten, sie seien oben angekommen, da sahen sie eine wüste Ebene, auf der abermals ein hoher Berg stand. Dieser Berg aber war so hoch, daß sein Gipfel in den Wolken verschwand. Die ganze Ebene aber war erfüllt von wilden Tieren.

Da verließ auch den Bofa der Mut, und er sagte zu Subu: »Nein, hier ist nichts zu erben. Sterben aber mag ich nicht. Komm, laß uns umkehren. Mag unser Vater die Herden unter uns aufteilen, oder mag er sie auch behalten. Ich gehe nicht weiter.« – »Versuchen wir es wenigstens!« meinte Subu. Aber Bofa wollte nicht, und so machte sich Subu allein weiter auf den Weg. Er durchquerte die Ebene und kam zu dem Berg, der war so steil wie ein Turm und so glatt wie Glas. Einen ganzen Tag versuchte Subu, auf den Berg hinaufzuklettern, aber wenn er einmal zwei oder drei Meter hoch gekommen war, rutschte er wieder aus und fiel auf den Boden herunter. Er wollte schon aufgeben, denn es wurde finster, und auf den nächsten Tag warten, da kam auf einmal jener Affe, den er befreit hatte, und sagte: »Subu, du und ich sind Freunde. Ich werde dir helfen, denn wenn du auf den Mond willst, mußt du noch heute auf die Spitze des Berges gelangen. Heute nacht ist Vollmond, und dann wird der Storch zum Mond fliegen. Wenn du aber heute nicht hinaufkommst, dann mußt du einen Monat lang warten. Komm, gib mir deine Hand, und ich werde dich hinaufziehen!«

Und er packte Subu bei einer Hand und kletterte den Berg hinauf, indem er Subu hinter sich herzog. Und ganz schnell waren sie oben an der Spitze, über den Wolken. Da sah Subu das Nest des Storches.

Der Affe aber sagte: »Gevatter, tust du mir einen Gefallen?« Der Storch antwortete: »Gevatter, was soll es denn sein?« – »Schau, Gevatter, dies hier ist mein Freund Subu, der mir das Leben gerettet hat. Er möchte auf den Mond hinauf. Kannst du ihn hinfliegen?« – »Was will er denn auf dem Mond?« – »Er will sich eine Mondblume aus dem Teich holen.« – »Soso! Das ist aber gefährlich. Wenn er in der Nacht hingeht, dann findet er die Blume nicht, und wenn er am Tag hingeht, dann frißt ihn die Schlange. Aber wenn er will, dann kann ich ihn hinauffliegen. Wie er wieder herunterkommt, ist dann seine Sache, denn ich muß noch diese Nacht zurückfliegen.«

Damit nahm der Storch Subu auf seinen Rücken und flog zum Mond hinauf. Und dort setzte er ihn ab, aber weit vom Teich weg, und sagte: »Warte, bis es Tag ist! Viel Glück!« Und flog davon.

Subu wartete bis zum nächsten Morgen, dann machte er sich auf den Weg zum Mondteich. Aber als er in die Nähe kam, roch ihn die Schlange, und sie kroch auf ihn zu, um ihn zu fressen. Subu ging zwar mutig mit einem Prügel auf sie zu, aber das hätte ihm nicht geholfen, denn die Schlange war so groß, daß sie hundert Männer hätte fressen können. In der größten Not erschienen jedoch plötzlich die drei Leoparden, die Subu aus ihren Fallen befreit hatte, und sie stürzten sich auf die Riesenschlange.

Es gab einen langen Kampf hin und her, denn die Leoparden konnten die Schlange nicht überwinden, aber auch die Kraft der Schlange reichte nicht aus, die Leoparden zu erwürgen, denn wenn sie einen umschlungen hatte, dann bissen sie die beiden andern so, daß sie ihn wieder loslassen mußte. So rangen sie lange, bis sie alle erschöpft waren. Da kroch einer der Leoparden zu Subu und sagte: »Geh du jetzt schnell zum Teich und hol die Blume. Wir werden inzwischen mit der Schlange weiterkämpfen. Aber beeile dich, denn wir sind schon müde und können der Schlange nicht mehr lange widerstehen.«

Da sprang Subu so schnell er konnte zum Ufer des Teiches. Er riß jedoch nicht eine Blume aus, sondern er grub ihre Wurzeln frei, wickelte sie in ein großes Blatt und lief zurück. Da gaben die Leoparden die Schlange frei und rannten mit Subu so weit, daß die Schlange ihnen nicht mehr folgen konnte. Sie ist nämlich an die Nähe des Teiches gebunden.

Nun saß Subu da auf dem Mond, wo es nichts zu essen und zu trinken gibt, und dachte: ›Wenn ich jetzt bis zum nächsten Vollmond warten muß, bis der Storch wieder heraufgeflogen kommt, dann bin ich schon vorher verhungert und verdurstet.‹ Und er war verzweifelt, weil er meinte, daß alles umsonst gewesen sei.

Aber was taten in der Zwischenzeit die Leoparden? Ja, was taten sie? Sie sprangen auf die Erde herunter und gingen den Elefanten suchen, jenen Elefanten, dem Subu aus der Fallgrube herausgeholfen hatte.

Als sie endlich den Elefanten gefunden hatten, riefen sie: »Onkelchen, unser Freund, der auch dein Freund ist, sitzt auf dem Mond und kann nicht mehr herunter.« – »Soso«, sagte der Elefant, der ein Witzbold war, »wenn er nicht kann, warum ist er dann hinaufgestiegen?« – »Aber Onkelchen, das mußt du doch selbst wissen: er wollte eine Mondblume holen.« – »Hm, hm«, machte der Elefant, »besser die Mondblume hätte sich den Subu geholt. Nun, das wird sie noch tun. Aber ihr versteht das ja nicht. Aber beruhigt euch, ich werde also unserm Freund Subu helfen!«

Damit machte er sich auf zu dem Gebirge, das unterm Mond liegt. Und dort blies er sich auf, daß er dick und groß wie ein Berg wurde. Und dann streckte er seinen Rüssel, der so dick wie der stärkste Baumstamm war. Er reckte und streckte ihn, bis er so dünn wurde wie ein Seil. Aber dabei wurde der Rüssel länger und länger und reichte bis zum Mond hinauf. Und da sagte der Elefant: »Los, Subu, rutsche an meinem Rüssel herunter! Aber schnell, schnell, denn ich kann nicht lange so stehen!«

Da nahm Subu das Blatt mit der Mondblume zwischen die Zähne und rutschte am Rüssel des Elefanten hinunter auf die Erde.

Drei Tage später war Subu bei seinem Vater. »Hier, Herr: da ist die Mondblume.« – »Gut gemacht, Söhnchen. Pflanze sie im Garten ein. Ich werde dir eine Frau suchen, dann sollst du heiraten und mein Nachfolger werden.«

Da ließ der Häuptling alle Mädchen seines Stammes zusammenrufen, und er zeigte sie Subu und sagte: »Hier wähle dir eine Frau aus!«

Aber Subu wollte keine gefallen, oder vielleicht gefielen ihm auch alle, und er wollte keine kränken, ich weiß es nicht. Jedenfalls mußten die Mädchen alle wieder heimgehen, denn Subu konnte sich nicht entscheiden. Und zu seinem Vater sagte er: »Vater, ich bitte dich, laß mir noch ein wenig Zeit, und ich werde schon eine Frau finden.«

Der Vater war damit zufrieden.

Die Mondblume aber war im Garten eingepflanzt und wuchs und gedieh gut. Und in der nächsten Vollmondnacht hörte Subu eine schöne Stimme singen:

»Mondblume nennt man mich,
Am Blütenkleid erkennt man mich.
Wer mich pflückt zur Vollmondnacht,
Wird von mir glücklich gemacht.«

Da stand er auf und ging der Musik nach, und so kam er in

den Garten, und dort sah er, daß die Mondblume aufgeblüht war, und in der Blüte saß ein kleines Mädchen und sang. Er wagte sich nicht zu rühren und schaute die Blume an, bis sie sich am Morgen wieder schloß und das Mädchen damit verschwand.

Als sein Vater aufgewacht war, ging Subu zu ihm und erzählte ihm, was er in der Nacht gehört und gesehen hatte. Sein Vater hörte ihm ruhig zu, und sagte: »Subu, wir müssen aufpassen. Wenn wir jetzt etwas falsch machen, dann werden wir es später bereuen. Es könnte sein, daß das Mädchen stirbt, wenn wir die Blume abreißen. Es ist das beste, du gehst zu dem alten Zauberer, bei dem wir damals waren, und fragst ihn um Rat.«

So machte sich Subu abermals auf und wanderte zu dem alten Zauberer. Der saß immer noch an seinem Feuer und sagte, ohne aufzusehen, zu Subu: »Friede mit dir, Söhnchen! Du hast meinen Kindern geholfen, und meine Kinder haben es wieder an dir gutgemacht, denn der Elefant, der Affe und die Leoparden sind meine Kinder. Nun, du willst wissen, wie du es machen mußt, daß du das Mädchen zur Frau bekommst, die in der Mondblume wohnt. Ich werde es dir sagen: Wenn wiederum Vollmondnacht ist und das Mädchen singt:

›Mondblume nennt man mich,
Am Blütenkleid erkennt man mich.
Wer mich pflückt zur Vollmondnacht,
Wird von mir glücklich gemacht‹,

dann mußt du selbst singen:

›Pflücken möchte ich dich gern:
Schöne wie der Morgenstern,
Doch ich fürchte, weh zu tun.
Sag mir schnell: was mach ich nun?‹

Dann warte ab, und tu das, was das Mädchen sagen wird.«

Subu kehrte nach Hause zurück und erzählte seinem Vater,

was ihm der Zauberer geraten hatte. Und als die nächste Vollmondnacht kam, gingen sie gar nicht schlafen, sondern sie setzten sich in den Garten und warteten. Und um Mitternacht öffnete sich die Mondblume, und das Mädchen erschien und sang:

»Mondblume nennt man mich,
Am Blütenkleid erkennt man mich.
Wer mich pflückt zur Vollmondnacht,
Wird von mir glücklich gemacht.«

Da sang Subu zurück:

»Pflücken möchte ich dich gern:
Schöne wie der Morgenstern,
Doch ich fürchte, weh zu tun.
Sag mir schnell: was mach ich nun?«

Und darauf das Mädchen:

»Liebster, pflücke mich nur gleich,
Trag mich dann zum nächsten Teich,
Laß mich auf dem Wasser treiben,
Dann werd ich dir ewig bleiben.«

Da ging Subu hin, pflückte die Blüte ab und trug das Mädchen in der Blüte zum Teich, setzte sie aufs Wasser und ließ sie mit der Blüte dahintreiben. Dabei schlief Subu ein, und als er am nächsten Tag aufwachte, saß ein sehr, sehr schönes Mädchen neben ihm. Das war das Mondblumenmädchen. Am gleichen Tag haben sie geheiratet.

»Freunde, was ich hier berichte,
Ist das Ende der Geschichte.
Hat sie jemand nicht gefallen,
Soll er eine Runde zahlen!«

65. Der Vogel Sitube

Es war einmal ein König, der hatte sieben Söhne. Sie lebten glücklich und zufrieden in ihrem Lande, bebauten ihre Felder und hüteten das Vieh. Und zwar hatte es der Vater so befohlen, daß die vier größeren Brüder auf den Feldern arbeiten mußten, während die drei kleineren die Herden zu hüten hatten.

Eines Tages kam ein Löwe und stahl ein Rind, und als die Brüder abends zurückkamen, sagten sie: »Ein Löwe hat uns ein Rind gestohlen.« – »Das habt ihr schlecht gemacht«, sagte der Vater, »ihr hättet den Löwen erschlagen sollen.« – »Gut, wir werden besser aufpassen«, versprachen die Brüder ihrem Vater.

Am nächsten Tage kam wiederum ein Löwe und lief mit einem Kalb davon. Die Brüder rannten zwar hinter ihm her, aber sie konnten ihn nicht mehr einholen. Und als sie am Abend daheim ankamen, mußten sie wieder sagen: »Ein Löwe hat uns wieder ein Rind geraubt. Wir sind zwar hinter ihm hergelaufen, aber er war zu schnell, und wir haben ihn mit unsern Pfeilen und Speeren nicht mehr erreichen können.« – »Wenn ihr euch nochmals ein Rind rauben laßt«, sagte der König, »dann sollt ihr eine Woche lang nichts zu essen bekommen. Ihr seid schlechte Hirten und taugt nichts. Sicher habt ihr geschlafen und nicht aufgepaßt.«

Am nächsten Tag sagte der jüngste von den drei Brüdern: »Bleibt ihr näher bei der Herde! Ich aber will mich dort auf die Lauer legen, wo der Löwe meist vorbeikommt. Vielleicht habe ich Glück und erwische ihn.« – »Ja, vielleicht hast du Glück«, sagten seine Brüder.

Er ging also ein Stück von der Herde weg und versteckte sich im hohen Gras. Aber er sah nichts, sondern er hörte nur auf einmal seine Brüder schreien: »Der Löwe! Der Löwe!«

Da erhob er sich aus dem Gras und sah, daß gar nicht weit weg ein Löwe mit einem Lamm davonlief. Der Jüngste rannte hinter ihm her und schoß einen Pfeil auf ihn ab, und er verwundete den Löwen an einem Hinterlauf.

Der Löwe hinkte auf den Wald zu, und er Jüngste rannte so schnell als möglich hinter ihm her. Schließlich lief er auf der Spur des blutenden Löwen in den Wald hinein.

Seine beiden Brüder konnten die Herden nicht verlassen, zumal sie auch auf die Ziegen des Jüngsten aufpassen mußten. Sie warteten den ganzen Tag, aber am Abend zogen sie mit den Herden heim und schlossen sie ein.

»Vater«, sagten sie, »der Löwe ist wieder gekommen und hat ein Stück Vieh gestohlen. Unser jüngster Bruder hat ihn mit einem Pfeil verwundet und ist ihm in den Wald gefolgt. Wir haben den ganzen Tag gewartet, aber er ist nicht zurückgekehrt.« – »Nun«, erwiderte der Vater, »so werden wir morgen alle ihn suchen gehn.«

Am nächsten Tag ließen sie die Herden daheim bei den Frauen, und der Vater machte sich mit den sechs Söhnen auf, um den Jüngsten zu suchen. Sie gingen in den Wald und durchstreiften ihn bis zum Abend, und da rief auf einmal einer: »Hier, hier!« Der Vater und die Brüder eilten zusammen: da lag der Jüngste tot in einer Falle, die mit spitzen Pfählen versehen war. Er mußte sie im Eifer der Verfolgungsjagd übersehen haben und hineingestolpert sein.

Einige der Brüder stiegen vorsichtig hinunter und holten den toten Bruder aus der Falle herauf. Dann trugen sie ihn heim, und am nächsten Tag begruben sie ihn.

Der Vater aber ließ alle Fallen mit spitzen Pfählen, die im Wald angelegt waren, zuscharren, und er machte dafür andere Fallen. Nun hatte aber die Fallen mit den spitzen Pfählen nicht der Vater der sieben Söhne, sondern ein anderer König anlegen lassen. Und als er hörte, man hätte diese Fallen alle zugescharrt, da wurde er böse. Er überfiel mit seinen Soldaten das Dorf, wo unser König wohnte, und während die Brüder mit den Soldaten kämpften, raubte er die schönste Frau und floh mit ihr.

Erst am nächsten Morgen merkte der König, daß die junge Frau fehlte. Da sagte er zu seinen Söhnen: »Ihr müßt ausziehen und die junge Frau wieder zurückholen. Kommt mir nicht ohne sie und den Kopf des bösen Königs zurück!«

Dann ließ er den sechs Brüdern reichlich zu essen geben, sie ergriffen ihre Waffen und machten sich auf. Den ganzen Tag wanderten sie durch den Wald, und am Abend kamen sie in jene Gegend, wo sie die Leiche ihres jüngsten Bruders in der spitzen Falle gefunden hatten. Dort ließen sie sich nieder, um sich ihr Abendessen zu kochen und um zu übernachten. Als sie aber dort um das Feuer saßen, sahen sie einen Vogel auf einem Busch sitzen, und als sie hinhörten, verstanden sie, daß er sang. Und zwar sang er:

»Ich, der Vogel Sitube,
esse gerne Hirsebrei.«

Die Brüder sagten: »Wollen wir ihm etwas Hirsebrei geben? Unser toter Bruder hat ihn auch so gern gegessen.« Und sie legten etwas Hirsebrei auf ein Blatt und trugen es zu dem Busch, wo der Vogel saß und immer noch sang:

»Ich, der Vogel Sitube,
esse gerne Hirsebrei.«

Der Vogel aber kam heruntergeflogen und fraß den Brei.

Die Brüder legten sich hin und schliefen. Mitten in der Nacht aber kam der böse König und wollte die Brüder töten. Als er aber sein Schwert herauszog, um ihnen den Kopf abzuschlagen, da flog der Vogel Sitube herbei und sagte: »Töte sie nicht, denn davon hast du keinen Nutzen!« – »Und welchen Nutzen habe ich«, sagte der böse König, »wenn ich sie nicht töte?« – »Du kannst sie zwingen, daß sie dir das Zauberei des Riesen Gasa holen.« – »Und welchen Nutzen habe ich von dem Zauberei des Riesen Gasa?« fragte wieder der böse König. »Mit dem Zauberei des Riesen Gasa hat es die Bewandtnis, daß jeden Tag ein Huhn ausschlüpft, wenn man nicht die

Schale zerbricht, sondern wieder verschließt.« – »Gut«, sagte der böse König, »wenn es so ist, wie du sagst, dann sollen die Burschen mit das Zauberei des Riesen Gasa holen.«
Und damit nahm er einige Stricke und band einen nach dem andern der schlafenden Brüder fest. Und als die Brüder am Morgen aufwachten, da waren sie alle gefangen, und der böse König saß gerade am Feuer und aß.
»He, ihr Burschen!« sagte der böse König. »Ich bringe euch alle um! Aber wenn ihr mir versprecht, mir das Zauberei des Riesen Gasa zu holen, dann lasse ich euch laufen.« – »Wir versprechen es!« riefen da alle Brüder, denn sie fürchteten sich davor zu sterben.
»So werde ich euch eure Fesseln abnehmen«, sagte der böse König und tat es. »Wo wohnt der Riese Gasa, der das Zauberei besitzt?« fragten die Brüder. »Das weiß ich nicht. Fragt jenen Vogel dort drüben, der kann es euch vielleicht sagen.« – »Ist das nicht der Vogel Sitube, dem wir den Hirsebrei gegeben haben?« fragten die Brüder. »Ja«, sagte der böse König, »er hat mir das von dem Zauberei des Riesen Gasa gesagt, sonst hätte ich euch alle umgebracht.«
»He, Vogel Sitube«, riefen die Brüder, »kannst du uns sagen, wo der Riese Gasa wohnt?« – »Ja, ich weiß es, und ich werde euch selber hinführen. Ihr braucht mir nur zu folgen.«
Damit flog er davon, und die sechs Brüder gingen hinter ihm her.
Sie wanderten den ganzen Tag, und am Abend setzte sich der Vogel auf einen Busch und sang: »Bleibt hier, für die Nacht, bleibt hier für die Nacht!«
Da machten die Brüder ein Feuer und kochten sich ihr Essen. Der Vogel aber sang wieder:

»Ich, der Vogel Sitube,
esse gerne Hirsebrei.«

Und die Brüder sagten: »Du hast uns das Leben vor dem bösen König gerettet, und du sollst so lange von unserm Hirse-

brei etwas haben, als wir selbst einen besitzen. Es reicht freilich nur noch für sechs Tage.« – »Das ist genug«, sagte der Vogel, »denn ihr werdet in sechs Tagen beim Riesen Gasa sein, der das Zauberei hat.«
Und am nächsten Morgen standen sie wieder auf und wanderten weiter, und ebenso am dritten, am vierten und am fünften Tag. Und gegen Abend des sechsten Tages kamen sie zur Hütte des Riesen Gasa. Die Hütte aber stand auf einem Berg. Und als die Brüder unten ankamen, sagte der Vogel: »Hört, ich werde euch begleiten, denn der Riese ist schlau, und ohne mich werdet ihr das Ei nie haben.«
»Gut«, sagten die Brüder, »bleib bei uns, o Lebensretter.«
Dann stiegen sie den Berg hinauf. Als sie oben ankamen, rief der Riese Gasa: »Burschen, was wollt ihr?« – »Uns schickt der böse König«, antworteten die Brüder, »wir sollen für ihn das Zauberei holen.« – »Soso«, kicherte der Riese Gasa, »gut, gut, ihr Burschen. Der böse König ist schlau, aber der Riese Gasa ist auch nicht dumm. Nun, wir werden sehen! Wenn ihr das Zauberei haben wollt, so müßt ihr mir ein ganzes Jahr lang dienen. Und dann müßt ihr unter tausend Eiern das richtige auswählen. Ihr dürft aber nur eines wählen, und wenn es nicht das richtige Ei ist, so behalte ich es, und ihr habt bei mir umsonst gearbeitet. Seid ihr damit einverstanden?« – »Ja, wir sind damit einverstanden.«
Da nahm sie der Riese in seine Hütte auf. Er sagte: »Essen könnt ihr, soviel ihr wollt. Das macht mir nichts aus, denn ich habe genug.« Und als sich die Brüder zum Essen setzten, hörten sie draußen den Vogel singen:

»Ich, der Vogel Sitube,
esse gerne Hirsebrei.«

»Eh«, sagte der Riese Gasa, »was ist denn da für ein seltsamer Vogel mit euch hergeflogen?« – »Ach«, sagten die Brüder, »das ist irgendein Vogel, der immer singt.« – »Auch gut«,

sagte der Riese, der gutmütig war, »bringt ihm also von dem Hirsebrei!«
Und da trugen die Brüder ihm etwas Hirsebrei hinaus, und der Vogel Sitube aß ihn.
Am nächsten Tage aber sagte der Riese Gasa: »Ich habe fünf Herden: eine von Antilopen, eine von Büffeln, eine von Hasen, eine von Wildziegen und eine von den Vögeln, die aus dem Zauberei herausgekommen sind. Jeder von euch soll so eine Herde hüten. Euer Ältester aber soll daheim bleiben und das Haus in Ordnung halten.«
Während also der Älteste zu Hause blieb, führte der Riese die fünf andern Brüder zu ihren Herden, und die Brüder weideten ihre Herden, wo es ihnen der Riese Gasa befohlen hatten. Und am Abend kehrten alle nach Hause zurück, nur der Bruder, der die Antilopenherde geweidet hatte, blieb aus. Da sagte der Riese Gasa: »Wenn euer Bruder nicht zurückkommt, gilt auch eure Arbeit nicht.«
Die Brüder wurden dadurch sehr unruhig, aber der Vogel Sitube sagte: »Schlaft ihr ruhig! Ich werde fortfliegen und euern Bruder suchen.«
Und er flog die ganze Nacht hindurch, endlich kam er zu der Antilopenherde. Die hatte sich weit über eine Ebene zerstreut, und der Bursche, der sie hüten sollte, lief hinter einzelnen Tieren her. Aber immer, wenn er einige Antilopen zusammengetrieben hatte, dann brachen ihm wieder andere aus, und er war schon ganz erschöpft und konnte kaum mehr noch gehen und stehn.
Da sagte der Vogel Sitube zu ihm: »Setz dich hin und ruh dich aus! Ich werde fortfliegen und andere Vögel holen, und dann werden wir dir die Herde zusammentreiben.« Und damit flog er davon.
Und nach einer Stunde erschien eine ganze Wolke von Vögeln, und die schrien zu den Antilopen hinunter: »Wenn ihr nicht sofort zusammenlauft und dann auch bei euerm Hirten bleibt, dann hacken wir euch die Augen aus!«

Da fürchteten sich die Antilopen vor den vielen Vögeln, und sie liefen schnell zu ihrem Hirten zurück und lagerten sich um ihn. Die Vögel aber verschwanden so schnell, wie sie gekommen waren, und nur der Vogel Sitube blieb.

Am nächsten Morgen traf der Hirte mit den Antilopen bei dem Riesen Gasa ein. Der Riese sagte: »Sind dir deine Tiere davongelaufen?« – »Ja, erst sind sie mir davongelaufen; aber jetzt folgen sie mir.« – »Das hast du gut gemacht. Wenn die Tiere dich erst als Hirten ansehen, dann werden sie dir auch weiter gehorchen.«

Am Abend kehrten alle Brüder heim, aber diesmal fehlte der Bruder, der die Büffel hüten sollte. Der Vogel aber saß draußen vor der Hütte des Riesen Gasa und sang:

»Ich, der Vogel Sitube,
esse gerne Hirsebrei.«

Da ging einer der Brüder hinaus, um ihm ein Schälchen Hirsebrei zu bringen. Der Vogel aber sagte: »Sorgt euch nicht, wenn der Büffelhirte nicht gekommen ist! Ich werde fortfliegen und ihn und seine Herde holen. Schlaft ihr ruhig!« Und damit flog er davon.

Die Brüder legten sich schlafen, der Vogel Sitube aber flog weit, bis er in einer Schlucht die Büffelherde fand. Die hatten sich dort hingelegt und wollten nicht mehr aufstehen und heimgehen, denn es gefiel ihnen dort besser. Der Bruder, der die Büffel hüten sollte, bemühte sich vergeblich, die Büffel zum Aufstehen zu bringen, um sie heimtreiben zu können. Er war schon ganz müde. Da sagte zu ihm der Vogel: »Müh dich nicht ab, sondern setz dich hin und ruh dich aus. Ich werde schon dafür sorgen, daß die Büffel freiwillig heimgehen! Laß mich nur machen!«

Und er flog fort, und nach einer Stunde kam der Vogel zurück mit einer großen Schar Wölfe. Da wurden die Büffel unruhig. Der Vogel aber sagte zu ihnen: »Wenn ihr gleich euerm Hirten gehorcht, dann werde ich die Wölfe fortschicken. Aber wenn ihr starrsinnig seid, dann werde ich den Wölfen sagen, sie könnten so viele von euch fressen, wie sie mögen! – »Nein, nein!« schrien die Büffel entsetzt. »Wir wollen sofort unserm Hirten als Herrn gehorchen und heimgehen oder dorthin, wo er uns hintreibt. Lieber Vogel: sorge dafür, daß uns die Wölfe nichts tun!«

Da schickte der Vogel die Wölfe weg, und sie verschwanden so schnell, wie sie gekommen waren. Die Büffel aber folgten ihrem Hirten, der sich auf den Heimweg machte.

Am nächsten Morgen sah der Riese Gasa, daß auch die Büffelherde wieder vollzählig erschienen war. »Bursche, das hast du gut gemacht«, sagte er. »Wenn dir die Herde erst einmal folgt, wird sie dir auch weiter treubleiben.«

An diesem Abend kamen alle Herden heim, nur die Herde des Bruders, der die Hasen hüten sollte, blieb aus. Die andern Brüder aber gingen ins Haus, wo der Älteste bereits den Brei gekocht hatte. Und als der Vogel sang:

»Ich, der Vogel Sitube,
esse gerne Hirsebrei«,

ging einer der Brüder hinaus, um ihm sein Schälchen mit Hirsebrei zu bringen, und sagte dann zum Vogel: »Nun ist heute unser Bruder Hasenhirt nicht heimgekommen.« – »Sorgt euch nicht um ihn!« sagte der Vogel. »Denn ich werde fortfliegen, sobald ich gegessen habe. Schlaft ihr ruhig!«

Die Brüder legten sich schlafen, und der Vogel flog fort.

Er mußte eine große Strecke fliegen, denn die Hasen waren sehr weit gerannt, und sie versteckten sich in verschiedenen Erdhöhlen, aus denen sie der Hirt nicht herausziehen konnte. Es gefiel ihnen in der Wildnis besser, und sie wollten nicht mehr zum Pferch des Riesen Gasa zurück. Der Hirte aber war sehr müde und ganz verzweifelt. Da flog der Vogel zu ihm hin und sagte: »Ruh dich aus! Ich werde schon sehen, daß ich die Hasen wieder heimbringe.«

Damit flog der Vogel davon, und nach einer Stunde kam er

mit einer Meute von Füchsen zurück, und die Füchse bissen die Hasen aus ihren Erdhöhlen heraus und trieben sie zusammen. Und als alle Hasen auf einem Haufen waren, sagte der Vogel Sitube: »Soll ich euch durch die Füchse zerreißen lassen oder wollt ihr lieber euerm Hirten folgen?« – »Nein, bitte nicht!« riefen die Hasen entsetzt. »Laß uns nicht durch die Füchse zerreißen. Wir wollen auch brav dem Hirten folgen und nicht mehr davonlaufen.«

Da schickte der Vogel die Füchse weg, und die Hasen sprangen mit ihrem Hirten zum Pferch des Riesen Gasa.

Am nächsten Morgen kam der Riese Gasa aus seiner Hütte heraus, sah die Hasenherde und sagte zu ihrem Hirten: »Bursche, das hast du gut gemacht. Wenn dir die Hasen erst einmal folgen, wirst du später keine Mühe mit ihnen haben.« Und damit ließ er die Brüder wieder ihre Tiere auf die Weide treiben. Und am Abend kamen alle zurück, nur die Herde des Bruders, die die Wildziegen hütete, war noch nicht daheim, als sich die andern Brüder mit dem Riesen zum Essen setzten. Draußen vor der Hütte aber sang wieder der Vogel:

»Ich, der Vogel Sitube,
esse gerne Hirsebrei.«

Da trug einer der Brüder ein Schälchen mit Hirsebrei hinaus und sagte: »Unser Bruder Ziegenhirt ist noch nicht heimgekommen.« – »Macht nichts!« sagte der Vogel. »Sorgt euch nicht. Ich werde nachschauen, was mit ihm und seinen Ziegen los ist.«

Und damit flog er davon; die Brüder aber aßen und legten sich dann zum Schlafen nieder.

Der Vogel Sitube aber mußte eine große Strecke fliegen, denn die Wildziegen waren ins Gebirge hinaufgeklettert, und eine war auf diesem Berg, eine auf jenem. Und der arme Ziegenhirt kletterte ihnen nach und konnte sie doch nie erreichen. Er war schon ganz müde und wußte nicht, wie er die Ziegen wieder zusammentreiben könnte.

Da setzte sich der Vogel vor ihm auf einen Stein und sagte: »Du Armer, sorge dich nicht und steige nicht weiter ins Gebirge hinauf. Geh vielmehr an den Fuß des Berges, leg dich dort ins Gras und warte, denn ich werde dafür sorgen, daß alle deine Ziegen dort zusammenkommen.«
Und damit flog er weg. Und es dauerte eine Stunde, da kam er mit einer Schar Panther zurück. Und die Panther brüllten und knurrten, daß es klang, als zöge ein Gewitter herauf. Und der Vogel flog von einer Ziege zur andern, und zu einer jeden sagte er: »Hörst du die Panther?« – »Ja, die höre ich und zittere dabei.« – »Schön, wenn du deinem Hirten folgst und dich am Fuß des Berges einfindest, dann wird dir nichts geschehen. Sonst aber wird morgen von dir kein Knochen mehr übrig sein.« – »Nein, nein«, sagten die Ziegen, eine um die andere, »bitte, schau, daß uns die Panther nichts tun. Wir werden auch dem Hirten gehorchen und immer nur dort weiden, wo er es will.«
Da schickte der Vogel die Panther woanders hin und wartete, bis die Ziegen sich alle bei ihrem Hirten gesammelt hatten. Dann flog er mit dem Ziegenhirten heim.
Am nächsten Morgen kam der Riese Gasa aus seiner Hütte, sah die Ziegenherde und sagte zu ihrem Hirten: »Bursche, das hast du gut gemacht. Folgen die Ziegen dir einmal, so folgen sie dir immer.«
Nun, in Zukunft gab es da nichts Schwieriges, denn die Vogelherde sah den Vogel Sitube beim Hirten, und sie blieb immer beisammen und entfernte sich nicht von ihrem Herrn.
So verstrich das Jahr sehr schnell. Und eines Tages sagte der Riese Gasa: »So, ihr Burschen: hier liegen die tausend Eier. Wenn ihr das richtige herausfinden könnt, dann gehört es euch. Wenn nicht, dann bin ich euch auch nichts schuldig.«
Die Brüder kratzten sich hinter den Ohren. »Das ist aber sehr schwer. Tausend Eier: und eines sieht wie das andere aus.« – »Nun gut, ihr Burschen«, sagte der gutmütige Riese, »ihr könnt es euch bis morgen überlegen. Dann aber müßt ihr euch

entscheiden. Und wenn es das falsche Ei ist, müßt ihr entweder abziehen oder ein weiteres Jahr dienen.«
Am Abend sang wiederum der Vogel draußen vor der Hütte:

»Ich, der Vogel Sitube,
esse gerne Hirsebrei.«

Da ging wie gewöhnlich der älteste der Brüder hinaus und brachte dem Vogel ein Schälchen voll Brei.
»Was machst du für ein sorgenvolles Gesicht?« fragte der Vogel den Ältesten. »Ach«, entgegnete der, »es ist wegen des Zaubereis. Ich soll es morgen unter den tausend Eiern auswählen und weiß doch nicht, welches das Zauberei sein könnte. Und wenn ich falsch wähle, dann haben meine Brüder und ich ein Jahr lang umsonst gearbeitet.« – »Mach dir keine Sorgen und schlafe ruhig!« sagte der Vogel. »Morgen, wenn du das Ei aussuchen sollst, dann werde ich mich in eine kleine Fliege verwandeln und mich auf das Zauberei setzen. Das mußt du dann nehmen.«
Der Bruder ging in die Hütte hinein zu den andern und sagte: »Schlaft ruhig. Ich werde das richtige Ei finden, ich bin ganz sicher.«
Am nächsten Morgen ging der Riese Gasa mit den Brüdern in einen Stall, in dem lagen tausend Eier auf dem Boden. »Hier«, sagte der Riese, »du hast eine Stunde Zeit, um die Eier genau zu betrachten.«
Der Älteste nahm Ei für Ei in die Hand, und dann legte er es wieder aus der Hand und sagte: »Das ist es nicht. Das ist es auch nicht. Das ist es wieder nicht.« Und so sprach er, bis er auf einmal ausrief: »Das hier ist das Zauberei! Das ist das richtige!« Denn er sah, daß auf dem Ei eine kleine Fliege saß. »Da muß dir der Teufel geholfen haben!« schrie der Riese. »Denn allein bist du viel zu dumm, um das Zauberei unter den anderen Eiern zu erkennen. Doch sagt mir, Burschen, wo ist denn euer Vogel?« – »Der ist fortgeflogen«, erwiderte der Älteste und sah schnell auf die andere Seite.

»Nun gut, ihr Burschen«, sagte der Riese Gasa, »mein Wort gilt, und das Zauberei gehört euch. Morgen könnt ihr damit zum bösen König ziehen.«
Da kochte der Älteste für alle das Abendessen, und als sie gerade dabei waren, das Mahl zu verzehren, hörten sie mit einem draußen wieder den Vogel singen:

»Ich, der Vogel Sitube,
esse gerne Hirsebrei.«

Da stand der Älteste auf und nahm ein Schälchen, füllte es mit Hirsebrei und trug es dem Vogel hinaus. Und als er draußen war, sagte der Vogel: »He, Bursche, weißt du was?« – »Was soll ich denn wissen?« – »Du mußt den Riesen fragen, ob er mich kaufen will. Dann wird er fragen, was du für mich verlangst. Und dann wirst du antworten und sagen, daß du für jeden deiner Brüder ein Tier aus der Herde willst, die sie gehütet haben, und für dich selbst den Kochtopf. Dann wird er es dir geben, und du wirst mich holen und zum Riesen Gasa bringen.« – »Gut, wenn du selber es so willst, dann werde ich es tun.«
Und damit ging der Älteste hinein und fragte den Riesen Gasa: »Weißt du was, Herr?« – »Nun, was soll ich denn wissen?« fragte der Riese. »Willst du nicht den Vogel Sitube kaufen?« – »Und warum soll ich den Vogel Sitube kaufen?« fragte der Riese. »Weil er uns geholfen hat.« – »So, und wie hat er euch geholfen?« – »Er ist zu jedem von uns Brüdern geflogen, als uns die Tiere nicht gehorchen wollten, und er hat die Herden zusammengetrieben.« – »So etwas Ähnliches habe ich mir gedacht«, brummte der Riese Gasa, denn er war auch nicht dumm. »Und er hat uns auch zum Zauberei verholfen.« – »Und wie hat er das gemacht? Ich habe eigens aufgepaßt und den Vogel nicht gesehen. Dann habe ich nach ihm gefragt, und ihr habt gesagt, er sei fortgeflogen. Habt ihr Burschen vielleicht gelogen?« – »Ja, ich habe ein wenig gelogen, aber nicht ganz«, sagte der Älteste, »denn der Vogel

war wirklich nicht da; aber eine kleine Fliege war da, und in der Fliege war der Vogel Sitube.« – »Ich verstehe«, sagte der Riese. »Und was verlangst du für den Vogel?« – »Jeder von meinen Brüdern soll ein Stück aus seiner Herde bekommen, und für mich selber verlange ich den Kochtopf.« – »Gut, Bursche, für einen solchen Vogel, wie den da draußen, ist das ein günstiger Preis. Eingeschlagen! Bring mir den Vogel!«

Da ging der Älteste hinaus. »Hast du es so gemacht, wie ich es dir geraten habe?« – »Genauso«, sagte der Älteste. Da flog der Vogel auf seine Hand und ließ sich in die Hütte tragen.

Am nächsten Morgen aber sagte der Riese Gasa zu den Burschen: »Sucht euch jeder ein Stück Vieh aus, und du, putz dir den Kochtopf und nimm ihn mit!«

Als die Brüder ihre Tiere ausgewählt hatten, verabschiedeten sie sich von dem Riesen Gasa und dem Vogel Sitube. Da sagte der Vogel zu ihnen: »Ihr Burschen, wenn ihr zum bösen König kommt, dann wird er euch fragen, woher ihr das schöne Vieh habt. Darauf müßt ihr sagen: ›Der Riese Gasa hat ganze Herden davon. Aber er gibt nur dem ein Stück Vieh, der ihm ein Jahr lang darum dient.‹ Wenn der böse König dann weggegangen ist, dann setzt euch ruhig in sein Dorf, denn ich werde schon dafür sorgen, daß er nicht mehr zurückkehrt.« – »Gut, wir werden es so machen«, sagten die Brüder und machten sich mit ihren Tieren auf den Weg.

Als die sechs Brüder zum bösen König kamen, da staunte er, denn er hatte nicht damit gerechnet, daß sie überhaupt zurückkommen würden. »Hier, böser König, ist das Zauberei!« – »Danke«, sagte der böse König, denn er war ganz verwirrt. Und dann sah er, daß jeder der Brüder ein Tier bei sich hatte. Der eine eine Antilope, der andere einen Büffel, der dritte einen Hasen, der vierte eine Wildziege, der fünfte eine Henne. Da fragte er: »Woher habt ihr das schöne Vieh?« Und die Brüder antworteten: »Das hat uns der Riese Gasa dafür gegeben, daß wir ihm ein Jahr gedient haben.« – »Würdet ihr mir die Tiere nicht verkaufen?« – »Nein, die verkaufen wir nicht.« – »Und meint ihr, daß man mir auch ein Tier gibt, wenn ich die Herden hüte.« – »Ganz sicher wird dir der Riese auch ein Tier geben, das ist so Hirtenbrauch.« – »Gut«, sagte der böse König, »bleibt ihr hier in meinem Dorf und wartet, bis ich wieder zurückkomme, denn ich will auch solche Tiere, wie ihr sie besitzt. Und wenn ich wieder zurück bin, dann werden wir weiterreden.«

Damit ging der böse König mit dem Zauberei davon, und die Brüder suchten sich die schönsten Hütten in dem Dorf des bösen Königs aus und führten ein angenehmes Leben, denn sie taten gar nichts.

Der böse König aber wanderte viele Tage, und auf dem Weg fraß er jeden Tag das Huhn, das aus dem Ei schlüpfte, und hätte er nicht das Zauberei gehabt, so wäre er auf dem Wege verhungert. Und als er zu der Hütte des Riesen Gasa kam, hatte er großen Hunger, denn die Hühner waren für seinen großen Magen nicht genug.

»Gib mir schnell zu essen!« sagte er zum Riesen Gasa. »Langsam, langsam«, erwiderte der Riese Gasa, dem der Vogel Sitube genau vorgesagt hatte, was er antworten müsse. »Hier wird nicht umsonst gegessen und getrunken.« – »Gut«, sagte der böse König, »ich werde alles bezahlen, was ich verzehre.« – »Nun, so bezahle erst einmal!« sagte der Riese. »Geborgt wird hier nämlich nicht.« – »Ich habe kein Geld dabei«, sagte der böse König. »Nun, dann gib mir etwas von Wert als Pfand!« – »Ich habe nichts«, sagte der böse König. »Du lügst«, entgegnete der Riese, »ich sehe ja, daß du das Zauberei da hast. Gib es mir als Pfand, dann sollst du es zurückerhalten, sobald du das Essen bezahlen kannst. Sonst kannst du meinetwegen vor Hunger krepieren.« – »Also gut«, sagte der böse König, »hier hast du das Zauberei.«

Da gab ihm der Riese zu essen. Und am andern Tag fragte er den bösen König: »Was willst du eigentlich hier?« – »Wenn ich deine Herden hüten würde, bekäme ich dann als Lohn von jeder Herde ein Stück Vieh?« – »Wenn du ein guter Hirte bist, kannst du dir aus jeder Herde fünf Stück aussuchen. Wenn du aber ein schlechter Hirte bist, und wenn du abends ohne Herde heimkommst, dann sollst du mir fünf Jahre umsonst dienen.«

Da dachte der böse König: ›Wenn jene dummen Burschen das fertiggebracht haben, dann muß ich das erst recht können.‹ Und er sagte: »So soll es sein!«

Am nächsten Tag gab der Riese Gasa dem bösen König die Herde mit den Antilopen und schickte ihn damit auf die Weide. Erst blieben die Tiere ganz brav zusammen, wie sie es von ihrem früheren Hirten gewöhnt waren, aber mittags saß der böse König an seinem Feuer und aß, da kam der Vogel geflogen, setzte sich in einen Busch und sang:

»Ich, der Vogel Sitube,
esse gerne Hirsebrei.«

Da antwortete der böse König:

»Ich, der böse König,
esse gerne Vogelfleisch.«

Und er zielte mit einem Pfeil nach ihm, traf den Vogel jedoch nicht. Da flog der Vogel zu den Antilopen und sagte: »Dieser Hirte ist ein schlechter Mensch. Ihr könnt ruhig herumspringen, wie und wohin ihr wollt, denn ich werde den Vögeln sagen, daß sie euch nichts tun dürfen.« – »Gut«, riefen die Antilopen, »wir wollen lieber herumspringen.« Und sie rannten alle davon und der böse König hinterdrein, aber er konnte sie nicht einholen.

Am Abend kam er müde und zerschlagen zur Hütte des Riesen Gasa und sagte: »Deine Antilopenherde ist verhext! Die Tiere sind mir davongelaufen, und ich konnte nicht ein einziges wieder einfangen.« – »Auch recht«, sagte der Riese Gasa, »dann mußt du mir jetzt fünf Jahre umsonst dienen, denn so ist es ausgemacht. Und als erstes mußt du mir den Hintern waschen, denn ich habe einen starken Durchfall.« – »Nein«, sagte der böse König, »das tu ich nicht!« – »Du hast wohl vergessen, was du versprochen hast?« schrie der Riese Gasa. »Wenn du nicht auf der Stelle gehorchst, zerquetsche ich dich zwischen den Fingern und werfe dich in den Kochtopf, denn ich habe schon lange kein Königsfleisch mehr gegessen, du ekelhaftes Ungeziefer!«

Da erschrak der böse König, denn er merkte, daß mit dem Riesen nicht zu spaßen war. Und er tat alles, was ihm der Riese befahl.

Als die fünf Jahre vorbei waren, fragte ihn der Riese: »Nun, willst du wieder hüten, oder willst du heimgehen?« Den bösen König aber hatte die Habgier erfaßt, und er dachte: ›Dieses Mal werde ich es schlauer anfangen.‹

Darum sagte er zum Riesen: »Gut, gib mir die Büffelherde zum Hüten. Die Antilopen sind mutwillige Springer. Aber die Büffel sind behäbig. Ich werde sie gut hüten können.« – »Unter den alten Bedingungen!« sagte der Riese, und der böse König war damit einverstanden.

Und am nächsten Tag trieb er die Büffel in eine Schlucht, wo gutes Gras wuchs und wo sich die Tiere lagern konnten. Der böse König aber setzte sich an den Ausgang der Schlucht, machte sich ein Feuer und kochte sich das Essen. »Dieser Platz ist gut gewählt: hier kommt mir niemand davon.« So lobte er sich selbst. Und als sein Brei fertig war, da fing er an zu essen. Im gleichen Augenblick kam auch der Vogel Sitube geflogen, setzte sich in einen Busch und sang:

»Ich, der Vogel Sitube,
esse gerne Hirsebrei.«

Und der böse König antwortete:

»Und ich, der böse König,
esse gerne Vogelfleich.«

Und damit schoß er einen Pfeil auf den Vogel Sitube ab, aber er traf ihn nicht. Der Vogel flog nun zum Leitbüffel, setzte

sich neben ihn ins Gras und sagte: »Dieser Hirte ist ein schlechter Mensch! Ihr braucht ihm nicht zu folgen! Wenn es euch hier gefällt, so bleibt, solange ihr wollt. Ich werde den Wölfen sagen, daß sie euch nichts tun dürfen. Und wenn ihr wieder heimkehren wollt, so findet ihr ja den Weg allein.« – »Es ist recht«, entgegnete der Leitbüffel, »wir werden bleiben.«
Als nun am Abend der böse König die Büffelherde heimtreiben wollte, stand keines von den Tieren auf. Und als er einen Büffel mit dem Stachelstock stach, da wurde dieser zornig und verletzte ihn so, daß der böse König fliehen mußte. Er kam blutend bei der Hütte des Riesen Gasa an und sagte: »Deine Büffel soll der Teufel holen. Sie haben mich halb totgemacht.« – »Halb tot oder nicht«, sagte der Riese, »du wirst mir wieder fünf Jahre umsonst dienen. Es ist seltsam, daß ich gerade heute wieder Durchfall habe. Nun, du weißt schon.«
Was blieb dem bösen König anderes übrig, er mußte wieder fünf Jahre lang den Diener des Riesen Gasa machen, und der Vogel Sitube sorgte schon dafür, daß die Arbeit nicht ausging.
Als die fünf Jahre vorbei waren, da sagte der Riese Gasa: »Nun, wie steht's? Willst du wieder den Hirten spielen, oder hast du genug?« – »Einmal will ich es noch versuchen«, sagte der böse König, dem die schönen Ziegen in die Augen stachen. »Aber ich will die Ziegen hüten, denn aus den Hasen mache ich mir nichts.«
Und am nächsten Tag zog er mit der Ziegenherde davon. Und da die Ziegen gewöhnt waren, beisammenzubleiben und sich um den Hirten zu scharen, ging alles gut. Mittags zündete sich der böse König ein Feuer an und kochte sich seinen Brei. Und als er fertig war, da kam der Vogel Sitube geflogen, setzte sich in einen Busch und sang:

»Ich, der Vogel Sitube,
esse gerne Hirsebrei.«

Da antwortete der böse König:

»Und ich, der böse König,
esse gerne Vogelfleisch.«

Und gleichzeitig schoß er einen Pfeil auf den Vogel ab und hätte ihn fast getroffen. Da flog der Vogel Sitube auf und setzte sich bei dem Leithammel nieder. »Hör einmal, Freund«, sagte er, »warum sitzt ihr hier herum, statt daß ihr in den Bergen umherklettert?« – »Freund, wir fürchten uns vor den Panthern.« – »Nun, so werde ich allen Raubkatzen sagen, daß sie euch nichts tun dürfen. Wenn aber euer Herr will, daß ihr heimkommen sollt, so werde ich euch rufen.« – »Uns ist es recht«, sagte der Leithammel, und er sprang mit allen Ziegen davon. Sie kletterten in die Berge hinauf, so hoch und so steil, daß ihnen der böse König nicht folgen konnte. Er zerkratzte sich bei dem Hinaufsteigen das ganze Gesicht, aber er konnte keine einzige Ziege einfangen. Am Abend kam er müde und zerkratzt bei der Hütte des Riesen Gasa an.

»Nun, wo hast du die Ziegen?« fragte der Riese. »Eure Ziegen haben alle bösen Geister im Leibe!« schrie der böse König. »Sie sind mir davongelaufen und auf so hohe Berge gestiegen, daß ich sie nicht erreichen konnte.« – »Soso«, grinste der Riese, »macht abermals fünf Jahre. Fang nur gleich mit deinem Dienst an!«

Dem bösen König blieb nichts anderes übrig. Er mußte wieder fünf Jahre lang den Riesen Gasa bedienen. Als seine Zeit abgelaufen war, hatte er genug davon. »Gebt mir mein Zauberei zurück, dann will ich heimgehen«, sagte er zum Riesen. »Freund, hast du mir das Essen von damals schon bezahlt? Ich weiß nichts davon. Trotzdem kannst du es wieder haben, aber nur, wenn du es unter tausend Eiern richtig herausfindest. Erwischst du ein falsches Ei, hast du eben Pech gehabt.« Am nächsten Tag suchte der König lang. Endlich entschied er sich für ein bestimmtes Ei: »Das hier.« – »Falsch geraten!« sagte der Riese Gasa. »Nimm es und verschwinde, denn mir tränen die Augen, wenn ich dich ansehe!«

Da nahm der böse König das Ei und machte sich auf den Heimweg. Aber als er in den Wald mit den Fallen kam, machte er halt und kochte sich einen Brei, in den er auch das Ei hineinrührte. »Das sollen mir die Burschen büßen!« sagte er. »Ich werde sie umbringen und mir ihre Tiere nehmen.«
Im gleichen Augenblick hörte er einen Vogel ganz in der Nähe singen:

»Ich, der Vogel Sitube,
esse gerne Hirsebrei.«

Da antwortete der böse König:

»Und ich, der böse König,
esse gerne Vogelfleisch.«

Und er sprang auf und stürzte sich auf den Busch, aus dem heraus er die Stimme des Vogels gehört hatte. Aber dabei vergaß er vor lauter Wut und Gier darauf, auf den Boden zu achten, und er stürzte in eine Fallgrube hinunter.
Und wenn er nicht verhungert ist, dann sitzt er heute noch darin.
Die sechs Brüder aber warteten viele Jahre lang, ob der böse König zurückkäme, und als er nicht wieder erschien, nahmen sie die gestohlene junge Frau und alles Vieh und zogen zu ihrem Heimatdorf. Aber als sie dort ankamen, war ihr Vater gestorben, und da nahm der Älteste sich die junge Frau. Die Brüder teilten sich in die Herden, und die drei älteren blieben in ihrem Heimatdorf, die andern aber zogen in das Dorf, das früher dem bösen Könige gehört hatte. Und so lebten alle glücklich und zufrieden.
Von dem Vogel Sitube aber hat man noch lange gesprochen. Es gibt auch Leute, die sagen, er habe Tibure geheißen. Ich weiß es nicht. Ich habe immer den Namen Sitube gehört, deshalb bin ich dabei geblieben. Wer es anders weiß, soll es anders erzählen.

66. *Das Wild des Geistes Bohu*

Diese Geschichte hat mir mein Großvater erzählt. Mein Großvater ist in seiner Jugend in Afrika gewesen. Er hat gesagt: »Solche Geschichten sind wahr. Man hat sie oft erlebt«. Viele Leute sagen: »Dein Großvater ist ein großer Lügner gewesen.« Ist er das gewesen? Ich weiß es nicht. Man kann es glauben, man kann es nicht glauben.

Ich werde die Geschichte so erzählen, wie ich sie kenne. Ich werde nichts anders machen. Wenn ich etwas anderes sage, als mir bekannt ist, soll ich tot umfallen.

Also: Dort, wo Großvater lebte, gab es viel Urwald, wenig Feldfrüchte und wenig Vieh. Man ging auf die Jagd, und davon hatte man hauptsächlich seine Nahrung.

Nun beginnt die Geschichte.

In den großen Wäldern, die rings um unser Dorf liegen, gibt es viele, wo man jagen darf. Es gibt aber auch einige Gebiete, wo man nur manchmal jagen darf. Und schließlich gibt es ein Gebiet, in dem man nie jagen darf. Denn die Tiere dort gehören dem Geist Bohu, und er duldet nicht, daß andere dort jagen. Wenn er einen Jäger dort trifft, dann tötet er ihn, oder er verjagt ihn und hetzt ihn so, daß er krank wird.

Einmal geht ein alter Jäger mit einer Rotte junger auf die Jagd. Sie sind nicht weit weg von dem Gebiet, das dem Geist Bohu gehört. Und der alte Jäger sagt: »Aufpassen! Nicht dorthin gehen! Wenn ein Tier dorthin flieht, laufen lassen. Es gibt genug Tiere.«

Sie jagen einige Tage dort, machen viel Fleisch und braten und räuchern es über dem Feuer.

Eines Tages sieht einer der jungen Burschen einen Hirsch springen. Er schießt einen Pfeil auf ihn ab und verwundet ihn. Aber die Wunde ist nur eine leichte Fleischwunde, und der Hirsch läuft davon. Der junge Bursche rennt hinterher. Er verfolgt den Hirsch. ›Den muß ich haben! Der gehört mir!‹ denkt er sich, denn er hatte bis dahin wenig Glück auf der Jagd gehabt, und die andern jungen Burschen haben ihn oft ausgelacht und gesagt: »Aus dir wird nie ein guter Jäger!«

Der Hirsch springt, der junge Jäger hinterher. Über einen Bach, durch Unterholz laufen sie, durch einen Fluß schwimmen sie. Endlich kommt der Bursche nahe genug an den Hirsch heran, er tötet ihn. Aber er hat nicht gemerkt, daß er auf das Gebiet des Geistes Bohu gekommen ist. Er nimmt den Hirsch und schleppt ihn zurück, dorthin, wo das Lager ist. Das ist mühsam, und erst am Abend kommt er an. Die andern Jäger sitzen bereits und essen.

»Was bringst du?« fragt der alte Jäger. »Einen Hirsch«, entgegnet der Bursche. »Wo hast du ihn gejagt?« – »Ich habe ihn da und da gesehen, habe ihn mit einem Pfeil verwundet, und dann habe ich ihn bis da und da verfolgt. Dort habe ich ihn umgebracht.« – »Und es ist dir nichts passiert?« – »Was hätte mir passieren sollen?« – »Ja, weißt du denn nicht, daß du den Hirschbock in dem Gebiet des Geistes Bohu getötet hast?« – »Nein, darauf habe ich nicht aufgepaßt. Und außerdem habe ich ihn doch schon vorher verwundet, und der Hirsch hätte sterben müssen.« – »Das ist gleich: der Geist Bohu ist Herr aller Tiere seines Waldes, und manchmal – in bestimmten Zeiten – auch aller Tiere außerhalb seines Waldes. Wenn ein Tier zu ihm flieht, darf man es nicht verfolgen. Und in seinem Wald darf man nichts nehmen, kein Holz, keinen Honig und keine Tiere.«

Nun war es geschehen. Der alte Jäger sagte: »Wir müssen den Hirsch in das Gebiet des Geistes Bohu tragen und den Geist um Verzeihung bitten.«

Der junge Jäger aber dachte sich: ›Es ist schade, wenn wir das ganze Fleisch dorthin tragen und wenn es dort verfault. Ich werde mir ein Stück vom Besten herausschneiden und braten, dann habe ich wenigstens auch ein wenig von der Mühe, die ich gehabt habe, als ich den Hirsch jagte.‹

Und nachdem die andern Burschen und der alte Jäger eingeschlafen waren, schneidet er sich ein Stück vom Besten aus dem Fleisch des Hirsches heraus, und er brät es sich an dem Feuer. Er ißt es.
Am nächsten Morgen wachen die Jäger auf. Sie sehen: der Hirsch ist verstümmelt. Und der junge Jäger ist nicht mehr da. Aber ein Hirsch steht da und schaut sie traurig an.
»Der Geist hat sich gerächt«, sagt der alte Jäger. »Er hat unsern Bruder in einen Hirsch verwandelt.« – »Und was machen wir nun?« – »Wir müssen ihn ins Gebiet des Geistes führen, dort gibt es viele Hirschrudel. Da wird er sich an eines anschließen.«
Der Hirsch nickt mit dem Kopf, er läßt sich willig führen. Als sie ins Gebiet des Geistes Bohu kommen, sagt der alte Jäger: »Suche dir ein Hirschrudel und spring mit ihnen, denn du kannst nun nicht mehr bei uns bleiben.«
Der Hirsch nickt wieder und geht langsam davon.
Dann sagt der alte Jäger: »Wir müssen nun gleich zurück ins Dorf und den Leuten sagen: Ein Jahr darf kein Hirsch gejagt werden. Unser Bruder wird Sehnsucht nach den Seinen bekommen, und er wird noch einmal in der Nähe unseres Dorfes auftauchen. Wenn wir vorher auf einen Hirsch schießen, können wir unsern Bruder töten. Wenn ein Jahr verstrichen ist, dann wird er uns vergessen; er wird bei den Hirschen des Geistes Bohu bleiben, und dort wird ihm niemand etwas zuleide tun, solange er nicht jenes Gebiet verläßt.«
Und so haben sie es gemacht.

67. Alt bist du, jung wirst du werden

Es war einmal ein alter König, der hatte zwei Frauen, viele Söhne und Enkel. Eines Tages stritten die Söhne sich darum, wer einmal Nachfolger des Vaters werden solle und wem damit das Erbe zufallen würde. Und sie konnten sich nicht einigen. Da gingen die Burschen zu ihren Müttern, die einen zur älteren Frau des Königs, die andern zur jüngeren. Und die Frauen konnten sich auch nicht einigen, und sie fingen zu streiten an.

Der König hörte sie vor der Hütte zanken, und er ging hinaus und fragte: »Was soll das, daß ihr, die ihr sonst immer in Frieden miteinander gelebt habt, nun auf einmal zu streiten anfangt?«

Und die ältere Frau sagte: »Wir können uns nicht darüber einigen, ob einer meiner Söhne oder einer von ihren Söhnen dich einmal beerben soll. Ich habe ihr gesagt, daß ich deine erste Frau bin und daß ich dir länger gedient habe. Auch sind meine Söhne älter und haben schon länger für dich gearbeitet als ihre Söhne.« – »Und ich«, so sagte die jüngere Frau, »habe ihr entgegnet, daß ich zwar noch nicht so lange bei dir bin, daß du aber heute mit mir mehr Vergnügen hast als mit ihr. Und meine Söhne werden noch für dich arbeiten, wenn die ihren schon alt und zur Arbeit nicht mehr zu gebrauchen sind.«

Der König dachte eine Weile nach, und dann sagte er: »Ich will niemandem von euch recht geben. Aber ich werde in den Wald gehen, den weisen Mann suchen und ihn fragen. Wenn ich die Antwort kenne, werde ich sie euch sagen. Streitet jetzt nicht mehr, sondern vertragt euch, denn ich kann keinen Unfrieden im Hause brauchen.«

Am nächsten Tag ließ er sich Speisen einpacken. Die Frauen füllten ihm einen Korb mit Maiskuchen, mit Früchten und Met, und der König nahm den Korb auf seine Schulter und ging damit in den Wald.

Als er den ganzen Tag gewandert war, kam er am Abend zu einem riesigen Baum, der unten eine Höhle hatte. Da sagte sich der Alte: »Hier will ich über Nacht bleiben, den Eingang aber mit meinem Spieß versperren.«

Und er machte sich in der Höhle ein Lager aus Blättern und legte sich hinein. Als er gerade dabei war, einzuschlafen, hörte er eine Stimme: »König, bist du ein guter Mensch, so gibst du mir etwas zu essen; bist du ein schlechter Mensch, so gibst du mir nichts. Bist du ein guter Mensch, so werde ich dir etwas prophezeien; bist du ein schlechter Mensch, so werde ich schweigen.«

Da sagte der König: »Aber ja. Ich habe noch immer Hungrigen eine Speise gegeben, wenn sie mich darum gebeten haben. Du sollst einen Maiskuchen haben, eine Frucht und einen Schluck Met. Aber wo bist du, ich kann dich nicht sehen?« – »Ich sitze hier auf dem Baum. Schiebe mir nur das Essen heraus! Ich werde es mir dann schon holen.«

Da packte der König einiges Essen zusammen, legte es mit der Flasche voll Met in den Korb und schob diesen durch die Öffnung der Höhle. Da sah er einen Schatten herbeihuschen, und da es schon dunkel war, wußte er nicht, ist es ein Vogel oder ein Affe. Und deshalb sagte er: »Baumtier!« – »Ja?« – »Kann ich hier sicher schlafen, oder gibt es Raubtiere?« – »Es gibt sie im Wald, aber hier in meinem Baum bist du in Sicherheit, denn die Raubtiere fürchten mich und wagen sich nicht her.« – »Baumtier!« – »Ja?« – »Was wirst du mir prophezeien?« – »Guter Mensch, warte, bis ich gegessen habe! Dann werde ich es dir sagen.«

Der König hörte das Tier draußen fressen und aus der Flasche trinken, und er dachte: ›Das muß ein großer, großer Affe sein.‹ Und endlich hörte er die Stimme: »Nun bin ich fertig. So höre denn: ›Alt bist du, jung wirst du werden.‹« – »Das ist aber eine seltsame Prophezeiung.« – »Sie ist aber trotzdem wahr.« – »Und wie soll das zugehen?« – »Das wirst du schon sehen. Gehe morgen, bis du wieder so einen großen Baum findest. Dort lebt ein Bruder von mir. Gib ihm zu essen und zu trinken, und er wird dir weiterhelfen. Und nun schlafe ohne Furcht!«

Am nächsten Tag packte der König seine Sachen wieder in den Korb, nahm seinen Spieß in die Hand und wanderte weiter. Und am Abend sah er wieder einen großen Baum, der sah dem andern Baum so ähnlich, daß er schon fürchtete, er sei vielleicht den ganzen Tag im Kreise herumgelaufen. Er ging um den Baum herum und sah ihn sich von allen Seiten an. Aber er konnte kein Tier darauf sitzen sehen.

Da kroch er in die Höhle hinein, machte sich ein Lager, und da er schon wußte, daß ein Tier kommen würde, richtete er dafür einen Maiskuchen, eine Frucht und die Metflasche her und stellte alles mit dem Korb vor die Öffnung er Höhle. Als es dunkel geworden war, hörte er ein Tier den Baum herunterkommen, und dann tauchte ein Schatten vor der Öffnung der Höhle auf. »Guten Abend, guter Mensch!« sagte eine Stimme. »Ich sehe, daß du bei meinem Bruder warst. Was hat er dir denn prophezeit?« – »Baumtier, er hat zu mir gesagt: ›Alt bist du, jung wirst du werden.‹« – »Aha«, sagte die Stimme, »den Spruch kenne ich. Nun laß mich in Ruhe essen und trinken, denn dabei kann ich am besten nachdenken. Hernach werde ich dir einen Rat geben.« – »Guten Appetit, Waldtier!« sagte der König.

Er hörte eine Weile nur das Schmatzen des Tieres, das er nicht erkennen konnte. Und endlich war es fertig und sagte: »Guter Mensch, hör meinen Spruch:

›Diene dem weisen Mann
Er lehrt dich, was er kann!‹

Und wenn du in der Richtung weitergehst, in der du bisher gewandert bist, dann wirst du morgen zu einem See kommen, auf dem See aber ist eine Insel, und auf der Insel lebt der weise Mann. Und nun schlafe ruhig! Hier bei mir wird dir nichts Schädliches zustoßen.«

Am nächsten Morgen packte der König wieder seinen Korb, nahm seinen Spieß in die Hand und wanderte weiter. Er lief fast den ganzen Tag über, und es war schon fast Abend, als er zu einem See kam, der war so groß, daß man das andere Ufer nicht mehr sehen konnte. Und ganz weit weg konnte man eine Insel erkennen.

Da setzte sich der alte König hin und dachte sich: ›Bis zu der Insel komme ich nie. So weit kann ich nicht schwimmen, und ich habe keine Axt, um mir ein Floß zu bauen.‹

Aber wie er da so saß und nachdachte, da kam ein junges Mädchen mit einem Baumboot gefahren. Das sagte: »Großväterchen, da bist du ja. Die beiden Baumbrüder haben meinem Vater schon erzählt, daß du kommen würdest. Und mein Vater hat mich geschickt, um dich hier abzuholen.«

Da stieg der alte König in das Boot, und das Mädchen ruderte ihn zu jener Insel hinüber. Und auf der Insel war eine große Hütte, und vor der Hütte saß ein alter Neger mit langen weißen Haaren.

»Friede!« sagte der König. »Dir auch Frieden!« entgegnete der weise Mann. »Du suchst meinen Rat. Gut, ich werde ihn dir geben. Aber erst wollen wir essen und schlafen.«

Nachdem sie gegessen und getrunken hatten, legten sie sich in ihre Matten. Und mitten in der Nacht, der alte König wußte nicht, ob er träume oder wache, hörte er eine Stimme: »Alt seid ihr, jung sollt ihr werden.« Und eine andere Stimme antwortete: »Nimmst du den, nimm ich jenen. Heute ist die rechte Nacht für den Anfang, morgen ist die rechte Nacht für den Schluß.«

Als der König am Morgen aufwachte, fühlte er sich viel frischer und gesünder als sonst, und als er den weisen Mann bei Licht betrachtete, da schien er ihm gar nicht so alt.

Der weise Mann aber sagte: »Wenn du mir heute hilfst, dann werde ich es dir morgen vergelten.« – »Ja freilich helfe ich dir«, erwiderte der König.

Da führte ihn der weise Mann zu einer Erdspalte, und er sagte:

»Ich werde dich an ein Seil binden und dich dort hinablassen. Wenn du unten bist, so wirst du einen Gang sehen, in dem Pilze wachsen. Pflücke davon so viele, wie in deinen Korb hineingehen. Dann werde ich dich wieder heraufziehen. Beeile dich aber, denn dort unten wohnt eine Schlange, die nur alle hundert Jahre einmal einen Tag lang schläft. Und das ist gerade heute.« – »Ich werde mich beeilen«, versprach der König.

Der weise Mann aber band ihm das Seil um und ließ ihn in die Erdspalte hinunter. Unten war es ganz finster. Aber der König sah, daß da ein Gang war. Er löste sich vom Seil und ging in den Gang hinein. Und da waren viele Pilze, die leuchteten, aber es war nur ein schwaches Licht. Und der König pflückte, so schnell er konnte, bis der ganze Korb voll war. Dann kehrte er zum Seil zurück, band sich fest und ließ sich vom weisen Mann wieder hinaufziehen.

»Du hast deine Sache gut gemacht!« lobte der weise Mann den König. »Und nun komm zurück zu meiner Hütte.«

Als sie dort angekommen waren, mußte die Tochter des weisen Mannes die Pilze in einem Mörser zerstampfen, und aus dem Pulver machte sie einen Brei. Den Brei füllte sie in vier Töpfe und stellte sie in die Sonne, wo der Brei zu gären begann. Am Abend aber hieß der weise Mann den König sich ausziehen, und er selber zog sich auch aus. Und die Tochter des weisen Mannes rieb die beiden Alten mit dem Brei ein, bis sie ganz weiß davon waren. Und so legten sie sich in ihre Matten.

»Was geschieht denn mit den andern beiden Töpfen?« fragte der König. – »Die sind für die Baumbrüder«, antwortete der weise Mann. Dann schliefen sie ein. Mitten in der Nacht hörten sie eine Stimme: »Alt sind wir, jung sollen wir werden.« Und eine andere Stimme antwortete: »Nimmst du den, nimm ich jenen. Gestern war die rechte Nacht für den Anfang, heute ist die rechte Nacht für den Schluß.«

Als sie am nächsten Morgen aufwachten, waren der weise Mann und der alte König so junge Männer, daß man sie für Brüder von der Tochter des weisen Mannes hätte halten können.

»Gestern hast du mir geholfen, heute kann ich dir helfen«, sagte der weise Mann. »Du hast gesehen: Der Brei von den

Pilzen macht einen jung. Ich will dir meine Tochter zur Frau geben, wenn du mir versprichst, in hundert Jahren wieder hierherzukommen und mir zu helfen, die Pilze zu holen.« – »Das verspreche ich gern.« – »Nun wolltest du aber deinen Frauen sagen, wer einmal dein Nachfolger sein wird. Sage ihnen: ›Der Sohn, den meine dritte Frau gebären wird.‹« – »Und willst du ganz allein auf der Insel bleiben?« fragte der König den weisen Mann. »Sorge dich nicht um mich, denn ich bekomme öfters Besuch. Wenn du aber einen Rat brauchst, so gehe nur zu den Baumtieren, die werden dann bei mir Rat holen und ihn dir sagen. So ersparst du dir viel Weg.«

So kehrte der verjüngte König mit seiner jungen Frau nach Hause zurück, und seine beiden Frauen und seine Söhne hätten ihn fast nicht wiedererkannt. Und damit es keinen Streit gäbe, ließ er für sie alle Hütten bauen und die Herden aufteilen. Und er lebte zufrieden mit seiner neuen Frau, und die andern waren auch zufrieden, aber nicht ganz.

68. Das Tier Pondê

Es war einmal ein Mädchen, das nicht zu Hause blieb. Wenn sein Großmütterchen es an irgendeinen Ort schickte, verweilte es auf der Straße, ganz in sein Spiel vertieft.

Eines Tages wurde es geschickt, einen Auftrag auszuführen, und fort blieb es vergessene Stunden lang.

Kaum nahm sich die Kleine nicht in acht, erschien vor ihr das Tier Pondê, das sie unbedingt fressen wollte.

Sie fing an zu weinen:

»Töte mich nicht, bitte. Laß mich zur Tür meiner Patin gehen.«

Das Tier willigte ein. Und sie gingen beide dorthin. Sie kamen an, und das Mädchen begann zu singen, wobei es an die Tür klopfte:

»Öffnet mir die Pforte,
Candombe-serê,
Meine Patin,
Candombe-serê,
Denn das Tier Pondê,
Candombe-serê,
Will mich fressen,
Candombe-serê.«

Und die Patin antwortete:

»Nicht öffn' ich dir die Pforte,
Candombe-serê,
Mein Patentöchterchen,
Candombe-serê,
Ich sagte dir sehr wohl,
Candombe-serê,
Daß das Tier Pondê,
Dich fressen würde.«

Wieder wollte das Tier Pondê die Kleine töten. Aber sie bat ihn, es möge sie doch wenigstens bis zur Tür ihres verheirateten Schwesterleins gelangen lassen. Sie gingen hin; dort angekommen, sang die Arme:

»Öffne mir die Pforte,
Candombe-serê,
Mein Schwesterlein,
Candombe-serê,
Denn das Tier Pondê,
Candombe-serê,
Will mich fressen,
Candombe-serê.«

Die Schwester schlug es ihr in der gleichen Weise ab.
Das Tier stürzte auf die Kleine zu, die es bat, es möge sie doch zur Tür der Tante gehen lassen. Neues Lied und wie-

derum Absage des Tantchens. Die Kleine bettelte, an der Tür ihres Großmütterchens klopfen zu dürfen. Sie langten dort an. Das Tier war schon ungeduldig, und die Kleine fing an zu singen. Die Großmutter antwortete ihr, daß sie es ihr sehr wohl gesagt habe, daß das Tier Pondê sie fressen würde.
Das Tier tat darauf einen Sprung, um die Kleine zu verschlingen. Sie bat es noch einmal weinend darum, es möge sie zur Tür ihres Mütterchens gehen lassen. Sie wanderten dorthin. Angekommen, begann das Mädchen mit Tränen in den Augen und mitleiderregendem Schluchzen zu singen:

»Öffnet mir Eure Pforte,
Candombe-serê,
Mein Mütterlein,
Candombe-serê,
Denn das Tier Pondê,
Candombe-serê,
Will mich fressen,
Candombe-serê.«

Als die Mutter das Stimmchen ihres Töchterchens hörte, eilte sie, den einen Türflügel zu öffnen, durch den das Mädchen hineingelangte. Das Tier machte einen Satz. Es zerkratzte dem Mädchen noch die Schulter und verletzte es sehr. Aber es mußte zurückweichen, denn die Tür schloß sich.
Als die Brüder des Mädchens frühmorgens aufstanden, um zur Arbeit zu gehen, stießen sie auf das Tier Pondê, das in Erwartung des Mädchens unter einem Baum dem Haus gegenüber schlief. Sie gingen langsam heran, richteten die Waffen auf das Tier und töteten es.
Das Mädchen blieb von nun an niemals mehr lange fort, wenn es von seinem Mütterlein oder seinem Großmütterchen geschickt wurde, einen Auftrag auszuführen.

69. Der Freund der Onça (Jaguar)

Die Onça ist ein tapferes Tier, aber nicht immer so gescheit, wie man denkt. Sie lag ganz ruhig in ihrer Ecke, als der Gevatter Wolf bei ihr erschien und zu ihr sagte:

»Wisset eins, Gevatterin Onça, Ihr – mit Verlaub – seid nicht das tapferste und unerschrockenste Tier in der Welt, wie Ihr annehmt, und ebensowenig ist es der Löwe, trotz all seines Geschwätzes, er sei der König der Tiere.«

»Wie das?« fuhr die Onça wütend auf. »Also, wie ist es damit, dummes Idiotenstück? Gibt es ein tapfereres und mächtigeres Tier als mich?«

Der Wolf antwortete mit süßer Stimme:

»O Gevatterin, verzeiht mir. Ich bereue, so etwas gesagt zu haben. Aber es war meine Absicht, Euch vor einem furchtbaren Tier zu warnen, das in dieser Gegend erschienen ist. Eine gewarnte Person ist doppelt so viel wert.«

»Na ja, jedenfalls hast du in gewisser Weise recht«, entgegnete die Onça schon versöhnter. »Aber ich will noch immer den Namen dieses Tieres wissen. Wie heißt es?«

»Dieses Tier, Gevatterin, heißt ›Mensch‹, wie mir Freund Papagei sagte. In meinem ganzen Leben habe ich kein Tier von gefährlicherer Stärke gesehen. Es selbst, ja, und niemand anderes scheint mir der wahre König der Tiere zu sein. Es genügt, zu sagen, daß ich sah, wie dieses Tier aus weiter Entfernung durch zweimaliges Niesen nicht weniger als einen Löwen und eine Hyäne tötete. I, Gevatterin, bei dem donnernden Niesen schien alles in die Luft zu fliegen. Gott bewahre uns!« – »O Gevatter, sag doch so etwas nicht!«

»Es ist, wie ich Euch erzähle. Und was ich am meisten bestaune, ist, daß der ›Tier-Mensch‹ (bicho-homen) von kleiner Gestalt ist. Er wirkt sogar schmächtig und ist sehr schlecht versehen mit Nägeln und Zähnen. Er muß ein geheimnisvolles und verzaubertes Tier sein.«

»Na schön, Gevatter, ich bin neugierig, und ich wünsche, daß du mich unverzüglich zu dem Ort bringst, wo man ein so seltsames Tier antrifft.«

»Ach, Gevatterin, bittet mich um alles, aber nicht darum. Bei dem Schaden, den ich den Menschen von weit her mit seinem verdammten Niesen anrichten sah, würde ich mich niemals an ein solches Abenteuer heranwagen.«

»Also: Ob du willst oder nicht, du mußt mir das ›Tier‹ zeigen, oder du verlierst augenblicklich das Leben.«

»Da sei Gott vor!« sagte der Wolf erschreckt. »Wir werden gehen. Aber wir müssen sehr vorsichtig sein. Ich – mit Verlaub – kann schneller laufen als die Gevatterin. Nehmen wir daher eine von den Lianen, die niemals reißen. Ich binde eines der Enden um den Hals der Gevatterin und das andere an meinen Gürtel. Im Falle der Gefahr, wenn wir fliehen müssen, rennen die Gevatterin und ich los . . .«

»Fliehen! Sieh mal an, wie er das sagt. Hast du Mistvieh schon jemals eine Onça fliehen sehen?«

»Ich habe mich nicht richtig ausgedrückt. Ich bin es, der flieht. Die Gevatterin wird von mir nur mitgezogen. Das heißt nicht fliehen. Ist das richtig so?«

»Gut. Machen wir es so, wie du vorschlägst.«

Und sie gingen los. Die Onça mit der um den Hals gebundenen Liane und – ganz respektvoll und scheu – der Wolf, der sie zog.

Als sie am Ziel ankamen, zog der »Tier-Mensch« – überrascht, als er sie sah – aus seinem Gürtel die Pistole und gab aufgeregt Feuer, d. h. er nieste ein-, zweimal, was sich genauso anhörte wie ein Donnerknall von allen Teufeln.

Der Wolf verschwand im Nu und raste davon, verdoppelte so gut er konnte seine Kräfte, um die Onça an der starken Liane, die um ihren Hals geschlungen war, mitzuziehen.

Als sie schon sehr weit entfernt waren, merkte der Wolf, daß die Onça schwerer geworden war. Er hielt an und betrachtete die reglos auf dem Boden liegende, die Zähne fletschende Gefährtin.

Der Wolf, der nicht bemerkte, daß die Onça, erdrosselt von der Liane, tot war, sondern vielmehr glaubte, daß sie nur müde sei, sagte zitternd wie Espenlaub zu ihr:
»Holla, Gevatterin! Lacht nicht, nein, denn die Sache ist ernst!«

70. Der Affe und der Schwanz

Ein Affe wollte eines Tages sein Glück machen. Daher stellte er sich dorthin, wo ein Fuhrmann mit seinem Karren vorüberkommen mußte. Der Affe streckte den Schwanz über die Straße, über die die Wagenräder fahren mußten. Als der Fuhrmann dies sah, sagte er:
»Affe, nimm deinen Schwanz von der Straße, denn ich will vorbei.«
»Nein, ich tu's nicht«, entgegnete der Affe.
Der Fuhrmann trieb die Ochsen an, und der Wagen überfuhr den Schwanz des Affen und schnitt ihn ab. Der Affe hob darauf ein großes Geschrei an:
»Ich will meinen Schwanz wiederhaben, oder gib mir ein Klappmesser.«
Der Fuhrmann gab ihm ein Klappmesser, und der Affe machte sich sehr vergnügt davon und rief:
»Ich habe meinen Schwanz verloren! Ich habe ein Klappmesser gewonnen!... Tinglin, tinglin, ich gehe nach Angola!«
Ein wenig weiter traf er einen alten Neger, der Körbe flocht und die Lianen mit den Zähnen durchbiß.
Der Affe:
»Oh, alter Freund, du Armer! Na hör mal, du beißt die Lianen mit den Zähnen durch! Nimm dieses Klappmesser.«
Der Neger willigte ein, doch als er die Liane durchschneiden wollte, zerbrach das Messer. Der Affe fing an zu schreien:
»Ich will mein Klappmesser wiederhaben, oder gib mir dafür einen Korb!«

Der alte Neger gab ihm einen Korb, und der Affe machte sich davon und rief sehr zufrieden:
»Ich habe meinen Schwanz verloren, ich habe ein Klappmesser gewonnen, ich habe mein Klappmesser verloren, ich habe einen Korb dafür gewonnen ... Tinglin, tinglin, ich gehe nach Angola!«
Er setzte seinen Weg fort. Nach einer Weile traf er eine Frau, die Brot buk und in den Rock tat.
»Na, hört mal, gnädige Sinhá, Ihr backt Brot und tut es in den Rock! Hier ist ein Korb.«
Die Frau nahm an, doch als sie die Brote in den Korb tat, fiel der Boden des Korbes heraus. Der Affe fing an zu schreien:
»Ich will meinen Korb wiederhaben, ich will ihn, andernfalls gib mir ein Brot!«
Die Frau gab ihm das Brot, und er ging sehr zufrieden davon und sagte:
»Ich habe meinen Schwanz verloren, ich habe ein Klappmesser gewonnen, ich habe mein Klappmesser verloren, ich habe einen Korb gewonnen, ich habe meinen Korb verloren, ich habe ein Brot gewonnen ... Und mein Brot, das will ich essen! Tinglin, tinglin, ich gehe nach Angola!«
Und er ging und verzehrte das Brot.

71. Die Lehre des Reitknechts

Es war einmal ein Vater, Herr über viele Fazendas und sehr auf die Erziehung seiner Söhne bedacht.
Als der älteste in die Jahre kam, um die Schule zu besuchen, ließ der Vater ihm die Ausstattung herrichten, die Körbe verstauen; und dem Reitknecht, welcher sein Vertrauen genoß, befahl er, den Buben in die Schule des Fleckens zu bringen.
João – dies war der Name des Buben – war schon fast zwölf

Jahre alt und kannte noch nicht den ersten Buchstaben der Fibel.

Sobald er von der Absicht des Vaters erfuhr und auf das Fohlen gesetzt wurde, um die Reise anzutreten, fing er an zu schreien und zu heulen wie ein frischgeborenes Kalb, weil er sich von den Eltern trennen mußte, die ihm mit dem Schulkarzer und dem Rohrstock des Lehrers drohten.

Die Eltern wollten ihn bis zum letzten Augenblick trösten, bis João und der Reitknecht, ein Kreole von allergrößtem Verdienst, auf das Tor zufuhren und sich auf den Weg machten.

Da überkam João das Heimweh, und er brach erneut in Schluchzen aus.

Vorn zog ein Hammel vorüber, und der Schwarze zeigte dem Herrensöhnchen, um es abzulenken, jenes so ruhige Tier. Und ihn täuschend sprach er mit zuckersüßer Stimme:

»Schau Hammel an, nhnonhô... Warum tust weinen du, nhonhô?«

Und João antwortete unter unaufhörlichem Schluchzen:

»Hammel geht nicht zur Schule, nur ich gehe...«

»Nhonhô aber frißt kein Gras, aber Hammel frißt.«

Weiter vorn erblickten sie einen Ochsen, der im Gras lag.

Der Reitknecht fragte wiederum:

»Warum weint nhonhô? Schau Ochsen an, wie ruhig ist.«

»Ochse geht nicht zur Schule, nur ich gehe...«

»Aber nhonhô nicht zieht Karren, und Ochse tut.«

Nicht lange danach erblickten sie einen Vogel, der fortflog, als er sie sah. Und der Schwarze sagte wieder, um den Buben zu trösten:

»Schau kleinen Vogel, wie er fliegt ganz ruhig. Warum weinst du?«

»Vogel geht nicht zur Schule, nur ich gehe...«

»Aber Vogel fliegt, und nhonhô kann nicht fliegen.«

Darauf sahen sie einen Neger, der Heu machte, und der Reitknecht sagte:

»Schau Schwarzen, wie er arbeitet, nhonhô, so still, daß er nichts sagt. Warum weinst du, nhonhô?«

»Neger nicht geht zur Schule, nur ich gehe...«

»Aber Schwarzer kann nicht lesen, und nhonhô wird lernen.«

Und plötzlich, als er – verletzt in seinem Empfinden – überlegte, was ihm der Bub sagte, brach es voller Ungestüm aus ihm heraus:

»Aber Schwarzer kann auch Heu machen, und nhonhô kann nicht; und Schwarzer macht Heu, damit nhonhô lernen gehen; und Schwarzer bringt nhonhô auch noch in die Schule. Halte den Mund, mein Weißer, denn wir sind im Flecken angelangt.«

Die Schule befand sich am Eingang des Ortes. Der Bub wurde dem Lehrer übergeben.

Nach einigen Jahren wurde der Bub, der schon so viel wußte wie der Lehrer, zum Hofe in Rio de Janeiro geschickt, von wo er als Doktor der Medizin zurückkehrte.

Seine erste Sorge war, dem alten Reitknecht, der nhonhô in die Schule gebracht hatte, einen Freilassungsbrief schreiben zu lassen.

72. Vater João und die gebackenen Eier

Es war einmal ein Farmer, der beschloß, mit einer großen Hühneraufzucht zu beginnen, in einem Versteck, das sich in einem weiten Tal seines Landbesitzes befand.

Der Farmer hatte einen alten Schwarzen von der afrikanischen Küste, »Vater João« genannt. Er wollte ihn mit dieser Arbeit betrauen, denn alt, wie dieser war, mußte er Erfahrung in der Aufzucht haben. Doch da er befürchtete, daß der Schwarze ihm ein Schnippchen schlagen und sich als Hühnerstall-Beutelratte (gambá) herausstellen könnte, wandte er einen Trick an, um zu sehen, ob der Schwarze gern Eier aß. Und er fragte ihn:

»Vater João, ißt du gern gekochte Eier?«
»Eh! Eh! Mein Weißer, Vater João nicht gern essen das, nein.«
»Und Eier in heißer Asche geschmort?«
»Eh! Eh! Nein, mein Herr. Eh! Eh!«
»Und magst du rohe Eier, Vater João?«
»Nein, nein, mein Weißer. Vater João ist kein Gambá, der rohe Eier frißt, gelt?«
Als der Farmer nun sah, daß Vater João Eier in keiner Weise mochte, fand er, daß dieser sehr geeignet sei, um auf das Versteck aufzupassen, und er schickte ihn dorthin.
Der Schwarze behandelte die Hühner sehr gut, und die Zucht gedieh, daß es ein Vergnügen war. Der Farmer erschien dann und wann und war sehr zufrieden.
Vater João, der ein perfekter Gambá war, briet einmal Eier für sein Frühstück, als plötzlich der Herr am Tor auftauchte, das gleich »rim ... ri ... im ... im ...« knarrte und »bááão ...« warnte.
Vater João war ganz ratlos, und da er weder Zeit hatte noch wußte, wo die Eier verstecken, die in der Pfanne brutzelten, und da er den Weißen schon herannahen sah, schüttete er sie in seinen Lederhut, den er danach auf den Kopf setzte.
Ganz verwirrt lief er dem Herrn entgegen, der – als er ihn erblickte – bemerkte, wie ihm das Bratenfett über das Gesicht lief, und sehr verblüfft war, daß der Neger ihn zum ersten Male mit dem Hut auf dem Kopf ansprach. Mißtrauisch rief er:
»Vater João, was soll das heißen! Du sprichst mit deinem Herrn und behältst den Hut auf dem Kopf?! Nimm den Hut ab, Vater João.«
Der Neger schwankte.
»Los, nimm den Hut ab!«
Vater João sah keinen anderen Ausweg, als den Hut abzunehmen. Auf dem Grund des Hutes zeigten sich die gebackenen Eier.

»Nun, Neger, was ist das? Hast du deinen Herrn belogen? Hast du nicht gesagt, Neger, daß du keine Eier magst?«
»Eh! Eh! Mein Weißer! Vater João sagen, daß nicht mögen gekochtes Ei, geschmortes Ei, rohes Ei, aber nicht sagen zu meinem Herrn, daß nicht mögen gebackenes Ei. Vater João nicht lügen, mein Weißer ...«

73. Wassermelone und weiche Kokosnuß

Es war einmal ein Mann, der ein Mädchen sehr gern hatte und es heiraten wollte.
Eines Tages wurde er für den Krieg eingezogen, und er sagte zu ihm, daß es sich nicht mit einem anderen verheiraten solle, bis er zurückkehre und es dann heiraten werde. Damit eines dem anderen Glauben schenke, nannte er das Mädchen »Melancia« (Wassermelone), und das Mädchen nannte ihn »Côco mole« (weiche Kokosnuß).
Eines Tages verabschiedeten sie sich unter vielen Tränen voneinander, und er zog in den Krieg.
Jeden Tag wurde dem Mädchen ein Heiratsantrag gemacht, doch es wollte nicht, in Gedanken an seinen Liebsten.
Nachdem einige Jahre vergangen waren und das Mädchen eines Tages wieder ein Heiratsangebot erhielt, bestimmte der Vater, daß sie es anzunehmen habe. Sie tat dem Vater den Gefallen; doch als der Tag der Hochzeit herankam, kehrte ihr Liebster aus dem Krieg zurück, forschte alsbald nach dem Mädchen und erfuhr, daß es sich am gleichen Tag verheiraten werde.
Der Bursche war sehr traurig und wollte nicht essen. Ein Caboclo, sein Diener, fragte ihn, warum er so traurig sei. Nachdem er die Geschichte erfahren hatte, sagte er:
»Das macht nichts, Herr. Überlaßt alles mir!«
Im Hintergrund des Gartens, der zu dem Haus des Mädchens gehörte, befand sich ein Baum, zu dem das Mädchen sich zu

begeben pflegte, um mit seinem alten Liebsten zu plaudern. Der Caboclo bedeutete dem Herrn, er solle zum Baum gehen und sich darunterstellen, und er garantiere ihm, daß das Mädchen auch dorthin gehen werde. Der Herr tat, was der Caboclo ihm empfohlen hatte, und dieser begab sich zum Haus der Braut. Als er dort ankam, traf er schon viele geladene Gäste vor sowie den Bräutigam und die Braut, die sich schon bereithielten. Es fehlte nur noch der Priester, um sie zu trauen. Der Caboclo bat um die Erlaubnis, einen Trinkspruch auf die Braut auszubringen, näherte sich ihr und sagte:

»Ich komme von weit her,
Erschöpft von so viel Krieg,
Melancia, Côco mole
ist an diesem Ort angelangt.«

Alle klatschten in die Hände und sagten:
»Bravo! Caboclo, noch einen Trinkspruch!«
Der Caboclo entgegnete:

»Es gibt kein Getränk
so gut wie der ›alua‹ (Most):
Melancia, Côco mole
erwartet Euch an der Stelle.«

Alle brüllten:
»Sehr gut! Caboclo! . . . Noch einen Trinkspruch!«
So angefeuert, fuhr der Caboclo fort:

»Mädchen, das Ihr so hüsch seid,
Ihr erinnert Euch des Vergangenen nicht:
Melancia, Côco mole
richtet Euch eine Bestellung aus.«

Da stand das Mädchen auf und sagte, sie gehe Wasser trinken. Sie ging ganz, ganz leise durch die Gartenpforte und direkt auf den Baum zu, wo sie mit ihrem ehemaligen Liebsten zu plaudern pflegte. Als sie dort ankam, traf sie ihn und zugleich einen Priester, der sich dort – wie verabredet– schon eingefunden hatte, um sie zu trauen.

74. Der verliebte Caboclo

Es war einmal ein Mädchen, das war verheiratet und sehr hübsch. An seiner Tür ging immer ein Caboclo vorüber, und eines Tages wandte er sich dem Mädchen zu und sagte zu ihm:

»Grüß Gott, meine Nelke!«

Das Mädchen tat, als höre es nicht, und schwieg.

Am anderen Tag ging der Caboclo vorüber und sagte die gleichen Worte. Das Mädchen, das nicht mehr ans Fenster treten konnte, weil der Caboclo jedesmal, wenn er vorüberging, »Grüß Gott, meine Nelke« sagte, beschwerte sich bei ihrem Mann. Dieser sagte zu ihr:

»Nimm's dir nicht zu Herzen; wenn er zu dir ›Grüß Gott, meine Nelke‹ sagt, erwidere ihm: ›Grüß Gott, meine Rose‹, und überlaß den Rest mir.«

Am folgenden Tag ging der Caboclo vorüber und sagte wieder:

»Grüß Gott, meine Nelke.«

Sie wandte sich ihm zu und antwortete:

»Grüß Gott, meine Rose.«

Der Caboclo ging lachend vor Zufriedenheit davon, und am anderen Tag sagte er nicht mehr »Grüß Gott, meine Nelke«, sondern er fragte das Mädchen, ob es ihm erlauben würde, es am Abend zu besuchen. Die Frau war äußerst aufgebracht und gab ihm keine Antwort. Als der Mann heimkam, teilte sie ihm mit, was vorgefallen war, worauf er antwortete:

»Sage ihm morgen, daß ich eine Reise angetreten habe und daß du ihm erlaubst, mit dir am Abend zu plaudern.«

Als der Caboclo vorüberging, stellte er dem Mädchen die gleiche Frage, und sie antwortete ihm so, wie ihr Mann es ihr gesagt hatte. Am Abend erschien der Caboclo, wohlriechend und schön gekleidet. Der Mann des Mädchens hatte schon zwei Knechte gedungen, jeden mit einer Peitsche aus hartem Leder, und befohlen, unter dem Bett eine große Menge von Brennesseln aufzuhäufen.

Der Caboclo sagte bald nach seiner Ankunft zu dem Mädchen, er wolle ins Zimmer herein und es solle das Licht löschen, denn es sei ihm lästig. Darauf zog er alles aus, was er anhatte, und legte sich nieder und sagte, er sei sehr müde. In diesem Augenblick tat der Mann des Mädchens, als sei er von der Reise zurückgekehrt, und das Mädchen sagte zum Caboclo, er solle sich unter dem Bett verstecken. Der Mann trat ein und legte sich nieder mit der Behauptung, er sei sehr müde. Von Zeit zu Zeit hörte er eine Art Grunzen unter dem Bett hervordringen. Nachdem eine geraume Zeit vergangen war und der Mann immer das gleiche Grunzen hörte, fragte er: »Wer ist da?«

Antwortete der Caboclo ihm:

»Ich bin es, der Hund!«

Sagte der Mann:

»Oh, und Hund spricht?«

Erwiderte ihm der Caboclo:

»Ich spreche, ich!«

Da stand der Mann auf und schaute mit einem Licht in der Hand unter das Bett und sah den Caboclo inmitten der Brennesseln, angeschwollen wie ein Faß und sich am ganzen Körper kratzend. Der Mann rief die Knechte herbei, die sich schon bereithielten, und befahl:

»Gebt ihm die Peitsche!«

Nachdem der Caboclo eine Tracht Prügel bezogen hatte, ging er fort, und mit Mühe und Not fand er den Weg nach Hause. Lange Zeit brauchte er, um sich zu erholen, in Anbetracht der tüchtigen Tracht Prügel, die er erhalten hatte.

Nach langer, langer Zeit und als er sich schon wieder gut fühlte, ging der Caboclo von neuem an der Tür des Mäd-

chens vorüber, doch sehr mißtrauisch und mit gesenktem Kopf. Um ihn zu hänseln, sagte das Mädchen zu ihm:
»Grüß Gott, meine Nelke!«
Er drehte sich zu ihr um und antwortete sehr böse:
»Leb wohl, du Teufel!«

75. Der eitle Neger

Es war einmal eine Dame, die Frau eines Zuckersiedereibesitzers. Sie hatten keine Kinder. Nachdem der Mann krank geworden und gestorben war, trat an seine Stelle ein afrikanischer Neger mit Namen »Pai José«. Als Pai José hörte, daß er die Zuckersiederei leiten solle, war er sehr stolz.
Als er die anderen Neger für die Arbeit einteilte, gab er ihnen den Befehl, ihn von nun an nicht mehr Pai José zu nennen, sondern ihn mit »Sinhô Môço Cazusa« zu betiteln.
Die Neger gehorchten, und wenn sie ihn sahen, sagten sie:
»Gebt uns Euren Segen, Sinhô Môço Cazusa!«
Der aufgeblasene Neger antwortete:
»Gottes Segen!«
Doch der Stolz des Negers machte hier nicht halt. Als er in das Haus eintrat, sagte er zu der Dame:
»Sinhá, meine Herrin, wenn Sinhô Môço Cazusa müde nach Hause kam, ließ dann meine Herrin ihm nicht ein Bad bereiten? Ich will es auch so.«
Die arme Dame sah keine andere Möglichkeit, als dem Pai José das Bad bereiten zu lassen. Noch nicht zufriedengestellt, sagte der Neger:
»Sinhá, meine Herrin, befahlt Ihr nicht einer kleinen Mulattin, meinem Herrn den Rücken abzureiben? Ich will es auch so.«
Die Dame befahl der Mulattin, dem Pai José den Rücken abzureiben. Dieser fügte noch hinzu:
»Und gab die Sinhá meinem Herrn nicht ein steif gemachtes Hemd zum Anziehen? Auch Pai José will eines.«

Die arme junge Frau holte ein gestärktes Hemd, gab es dem Pai José zum Anziehen, und da sie einsah, daß es mit dem prahlerischen Gehabe des Negers ein Ende nehmen müsse, sprach sie mit zwei Knechten, versah sie mit zwei Peitschen und befahl ihnen, sich im Schlafzimmer zu verstecken. Sie hoffte, der Neger werde noch um etwas bitten, und es dauerte auch nicht lange, bis dieser sagte:

»Sinhá, meine Herrin, wenn mein Herr ein Bad genommen und ein steif gemachtes Hemd angezogen hatte, ging er ins Schlafzimmer, damit die Sinhá ihn lause. Auch Pai José will es so.«

Die junge Frau erhob keinen Einwand. Sie sagte, er solle ins Schlafzimmer hineingehen, und gab den Knechten den Befehl, ihm eine Tracht Prügel zu verabreichen. Als sie ihnen befahl, es ihm tüchtig zu geben, gaben die Knechte es ihm noch tüchtiger. Pai José kriegte so viel ab, daß er beinahe gestorben wäre.

Am anderen Tag ging er sehr früh zur Pflanzung, noch ganz schmerzgebückt von den Prügeln, und als die Neger ihn grüßten: »Gebt uns Euren Segen, Sinhô Môço Cazusa!« antwortete er ganz ärgerlich: »Ich bin nicht Sinhô Môço Cazusa, nein, ich bin Pai José.«

Und er gab ihnen den neuen Befehl, ihn beim eigenen Namen zu nennen. Die Neger waren sehr verwundert, denn sie kannten den Grund dieser Wandlung nicht. Niemals mehr bat Pai José um ein Bad noch um ein steif gemachtes Hemd noch darum, daß die Dame ihn lause.

76. Der Weiße und der Neger

Gott schuf den Menschen vollkommen, als sein Abbild und nach seiner Gestalt.

Der Teufel aber meinte, daß er selbst ein gleiches Werk vollbringen könne, oder vielleicht sogar noch ein besseres.

Er nahm daher ein wenig Lehm, wie es Gott gemacht hatte, und begann mit der Arbeit. Als er die Gestalt fertig hatte, stellte er fest, daß sie ganz schwarz war, denn da sie von seinen Händen geschaffen ist, die ja aus Feuer sind, so war die Gestalt kohlschwarz und mit brandroten Haaren herausgekommen.

Der Teufel war entrüstet darüber, daß ihm keine so vollkommene Gestalt hatte gelingen wollen, wie sie aus Gottes Händen hervorgegangen war, und als er diesen Hampelmann sah, den er da fabriziert hatte, wurde er wütend. Er hieb zornig mit der Faust in das Gesicht seiner Kreatur und drückte damit die Nase platt.

Gott hat den Weißen erschaffen und der Teufel den Neger gemacht, schwarz wie Kohle, mit krausem Haar und plattgedrückter Nase.

Andere besingen auch das Ereignis so:

Als Gott den Neger schuf,
Begann er bei der Ferse,
Als er bei der Nase ankam,
Überließ er die Vollendung dem Teufel.

Der Teufel war ein fauler Wicht,
Er wollte nicht arbeiten;
Er haute den Neger auf die Nase,
Und drückte sie ihm platt.

Märchen der Weißen

77. *Die drei Schwäne*

Es war in einem Zauberland ein Prinz, der stammte von einer Zauberfee ab und war mit der schönsten Prinzessin des Nachbarreiches verheiratet.

Als der Prinz ein reifer junger Mann geworden war, hatte ihm die Fee, seine Mutter, anempfohlen, nie im Leben dürfe er sich in einem Spiegel betrachten noch in einem Gegenstand, der seine Gestalt widerspiegeln könnte. Täte er das, würde er sich in einen Schwan verwandeln. Genau die Empfehlungen der Mutter befolgend, verbot der junge Mann den Gebrauch von Spiegeln im Palast und floh die Wasser der Flüsse und Seen und die glänzenden Gegenstände, die seine Gestalt widerspiegeln könnten.

Da war die Prinzessin von der seltenen Schönheit des Gatten begeistert und heftete einmal so lange und fest den Blick auf ihn, daß der Prinz dem entzückten Blick nicht ausweichen konnte. Er starrte auf die Gattin und sah seine Gestalt in der Netzhaut jener Augen sich abspiegeln. Und schon unter der Wirkung des Zaubers murmelte er:

»Ach! Du Undankbare! Du warst mein Verderben! Suche mich nun für immer in der Luft!«

Dann nahm er die Gestalt eines schneeweißen Schwanes an und flog durch den unendlichen Himmel. Geschwind stürzte sich die Prinzessin auf den Schwan, der mit den Flügeln schlug. Sie konnte ihn nicht mehr erreichen und schleuderte ihm eine Ebenholzschachtel nach, die der Schwan in den Flügeln auffing und mit sich nahm.

Seitdem war die Prinzessin traurig, und zu niemandem sprach sie ein einziges Wort. Alles wurde getan, um sie aus dieser Traurigkeit zu erwecken, und alles war umsonst. Der König, ihr Vater, holte sie dann und nahm sie mit durch Berge und Täler, von Dorf zu Dorf, um sie von dem tiefen Kummer abzulenken. So kamen sie in eine schöne Stadt, welche zum Reich gehörte. Sie ließen sich in einem prunkvollen Palast nieder. Der König ließ den Einwohnern durch seine Boten bekanntgeben, er würde eine große Summe Geld und Geschenke demjenigen geben, der eine Geschichte erzählte, wodurch die Prinzessin lachen und ihren Kummer vergessen könne.

Viele kamen zum Palast. Sie erfanden und erzählten sehr ulkige Fälle, Geistererzählungen und Feenmärchen, Zauber- und Hexengeschichten. Aber die Prinzessin hörte alles gleichmütig an. Manche Erzählungen vermehrten sogar ihren Kummer.

In der Umgebung der Stadt lebte ein armer, alter Holzhacker, in dessen Heim Hunger und Kälte herrschten. Eines Nachts ging er die Straße entlang, dachte an sein elendes Leben und bat den lieben Gott, er möge ihm eine Geschichte eingeben, die die Prinzessin zum Lachen bringen könne, denn so würde er zwar kein wunderbares Reich erlangen, wohl aber ein Stück Brot, um den Hunger zu stillen. Er setzte sich auf einen Stein am Rand des Weges und grübelte und grübelte, als er plötzlich ein ganz weißes Zicklein vor sich auftauchen sah, das auf dem Kopf einen kleinen Krug Wasser trug. Das Zicklein begab sich zu ihm und sagte:

»Weg da! Ich will vorbei!«

Der Alte wich verblüfft zurück. Von selbst erhob sich der Stein, ließ das Zicklein vorbei und fiel wieder herunter. Verwirrt durch das geheimnisvolle Ereignis setzte sich der Holzhacker wieder auf den Stein, als sich ein zweites Zicklein, diesmal ganz blau und mit einem anderen kleinen Krug Wasser auf dem Kopf, zu ihm begab und wie das erste die gleichen Worte sagte:

»Weg da! Ich will vorbei!«

Der Alte sprang sofort zur Seite und ließ das reizende Zicklein vorbei. Der Stein erhob sich, und das Zicklein lief flink vorbei. Nachdem der Stein heruntergefallen war, setzte sich der Alte darauf, entschlossen, von dort nicht wegzugehen. Aber als der Holzhacker begann, über das Gesehene nachzudenken, erschien ein drittes Zicklein, ganz grün und mit noch einem kleineren Krug Wasser. Es sprach zu ihm, als ob es zum Stein spräche:

»Weg da! Ich will vorbei!«

Darauf wich der Alte zurück. Langsam erhob sich der Stein und ließ das anmutige Zicklein vorbei. Ehe jedoch der Stein heruntergefallen war, stieg der Alte, dem auf einmal ein Licht aufging, in den unterirdischen Gang hinunter. Erstaunt war er, als er sich zwischen den Wänden eines wunderbaren Palastes befand, wo es inmitten eines sehr reichen Saales einen großen Teich gab. Kristallklares Wasser quoll hervor, und darein entleerte das Zicklein den Krug. Drei hübsche junge Männer spielten um ein Tischlein herum Karten, als einer von ihnen plötzlich zu einem der Diener sagte: »Diener, Diener, hole meine Uhr her!«

Dann der zweite: »Diener, Diener, hole mein Bild her!«

Darauf der dritte: »Diener, Diener, hole meine Schachtel her!«

Drei Diener brachten die gewünschten Gegenstände, und die jungen Männer starrten die lieben Dinge an und sagten der Reihe nach:

»Bild, Bild meiner Schönen,
Dich sehe ich,
Sie jedoch kann ich nicht sehen!« –

»Uhr, Uhr meiner Schönen,
Dich sehe ich,
Sie jedoch kann ich nicht sehen!« –

»Schachtel, Schachtel meiner Schönen,
Dich sehe ich,
Sie jedoch kann ich nicht sehen!« –

Unverzüglich verwandelten sich die jungen Männer in drei hübsche weiße Schwäne, die im Wasser des Teiches verschwanden. Vor lauter Freude klatschte der Alte in die Hände, denn er hatte nun die Geschichte, die die Frau Prinzessin zum Lachen bringen würde. Dann begab er sich dorthin, wo der Stein lag, und sagte die Zauberworte, die er gelernt hatte:
»Weg da! Ich will vorbei!«
Der Stein erhob sich, und der Alte begab sich vom Palast auf die Straße zur Stadt.
Als es Tag wurde, machte er sich auf den Weg zum Palast des Königs und fragte die Schildwache, ob er der Frau Prinzessin eine Geschichte erzählen dürfe. Der Soldat lachte über die fremdartige Figur des Alten und dessen zerlumpte Tracht:
»Hau ab, du armer Lump!«
»Nein, nein, mein Herr, ich will doch der Frau Prinzessin eine Geschichte erzählen ...«
Der Soldat sprang wütend auf den Alten los, und es gab einen höllischen Radau, und der König kam ans Fenster.
Kaum erblickte der Alte Seine Majestät, begann er laut zu schreien:
»Ich will der Frau Prinzessin eine Geschichte erzählen!«
Der König befahl, ihn freizulassen und umgehend zu ihm zu schicken. Kurz danach befand sich der Alte im Gemach der Prinzessin, und es dauerte nicht lange, bis durch den Palast ein Gelächter, ein heiteres Lachen, widerhallte, und vor lauter Freude wurde der König ohnmächtig.
Am nächsten Tag machten sich der König und die Prinzessin auf den Weg zum Zauberstein, um die Wahrheit der Erzählung nachzuprüfen. Es begleitete sie der Alte in Festkleidern und mit großem Gefolge. Dort versteckten sich alle im nächsten Gehölz, doch die Prinzessin und der Alte setzten sich auf den Stein. Das erste und das zweite Zicklein gingen vorbei, aber als das dritte dabei war zu verschwinden, folgten ihm die Prinzessin und der Alte in den unterirdischen Gang, wo die junge Dame erstaunte. Sie verbargen sich hinter der

Gardine, und siehe, drei schöne Schwäne schlüpften aus dem Teich heraus und verwandelten sich in drei schöne junge Männer. In einem erkannte die verblüffte Prinzessin ihren Gatten. Sie wollte schreien, aber der Alte hielt sie vorsichtig zurück.

Dann sagten die jungen Männer zu den Dienern der Reihe nach:

»Du, hole meine Uhr!« –
»Du, hole mein Bild!« –
»Du, hole meine Schachtel!« –

Sie betrachteten die geliebten Gegenstände und wiederholten nacheinander:

»Bild, Bild meiner Schönen,
Dich sehe ich,
Sie jedoch kann ich nicht sehen!« –

»Uhr, Uhr meiner Schönen,
Dich sehe ich,
Sie jedoch kann ich nicht sehen!«

»Schachtel, Schachtel meiner Schönen,
Dich sehe ich,
Sie jedoch kann ich nicht sehen!« –

Nachdem der schönste der Prinzen solche Worte ausgesprochen hatte, konnte die Prinzessin sich nicht mehr beherrschen und stürzte sich in seine Arme.

»Mein geliebter Gatte!« murmelte sie.

Überrascht entfernte sich der Prinz und erwiderte ihr:

»Halte mich noch nicht fest! Der Zauber ist noch nicht zu Ende. Morgen kommen wir drei Schwäne an deinem Palast vorbei. Derjenige wird dein Gatte sein, den du mit einer der drei Zitronen triffst!«

Im Nu verschwanden die drei jungen Männer, in drei Schwäne verwandelt, im Wasser des Teiches. Die Prinzessin kehrte ganz traurig nach Hause zurück und erzählte es den Mägden. Die Soldaten freuten ich sehr darüber, daß der Holzhacker bestraft werden würde. Am nächsten Tag trat die Prinzessin ganz früh ans Fenster. Sie hatte drei Zitronen in der Hand. Im gleichen Augenblick kamen drei Schwäne aus der Ferne angeflogen. Der erste Schwan flog vorbei, und weit entfernt von ihm sauste die Zitrone, die die Prinzessin warf. Der zweite Schwan wurde fast an den Flügeln getroffen. Und da flog der dritte Schwan, ganz weiß und ganz hübsch, daher. Die Zitrone traf ihn mitten an der Brust: Er fiel nieder und verwandelte sich in den schönen Prinzen, der der richtige und angebete Gatte war.

Unbeschreibliche Freude herrschte im Palast und in der Stadt. Der alte Holzhacker wurde zum Herzog ernannt, und nie mehr gab es Hunger und Kälte in seinem Heim. Das erste, was er tat, war, der flegelhaften Schildwache zu verzeihen, die ihn so herzlos verprügelt hatte.

78. Der gehörnte Prinz

Es war einmal ein König, der hatte einen Sohn. Als der Knabe geboren wurde, ließ der Vater nach dessen Stern fragen und wurde sehr traurig, als er erfuhr, es sei das Schicksal des Sohnes, ein Hahnrei zu sein. Um diesen Unstern zu durchkreuzen, ließ der König einen sehr hohen Turm bauen und den Knaben dahin bringen. Nur ein Knecht besuchte und bediente den Sohn, denn der Vater wollte nicht, daß der Knabe je eine Frau sehe.

Als der Sohn groß wurde, riß er ein Loch in den Turm, durch welches er auf die Straße schauen konnte. Verwundert blickte er die Frauen an, die zur Messe gingen, und fragte den Knecht, was das wäre. Der Knecht antwortete ihm, es seien Frauen, aber der Vater wolle nicht, daß er sie kenne und um sie wisse.

Eines Tages – der Prinz war schon ein junger Mann – fragte er den Vater, warum er seit der Geburt in einem Turm lebe. Der Vater antwortete, auf ihm laste das Schicksal, ein Hahnrei zu werden. Da bat der Sohn den Vater, er möge ihn von dort wegnehmen, denn er wolle sein Schicksal erfüllen, weit weg von ihm und der ganzen Familie. Der König tat ihm den Gefallen, und er ging durch die Welt. Nachdem er viel gewandert war und fern, fern vom Reiche des Vaters war, kam er an einen Ort, wo ein Mann einen sehr schönen Papagei verkaufte, der die Gabe hatte, das Schicksal des Hahnreis abzuwenden. Als der Prinz das hörte, kaufte er den Papagei für schönes Geld.

Der Papagei schwätzte viel, aber der Prinz behandelte ihn sehr gut. Es dauerte nicht lange, da verliebte sich der Prinz in eine hübsche Prinzessin und heiratete sie. Es ging ihm sehr gut, samt seiner Frau und dem Papagei, bis er eines Tages in einen Krieg ziehen mußte. Er war sehr traurig. Der Papagei merkte es und sagte zu ihm, er könne in den Krieg ziehen, denn er würde auf die Frau aufpassen. Der junge Mann beruhigte sich und zog in den Krieg, nachdem er der Frau den Papagei und diesem jene wärmstens empfohlen hatte.

Da erfuhr ein Prinz, ein Vetter der Prinzessin, der sie wunderschön fand, daß ihr Gatte verreist sei. Er suchte einen Weg, um sie zu sehen. Dazu verschwendete er viel Geld an herrliche Feste vor dem Palast der Kusine, um sie zu sehen. Jedesmal, wenn sie sich anschickte, ans Fenster zu kommen, schrie der Papagei:

»Oh! Prinzessin, meine Herrin, wie ist das? Der Prinz, mein Herr, ist nicht zu Hause, und die Frau Prinzessin will ans Fenster? Bitte schön, Frau Prinzessin, das ist sehr häßlich!«

Das sagte der Papagei jedesmal, wenn die Prinzessin ans Fenster gehen wollte. Und so tat sie es niemals. Der Vetter fühlte sich enttäuscht, weil er viel Geld vergeudete, ohne die Prinzessin zu sehen. Eine Alte, die sich von ihm ein Almosen

erbettelte, sah den Kummer an seinem Gesicht und sagte zu ihm:
»Was hast du denn, mein edler junger Herr?«
Er erzählte ihr alles.
»Das macht nichts«, sagte sie, »ich verspreche dir, die Prinzessin hierherzubringen.«
Als es Abend wurde, lief die Alte bis zum Palast der Prinzessin und bat sie, um der Liebe Gottes willen ein Kind taufen zu kommen. Die gerührte Prinzessin wollte schon gehen, als der Papagei sagte:

»Wohin, Prinzessin, meine Herrin, heut',
So schön, so herrenlos, zu dieser Zeit?«

Und er fuhr fort:
»Kommt zu mir, ich möchte Euch eine Geschichte erzählen.«
Die Alte war ganz verzweifelt, aber die Dame, die dem Papagei nie widersprach, kehrte zurück und setzte sich neben ihn. Der Papagei begann seine Geschichte:
»Es war in einem Reich eine Prinzessin, die bat den Vater um den Segen, nur wenn sie Glacéhandschuhe anhatte. Als sie eines Tages im Garten spazierenging, schlief sie auf dem Schoß einer Magd ein. Da kam ein junger Mann daher und nahm ihr den Handschuh fort. Sie wurde wach. Aber des Vaters Segen konnte sie nicht mehr erbitten, weil sie keinen Handschuh hatte. Sie wollte nicht mehr zum Palast zurückkehren. So wanderte sie durch die Welt, verwandelt in eine heilige Fee.
Einen langen Weg war sie schon gegangen, als sie in ein Reich kam, in dem sich eine Prinzessin befand, die schon sieben Jahre kein Wort geredet hatte. Als der König, der Vater dieser jungen Dame, erfuhr, daß eine heilige Fee in seinem Reiche angelangt war, ließ er sie zu sich kommen, sie sollte nämlich die Tochter zum Sprechen bringen.
Die heilige Fee eilte zum Palast und wurde im Gemach der Prinzessin untergebracht. Um Mitternacht stand die Prinzes-

sin auf und guckte mit einem Licht in der Hand, ob die Fee schlief. Diese stellte sich, als ob sie schliefe. Da öffnete die Prinzessin mit einem goldenen Schlüssel einen riesigen Schrank, aus dem ein sehr schöner junger Mann stieg. Die Prinzessin deckte schnell einen Tisch, stellte darauf eine Menge Speisen und aß mit ihm davon. Anschließend unterhielten sich beide bis zur Morgenstunde, wo dann die Prinzessin den Geliebten in den Schrank einsperrte. Es wurde Tag. Die heilige Fee, die alles gesehen hatte, stand auf und grüßte die Prinzessin. Diese antwortete ihr nicht. Da sagte die Fee:
›Frau Prinzessin, wenn Ihr Euch des Vaters Segen nicht erbittet und bis zum Mittag nicht sprecht, erzähle ich, was ich des Nachts sah!‹
Die Prinzessin war gar sehr überrascht, aber ihr blieb nichts anderes übrig, als mit den Eltern zu sprechen. Und sie sprach mit ihnen bis zur Mittagsstunde. Am nächsten Tag war die Prinzessin wieder stumm. Und wieder sagte die Fee:
›Wenn Ihr Euch heute den ganzen Tag mit Euren Eltern nicht unterhaltet, verrate ich, was ich des Nachts wieder sah; sprecht Ihr aber, dann verspreche ich Euch, das Geheimnis zu hüten!‹
Die Prinzessin war gar sehr erschrocken, aber ihr blieb nichts anderes übrig, als bis zur Abendstunde zu sprechen. Am dritten Tag stand die Fee auf und grüßte die Prinzessin, die ihr keine Antwort gab. Da sagte die Fee:
›Frau Prinzessin, sprecht Ihr nicht sofort mit Euren Eltern, und zwar Euer ganzes Leben lang, enthülle ich alles, was ich weiß!‹
Die Prinzessin sprach und sprach, und keinen Tag schwieg sie mehr. Der König und die Königin waren sehr zufrieden, und es gab ein großes Fest im Palast.«
Hier beendete der Papagei seine erste Geschichte, weil es Tag wurde, und die Alte kehrte enttäuscht nach Hause zurück. Aber sie verlor den Mut nicht. Nachts kam sie nochmals, die Prinzessin zu holen. Den Papagei, der sich stellte, als ob er

schliefe, brachte sie in den Schweinestall. Als der Papagei merkte, daß beide sich anschickten wegzugehen, begann er nach der Prinzessin zu schreien, sie soll ihn mitten aus den Schweinen herausholen lassen. Kaum war die Prinzessin am Käfig, sagte der Papagei zu ihr:

»Meine Herrin, wollt Ihr die Geschichte des Papageis nicht mehr hören? Setzt Euch hier zu mir, ich erzähle sie Euch!«

Und er begann so:

»Die heilige Fee ging aus diesem Reiche fort. Nachdem sie einen langen Weg zurückgelegt hatte, kam sie in ein anderes Reich, in dem der König vor Kummer über seinen verschwundenen Sohn im Sterben lag. Die Fee wurde auf Geheiß des Königs zu ihm gebracht. Sie sollte nun entdecken, wo der Prinz war. Sie versprach dem König, den Sohn zu finden, unter der Bedingung, daß der König vom König des Nachbarreiches die Erlaubnis erhalte, daß sie alle Möbel des Nachbarpalastes aufmache. Der Nachbarkönig lehnte die Bitte nicht ab, und die heilige Fee stürzte sich in die Arbeit. Sie schloß alle Möbel auf, aber zuletzt öffnete sie den Schrank, der im Gemach der Prinzessin stand und aus dem die Fee den jungen Mann herausholte. Alle waren sehr erstaunt, und der König, der Vater des Prinzen, war sehr zufrieden. Die Rückkehr des Sohnes war dann der Anlaß zu großen Festen im Palast.«

Als der Papagei seine Geschichte beendet hatte, krähten schon die Hähne, und noch wütender ging die alte Kupplerin fort. Aber das Versprechen, das sie dem Vetter der Prinzessin gegeben hatte, wollte sie halten. Am nächsten Tag kam sie noch früher, um die Prinzessin abzuholen. Den Papagei brachte sie in den Abort, wo er sofort zu schreien begann, man solle ihn herausholen, denn er sei kein Hund, um in einem so schmutzigen Loch zu weilen. Die Prinzessin ließ ihn dann rasch holen. Da sagte er, er habe noch eine sehr schöne Geschichte zu erzählen. Die verzweifelte Alte verfluchte den Papagei, der so begann:

»Die gleiche Fee begab sich in ein anderes Reich, wo sie zu einem kranken Prinzen gerufen wurde, um ihn zu heilen. Niemand wußte, an welcher Krankheit er litt. Er nahm keine Nahrung zu sich, wurde von einem starken Fieber geschüttelt und phantasierte gar sehr. Die Fee fragte ihn, warum er sich in diesem Zustand befinde. Er antwortete, es sei deshalb, weil er nie mehr eine Prinzessin gesehen habe, die er sehr liebte und deren Handschuh er gestohlen hatte. Die heilige Fee tröstete ihn, riet ihm zu essen und versprach, er würde die Prinzessin wiedersehen. Darauf antwortete er, er habe keine Hoffnung mehr, sie wiederzusehen. Sobald es Nacht wurde und der Prinz eingeschlafen war, zog sich die Fee um, kleidete sich wie eine Prinzessin und ging einmal um das Bett des Prinzen herum. Dieser erwachte sehr erschrocken, rief nach der Fee, die sich schon umgezogen hatte, und sagte zu ihr, er habe gesehen, wie die Prinzessin an seinem Bett vorbeiging.

Die Fee redete ihm den Gedanken aus, denn alles sei nur deswegen geschehen, weil er schwach sei und im Fieberwahn lebe. Sie gab ihm eine Brühe, und am nächsten Tag fühlte er sich etwas besser.

Nachts kleidete sich die Fee wieder wie eine Prinzessin und ging rings um das Bett des Prinzen herum. Er erwachte sofort und sagte der Fee, er habe seine Geliebte nochmals gesehen. Sie wollte ihm die Sache ausreden, aber er behauptete nein, er sei wach gewesen und habe sie wirklich gesehen. Nur mit großer Mühe überzeugte sie ihn davon, daß alles von dem starken Fieber herrühre.

Während der Nacht fütterte sie ihn tüchtig, und in der Frühe war er fast genesen. Ein drittes und letztes Mal kleidete sich die heilige Fee, wie sie an dem Tag gekleidet war, als der Prinz den Handschuh von ihr fortgenommen hatte. Der Prinz war kaum eingeschlafen, als sie am Bett vor ihm stand. Schnell stand der Prinz auf, und die Prinzessin konnte sich nicht mehr umziehen. Dann gab sie sich zu erkennen.

Am nächsten Tag erklärte der Prinz, vollkommen genesen, jene Prinzessin sei die Ursache seines Leidens gewesen. Sie heirateten gleich, und es gab größere Feste als in den anderen Reichen.«

Es war schon Tag, als der Papagei seine letzte Geschichte beendet hatte, und er heftete den Blick auf die Stelle, von wo aus der Prinz in den Krieg gezogen war.

»Meinen Botenlohn«, schrie er, »Prinzessin, meine Herrin, da kommt der Prinz, mein Herr.«

Kaum hörte die Alte den Papagei so sprechen, lief sie eilends davon, damit der Prinz sie nicht sehen könne. Die Prinzessin empfing den Gatten mit großer Freude. Der Prinz freute sich sehr, die Gattin und den Papagei wiederzusehen. Der Papagei erzählte seinem Herrn, wie er den Auftrag gut ausgeführt hatte, wurde ohnmächtig und starb. Dann sahen der Prinz und seine Gattin ein Engelein in den Himmel steigen…

79. Die verheiratete Kröte

Es war einmal ein Mann, der drei Söhne hatte. Eines Tages ging der älteste zum Vater und sagte:

»Mein Vater, ich bin schon ein reifer junger Mann, und Ihr seid bereits alt, und drum will ich mir meinen Lebensunterhalt verdienen gehen.«

»Schon gut, mein Sohn. Aber was willst du: meinen Segen mit wenig Geld oder meinen Fluch mit viel Geld?«

Der junge Mann antwortete: »Euren Fluch mit viel Geld!«

So geschah es, und der junge Mann ging auf und davon. Nachdem er viel herumgereist war und immer Verdruß gehabt hatte, heiratete er.

Ein Jahr später ging sein mittlerer Bruder zum Vater und sagte zu ihm, er wolle auch seinen Lebensunterhalt verdienen gehen. Der Vater fragte ihn: »Sohn, was willst du: meinen Segen mit wenig Geld oder meinen Fluch mit viel Geld?« –

»Euren Fluch mit viel Geld.« Und so geschah es, und auch der zweite brach auf, reiste umher, erlitt mancherlei und heiratete endlich.

Ein Jahr darauf bat auch der jüngste Bruder den Vater, seinen Lebensunterhalt verdienen zu gehen. Der Vater fragte ihn: »Sohn, was willst du: meinen Segen mit wenig Geld oder meinen Fluch mit viel Geld?« – »Euren Segen mit wenig Geld.«

Der Vater gab ihm seinen Segen, und der Jüngste machte sich auf den Weg. Nachdem er sich einige Zeit herumgetrieben hatte, hörte er, als er gerade an einem See ausruhte, eine sehr schöne Stimme. Der junge Mann war entzückt und sagte, er würde die Herrin der Stimme heiraten, wer immer sie auch sei. Plötzlich befand er sich in einem sehr reichen Palast, und eine Kröte erschien, um ihn zu heiraten.

Der junge Mann heiratete, aber er war sehr traurig. Nachdem nun einige Zeit vergangen war, mußten sie, er und die Brüder, die Familie besuchen, denn so hatten sie es mit den Eltern vereinbart. An einem bestimmten Tag hatten sie zu erscheinen und Geschenke, von den Frauen geschickt, mitzubringen. Der Jüngste, der mit einer Kröte verheiratet war, war sehr betrübt, denn er hatte nichts mitzubringen. Die Kröte sagte dann zu ihm, er möge ihr Fäden geben, denn sie wolle Spitzen anfertigen, um sie der Schwiegermutter zu schicken. Der junge Mann brach in ein Gelächter aus und warf die Fäden ins Wasser. Die Kröte schrie den ganzen Tag im See, auf dem sich viel Schaum bildete. Der junge Mann war verzweifelt. Aber an dem vereinbarten Tag erschien ihm eine so wunderschöne Spitze, wie er sie nie gesehen hatte. Damit machte er sich auf den Weg. Bei den Eltern gab es dann große Freude. Das schönste Geschenk brachte der Jüngste, weswegen die anderen sehr neidisch waren. Sie nahmen Abschied und kehrten nach Hause zurück. Die Eltern baten sie, an einem bestimmten Tag nochmals zu kommen, doch jeder solle dann seine Frau mitbringen. Da wurden die

beiden älteren Söhne fröhlicher, es ging nämlich dort das Gerücht, daß der Jüngste mit einer Kröte verheiratet sei.
Der Jüngste sagte nichts, aber er war sehr traurig und dachte an die Schande, die er erleben würde, wenn er mit einer Kröte als Frau erschiene. Am Tage der Reise sprang aus dem See die Kröte mit vielen Kröten und Krötchen und machte sich zusammen mit dem jungen Mann auf den Weg. Er ritt, und sie mit ihrem Gefolge fuhr auf einem Ochsenkarren. Der junge Mann ritt sehr traurig dahin.
Sie kamen an, und alle fingen sofort an, die Kröte zu verspotten. Diese ärgerte sich nicht darüber, sondern versteckte beim Abendbrot, anstatt zu essen, die Speisen im Brustbeutel. Da begannen die Schwägerinnen die Kröte auszulachen und sagten, sie sei eine Sau. Auf einmal holte die Kröte aus dem Brustbeutel eine Menge Blumen, in welche die Speisen sich verwandelt hatten. Sie selber stand vor ihnen als eine wunderhübsche Prinzessin, die alle bewunderten, doch weniger die Schwägerinnen, die vor Kummer und Neid starben.

80. Der Zauberring

Vor alten Zeiten, da man noch konnte auf Fischen reiten – also vor langer, langer Zeit –, da gab es ein Land, in dem lebte im Gebirge ein Zauberer. Er wohnte an der einzigen Straße, die durch das Gebirge führte, und alle Leute, die da vorüberzogen, mußten ihm Zoll zahlen. Den Männern hackte er eine Hand ab, die Frauen mußten mit ihm schlafen.
Die beiden Könige, die dort herrschten – der eine auf der einen Seite des Gebirges, der andere auf der Seite zum Meer hin –, waren ratlos, was sie gegen den Zauberer machen sollten, denn wenn sie auch ihre Heere aussandten, gegen den Zauberer kam niemand auf.
Nun hatte der eine König einen Sohn, und der andere hatte eine Tochter, und sie sandten Brieftauben hin und her, daß

sie ihre Kinder miteinander verheiraten wollten; aber sie fanden kein Mittel, wie sie die Kinder gesund zusammenbringen könnten, ohne daß sie durch den Zauberer Schaden nähmen.

Da sagte der Sohn zu seinem Vater, dem König: »Laß mich in die Welt ziehen. Ich will sehen, ob ich lernen kann, wie man den Zauberer bezwingt.«

Der König entgegnete: »Gut, so suche dir aus meiner Waffenkammer ein Schwert, aus dem Stall ein Pferd und aus der Gesindestube einen Diener und geh mit Gott!«

Der Königssohn wollte gerade in die Waffenkammer gehen, da sah ihn seine Mutter, die rief ihn herbei und fragte: »Sohn, wo willst du hin?« – »Mütterchen, ich will mir in der Waffenkammer das beste Schwert, im Stall das kräftigste Roß und in der Gesindestube den stärksten Diener holen. Dann will ich ausziehen, um zu sehen, wie der böse Zauberer zu besiegen ist.« – »Sohn, folge meinem Rat: nimm das rostigste und älteste Schwert, das du findest, nimm den alten, räudigen Gaul und wähle den alten Diener zu Begleitern aus!«

Der Prinz war gewohnt, dem Rat der Mutter zu folgen, und so suchte er sich in der Waffenkammer das rostigste und unscheinbarste Schwert, führte einen halblahmen und einäugigen Gaul aus dem Stall und rief den ältesten Diener herbei.

Als sie zu der Stadt hinausgezogen waren, da kamen sie an der Straße zu einer Stelle, wo ein alter Bettler stand. Der Diener sagte zu seinem Herrn: »Gib diesem Alten etwas, denn wer zu den Armen freigebig ist, den schützt Gott.« Der Königssohn schenkte dem Alten die Hälfte von allem Geld, das er besaß, und der Bettler dankte ihm und sagte: »Wenn du den Zauberer besiegen willst, so mußt du drei Dinge wissen: Erstens muß man ihn gleichzeitig von zwei Seiten angreifen, von oben und von unten; zweitens, wenn du ihm den Kopf abgeschlagen hast, mußt du ihm seinen Zauberring vom Finger schneiden; drittens darfst du diesen Ring nie aus der Hand geben. Der Ring hat nämlich Zauberkraft.«

Der Prinz zog nun mit seinem Diener weiter, und als sie ins Gebirge hineinkamen, begann das Pferd zu sprechen: »Herr, wenn du den Zauberer so angreifen willst, wie es der Alte gesagt hat, so werde ich dich auf den höchsten Berg hinauftragen. Du mußt die Augen schließen, damit du nicht schwindlig wirst und abstürzt. Wir werden dann den Zauberer von oben angreifen; dein Diener soll von unten angreifen und den Zauberer herausrufen.«
Der Diener aber sagte: »Wenn der Zauberer mich erblickt, wird er mich durch seinen bösen Blick töten. Aber wenn du den Ring abgeschlagen hast, kannst du mich ins Leben zurückrufen.« – »So sei es!« sagte der Königssohn.
Er schloß die Augen, und das alte Pferd stieg mit ihm steil die Felswände hinauf, wo sonst selbst die Bergziegen keinen Pfad mehr finden. Der Diener aber ging auf der Straße weiter, bis er das Haus des Zauberers sah. Als er sich dem Hause näherte, betrat der Zauberer den Paßweg und rief: »Wenn du hindurchwillst, so zahlst du mit einer Hand.« – »Nein«, rief der Diener, »ich bezahle mit meinem Dolch!« Und er stürmte auf den Zauberer los. Aber der sah ihn mit seinem bösen Blick an, und der Diener erstarrte zu Stein. Doch im gleichen Augenblick, als der Zauberer abgelenkt war, sprang das Pferd mit dem Königssohn in die Schlucht herab, und das Schwert, auf dessen Knauf ein Segensspruch stand, schlug dem Zauberer den Kopf ab. Dann stieg der Königssohn aus dem Sattel, griff nochmals nach dem Schwert und trennte den Finger von der Hand des Zauberers, an dem der Ring steckte. Und nachdem er den Diener ins Leben zurückgerufen hatte, ritt er zu seinem Vater heim.
Auf dem Heimweg fragte ihn der Diener: »Herr, was willst du weiter machen?« – »Ich werde die Prinzessin des andern Landes heiraten, wie es unsere Väter beschlossen haben.« – »Herr, man sagte, daß die Prinzessin ein böses Herz hat.« – »Nein, das glaube ich nicht.«
Als sie in die Nähe der Stadt kamen, sahen sie von weitem

wieder den alten Bettler, und da sagte der Königssohn: »Hier, nimm alles Geld, das wir noch besitzen, und bring es jenem Alten! Ich will einstweilen vorausreiten, denn meine Eltern warten sicher schon ungeduldig.«
Da ging der Diener zum Bettler hin und sagte: »Hier, das schickt dir mein Herr. Laß es dir gut gehen!« Da antwortete der Bettler: »Der Königssohn ist ein mildtätiger Mensch. Paß aber auf ihn auf, denn die Prinzessin wird ihn betrügen. Wenn du ihm aber beistehst, wird alles gutgehen. Wisse aber, daß du der Prinzessin das Herz aus der Brust schneiden und mit geweihtem Wasser waschen mußt, um die Bosheit daraus zu vertreiben.«
Der Diener dankte dem Alten und ging zum Palast, wo man bereits mit großer Freude die Rückkehr des Königssohnes und den Sieg über den bösen Zauberer feierte. Und es verging keine Woche, da kam auch der König des Nachbarreiches mit seiner Tochter, und es wurde eine prächtige Hochzeit gehalten. In der Brautnacht aber, als die Prinzessin und der Königssohn zum erstenmal allein beisammen waren, fragte die Prinzessin: »Was hast du da für einen schönen Ring am Finger?« – »Das ist der Ring, den ich dem Zauberer abgenommen habe.« – »Ach, laß ihn mich doch einmal anstecken, ob er mir passen würde.« – »Nein, den Ring darf ich nicht vom Finger nehmen.« – »Wenn du ihn mir nur für zwei Minuten zum Ausprobieren läßt, dann bekommst du ihn zurück.« – »Nein, auch nicht für zwei Minuten.« – »Geh, du bist garstig. Ich will nichts von dir wissen und will allein schlafen.« Und sie begann zu weinen.
Da sagte der Königssohn: »Gut, du sollst den Ring haben; aber nur für zwei Minuten.« Und er zog den Zauberring ab und gab ihn der Prinzessin. Kaum aber hatte diese den Ring am Finger, da wünschte sie sich weg und zu einem Geliebten, den sie heimlich hatte.
Als der Prinz sah, daß die Prinzessin plötzlich verschwand, wurde er krank vor Kummer.

Da meldete sich der alte Diener beim König und sagte: »Herr, wenn ihr mir das Schwert und das Pferd gebt, auf dem der Königssohn ausgeritten war, so will ich versuchen, die Prinzessin wiederzugewinnen.«

Der König antwortete: »Nimm sie und so viel Geld dazu, wie du brauchst.«

Der Diener machte sich auf den Weg, und als er die Stadt verlassen hatte, stieß er wieder auf jenen alten Bettler. Er beschenkte ihn zum drittenmal und klagte ihm sein Leid, daß die Prinzessin verschwunden und der Königssohn vor Kummer krank sei. Da sagte der Alte: »Reite bis zum Meer! Dort wirst du ein Schiff finden, das aus einer großen Muschel besteht. Besteige das Schiff, und es wird dich auf eine Insel bringen. Dort lebt die Prinzessin mit einem bösen Mohren. Töte ihn, und die Prinzessin wird dir willig zurückfolgen. Dann aber mach, was ich dir das letztemal schon geraten habe!«

Der Diener bedankte sich, und er ritt, bis er ans Meer gelangte. In einer großen Bucht fand er ein Schiff in der Form einer großen Muschel. Er führte sein Pferd auf dieses Schiff, zerhieb das Seil, mit dem das Muschelschiff angebunden war, und es setzte sich von allein in Fahrt.

Nach einigen Tagen erreichte das Schiff eine Insel, und er führte das Pferd ans Land. Da begann das Pferd zu sprechen und sagte: »Wenn dich der Mohr sieht, dann wird er dich auffordern, abzusteigen. Bleibe aber auf meinem Rükken, denn sonst würde der Mohr seine Diener auf dich hetzen, und sie würden dich ergreifen und in Stücke schlagen. Laß mich dorthin laufen, wohin ich will, und wenn uns der Mohr folgt, so warte, bis du mit ihm allein bist.«

Da ritt der Diener zum Schloß des Mohren, und als er in den Hof hineinkam, sahen der Mohr und die Prinzessin zum Fenster heraus. Der Mohr sagte: »Ach, bist du nicht ein Freund meiner Frau? Steig ab und mach es dir hier bei mir bequem! Du sollst es gut haben und ein herrliches Leben führen.«

Insgeheim aber gab er seinen Dienern einen Wink, den Alten zu fangen. Aber der Diener sagte: »Nein, ich werde nicht absteigen, denn du bist ein Gauner, ein Lump, ein Verbrecher und ein Hurensohn, und die Schweine mögen deine Knochen fressen!«
Da wurde der Mohr ganz grau vor Wut, er ließ sich sein schnellstes Pferd bringen und jagte dem Diener nach, dessen alter Klepper inzwischen aus dem Schloßhof hinausgaloppiert war. So schnell auch das Pferd des Mohren war, es konnte den alten Gaul lange Zeit nicht einholen, und das Gefolge des Mohren blieb weit zurück. Da blieb das Pferd des Dieners stehen und sagte: »Jetzt ist es Zeit.« Und der Diener zog sein Schwert, und als es ihm der Mohr aus der Hand schlagen wollte, zersprang sein Schwert an dem Schwert des Dieners in Stücke. Der Diener aber schlug dem Mohren den Kopf ab und ritt zum Mohrenschloß zurück.
Die Prinzessin aber tat, als ob nichts gewesen wäre, bestieg das Pferd des Mohren und ritt zum Schiff in Muschelform.
Als der Diener mit der Prinzessin, der er den Ring heimlich abgenommen hatte, daheim ankam, wurde der Königssohn sogleich gesund. Abends sollte er mit der Prinzessin in das Schlafgemach gehen, da bat ihn der Diener: »Herr, laß mich mitkommen und mich hinter einem Vorhang verstecken.« – »Gut, du hast mir zweimal das Leben gerettet. Es sei so.«
Der Diener versteckte sich hinter dem Vorhang, aber die Prinzessin sagte zum Königssohn: »Gib mir den Ring zurück, den mir dein Diener gestohlen hat.« – »Er hat ihn dir nicht gestohlen, denn er gehört mir.« – »So laß ihn mich wenigstens noch einmal anschauen!« – »Nein, denn du würdest mir wieder entfliehen.« – »So liebst du mich nicht? Dann will ich sterben!« Damit zog sie einen Dolch heraus und tat so, als ob sie sich erstechen wolle. Da rief der Königssohn: »Nein, lieber will ich dir den Ring geben!«
Aber als er den Ring vom Finger zog, da sprang der Diener hinter dem Vorhang hervor, warf die Prinzessin aufs Bett

und schnitt ihr mit dem Schwert die Brust auf, bis er ihr Herz in Händen hielt. Dann nahm er ein Gefäß mit geweihtem Wasser und wusch darin das Herz der Prinzessin, und wie es mit dem Wasser in Berührung kam, krochen viele Würmer aus dem Herzen heraus.

Dann setzte er das Herz wieder ein und sagte zum Königssohn: »Herr, mit Hilfe des Zauberrings könnt Ihr sie wieder lebendig machen.« Der Königssohn rief die Prinzessin ins Leben zurück, und von dem Tage an lebten sie glücklich und zufrieden.

81. Der alte und der junge Mann

Es war einmal ein Mädchen, das dachte nur ans Heiraten. Obgleich es schön und sehr begabt war, gefiel es keinem Burschen. Heirat ist ja Sache des Schicksals . . .

Da begann das Mädchen zu weinen, und eines Tages bat es eine gute Fee, sie möge ihm einen Ehemann geben, selbst wenn er sehr alt sei.

Es dauerte nicht so lange, als ein Alterchen kam und das Mädchen heiratete. Doch als das Mädchen einsah, daß es ein großer Fehler war, bereute es bitter den unüberlegten Schritt und begann von vorn zu jammern, denn mit solch einem Alterchen, das wie sein Großvater aussah, konnte es zu keinem Fest gehen, wurde von den anderen Mädchen ausgelacht, und das Benehmen des Alterchens war noch dazu unerträglich. Da bat es einen Zauberer, er solle jenes Alterchen zur Hölle holen und ihm einen jungen Mann als Gatten geben. Der Zauberer war damit einverstanden und nahm das Mädchen mit nach Hause. Das Alterchen steckte er in den Backofen, der für das Brot der Woche brannte. Hinterher holte er das Alterchen aus dem Ofen heraus, aber sieh, anstelle des Alten kam ein kecker junger Mann heraus, der so schön war wie keiner in der Welt.

Die ersten Tage waren voller Freude. Aber die Zeit flog dahin, und der junge Mann wurde zum Strolch, Trinker, Spieler und Wüstling. Kaum war er zu Hause, bleute er die Frau tüchtig durch. Die Armselige! Reuig ging sie zu der guten Fee, bat sie um Verzeihung und um ihr gutes und liebes Alterchen. Die Fee begab sich zur Kneipe, wo der junge Mann spielte, brachte ihn nach Hause und rief die Frau. Dann klopfte sie mit ihrem Zauberstab auf den Kopf des Burschen, der sich allmählich wieder in das Alterchen verwandelte.

Das Ehepaar lebte nun ganz glücklich. Das Mädchen sprach nie mit dem Alterchen über die Zeit, in der er ein zweites Mal jung war. Auch der Alte erinnerte sich nicht mehr daran.

Als der Alte starb, heiratete das Mädchen nicht mehr, obwohl viele reiche und schöne junge Männer es wollten.

So ist halt das Leben!

82. Das häßliche und das hübsche Mädchen

Es war einmal ein Mädchen, das hatte den Zauber, bei Tage häßlich, bei Nacht hübsch zu sein. Es wurde häßlich geboren, und als es wuchs, beklagte es immer wieder sein Schicksal.

Da tauchte eine Fee auf und gab ihm einen Zauberring, der aus ihm das schönste Mädchen dieser Welt machen würde, wenn es ihn an den Finger steckte. Aber es dürfe ihn erst nach Einbruch der Nacht anstecken und müsse ihn vom Finger ziehen, nachdem der Hahn zweimal gekräht hatte, sonst verlöre der Ring den Zauber. Dieses Geschenk dürfe es auch nicht verlieren. So war das Mädchen bei Tage häßlich und bei Nacht hübsch.

Darum zeigte sich das Mädchen erst nachts den Fremden. Und die Burschen und die anderen Mädchen waren von seiner Schönheit entzückt, wenn sie es am Fenster oder bei einem Fest, in der Kirche oder bei den Bällen sahen. Aber sie waren entsetzt, wenn sie es am Tage zufällig erblickten. Sie wußten um das Geheimnis nicht und glaubten, es handle sich um zwei Schwestern, von denen die eine häßlich, die andere hübsch war. Sosehr die Burschen mit ihm liebäugeln oder es heiraten wollten, machte ihnen das Mädchen keine Hoffnung. Seinetwegen rauften sie sogar. Und alle waren erstaunt darüber, daß das Mädchen niemals bis nach zwei Uhr früh bei den Bällen blieb. Und dies wußte niemand zu erklären.

Einmal tanzte es viel mit einem edlen Herrn und war in ihn verschossen und er in es. Aber zehn Minuten vor zwei, ehe der Hahn das zweite Mal krähte, verließ das Mädchen den Ball und lief davon. Der edle Herr folgte ihm. Doch ließ sich das Mädchen nicht einholen und kam nach Hause. Als es aber beim Eingang den Ring vom Finger zog, ließ es ihn auf den Boden fallen. Es wurde sofort häßlich und sprang geschwind ins Haus hinein, ohne den Ring aufgehoben zu haben. Der edle Herr hob ihn auf und steckte ihn an seinen kleinen Finger, um ihn am nächsten Tag seiner Besitzerin zurückzugeben und sie nochmals wiedersehen zu können.

Er tat so. Er kam und fand das Mädchen bei der Mutter vor. Aber es sah so häßlich aus, daß er es nicht erkannte. Da fragte er die Alte, wie viele Töchter sie habe. Sie erwiderte, sie besitze nur jene. Das Gehörte erschreckte den edlen Mann zutiefst, der sich furchtbar darüber ärgerte, daß man ihm das hübsche Mädchen zu verheimlichen suchte. Als das Mädchen aber seinen Ring am Finger des edlen Mannes sah, ging es auf diesen los, ließ sich auf die Knie nieder und bat ihn, er möge ihm um alles in dieser Welt den Ring geben. Da gab er ihm den Ring, den das Mädchen vor lauter Freude zerstreut gleich an den Finger steckte. Und das Mädchen wurde sofort hübscher denn je. Der Zauber des Ringes bestand nämlich auch darin – was die Fee nicht verraten hatte –, daß seine Besitzerin für immer hübsch bleiben sollte, wenn sie ihn von einem Mann zurückbekäme, welcher des Nachts den Ring getragen hätte.

Der edle Mann erkannte die Geliebte wieder und, von ihrer

Schönheit entzückt, heiratete sie und brachte sie in seinen Palast. Und das Mädchen wurde nie mehr häßlich, weder bei Tage noch bei Nacht.

83. Der rachsüchtige Totenkopf

Es war einmal ein Mann, der sah und betrachtete alles mit Spott. Eines Tages ging er in einem Wald spazieren. Dort traf er einen Totenkopf, der in einem Baum hing, während die übrigen Gebeine auf dem Boden lagen.

»Was für eine Frucht mag das sein?« sagte der Mann spottend. Er nahm den armen Totenkopf von den Zweigen ab und begann ihn zu beobachten. Er merkte, daß die Zähne so aussahen, als ob der Totenkopf spöttisch lache. Der Mann fand es witzig und brach in ein großes Gelächter aus. Dann warf er den Totenkopf auf den Boden und sagte:

»Wenn du willst, komm, du mein Freund oder meine Freundin, zum Abendbrot zu mir!«

Und er setzte seinen Weg fort, ohne sein Lachen zu unterbrechen. Das dauerte immer noch fort, als Strafe für die begangene Entweihung. Alle Augenblicke tauchte vor ihm der Totenkopf mit gefletschten Zähnen auf, den er spottend zu den übrigen Gebeinen geworfen hatte. Bei der Rückkehr wiederholte sich das gleiche wieder. Er kam immer lachend in seiner Hütte an, das kam der Familie seltsam vor, um so mehr, als er dann und wann zitterte, wie von jähem Schreck befallen. Das geschah jedesmal, wenn der Totenkopf ihm erschien und geheimnisvoll, der düsteren Einladung folgend, seinen Platz am Abendbrottisch einnahm. Doch niemand sah ihn außer dem armen Spötter. Und so lebte der Unglückselige dahin, gepeinigt von Kummer und Schrecken. Niemandem konnte er sein Herz ausschütten, denn seine schlechte Tat wollte er nicht bloßstellen.

Als ihn seine Frau noch einmal fragte, warum er ununterbrochen lache und auf Schritt und Tritt ohne Grund schaudere, erzählte er ihr schließlich die Geschichte. Die Gattin des Unseligen legte umgehend dem Heiligen ihrer Verehrung ein Gelöbnis ab. Und als sie einmal abends mit inniger Andacht betete, erschien ihr ein Engel, der zu ihr sagte:

»Wenn du zum Wald gehst und den Totenkopf beerdigst, wird dein Gatte aus dem traurigen Zustand, in dem er sich befindet, befreit!«

Als es Tag wurde, ging die Frau voll Mut aus der Hütte hinaus auf der Suche nach dem Totenkopf. Sie drang in den Wald ein, fand die Gebeine, bestattete sie in geweihtem Boden, stellte auf das Grab ein Kreuz, das sie im Handumdrehen anfertigte, und verrichtete inbrünstige Gebete für die Seele des oder der Verstorbenen. Als sie nach Hause kam, fand sie den Gatten schon ohne jenes andauernde und schauderhafte Lachen vor, das ihn so entstellte. Er sah fröhlicher und mitteilsamer aus und war frei vom Zittern, das ihn mit schrecklicher Qual verfolgt hatte. Seitdem der Totenkopf begraben war, erschien er ihm nicht mehr, um ihm Schreck einzujagen.

Dann erzählte ihm die Frau vom Gelöbnis und von der Engelserscheinung und von allem, was sie auf Geheiß des Himmelsboten getan hatte. Und der arme Mann segnete die geliebte Gattin, die Gebete verrichtet und Opfer gebracht hatte, um ihn zu retten.

84. Die goldene Kürbisflasche

Es waren zwei Männer, ein reicher und ein armer. Beide liebten es, einander Streiche zu spielen. Eines Tages ging der arme Gevatter bepflanzen. Um dem anderen einen Streich zu spielen, gab ihm der reiche Gevatter das schlechteste Akkerfeld, das er hatte.

Sobald der Arme die Zustimmung erhielt, lief er nach Hause

und erzählte es seiner Frau. Beide gingen dorthin und schauten sich das Land an. Im Wald sah der arme Mann eine goldene Kürbisflasche stehen. Da das Land dem reichen Gevatter gehörte, wollte der arme Freund sie nicht nach Hause mitnehmen. Er ging dann und erzählte dem reichen Freund, es gebe in dessen Wäldern jenen Schatz.

Der Reiche geriet außer sich vor Aufregung, und nun wollte er nicht mehr, daß der Gevatter sein Land bebaue. Kaum war der Arme verschwunden, machte sich auch der Reiche mit seiner Frau auf den Weg zum Wald, um den großen Schatz zu sehen. Dort angekommen, fand er nur ein großes Wespennest! Dieses steckte er sofort in einen Tornister und ging auf und davon zur Hütte des armen Gevatters.

»He! Gevatter!« schrie der Reiche, kaum daß er den anderen erblickt hatte. »Mach rasch die Türen zu und laß nur das Fenster ein bißchen offen!«

Der Arme tat so, und der Reiche, ganz nahe am Fenster, warf das Wespennest in die Hütte des Freundes hinein und schrie:

»Mach das Fenster ganz zu, Gevatter!«

Aber die Wespen schlugen auf den Boden auf und verwandelten sich in goldene Münzen! Der Arme rief geschwind die Frau und die Kinder herbei, und sie waren dabei, die Münzen zu sammeln, als der Reiche draußen schrie:

»He! Gevatter, mach die Tür auf!«

Darauf antwortete der Arme:

»Laß mich in Ruhe, denn die Wespen bringen mich um!«

So wurde der Arme reich, und der Reiche machte sich lächerlich.

85. Malazarte bringt einen Aasgeier zum Sprechen

Als der Vater Pedro Malazarte seine Seele Gott befahl, nahm er auch die Teilung seiner Habe – ein altes Hüttchen – unter seine Söhne vor. Pedro fiel eines der Oberteile der Haustür zu, womit er sehr zufrieden war.

Er nahm die Tür auf seine Schulter und wanderte in die Welt hinaus. Unterwegs sah er eine Schar Aasgeier über einem toten Esel kreisen. Er schleuderte die Tür auf sie zu und traf einen Aasgeier, der mit gebrochenem Bein liegenblieb. Er packte ihn, nahm die Tür auf den Rücken und setzte seine Wanderung fort.

Etwa nach einer Meile oder mehr erblickte er ein Haus, aus dem Rauch aufstieg, was so viel bedeutete, daß dort das Abendessen zubereitet wurde. Pedro Malazarte, der Hunger verspürte, klopfte an die Tür und bat um Essen.

Eine naseweise Schwarze empfing ihn und berichtete dann der Frau des Hauses, daß da ein Vagabund mit einem Aasgeier und einer Tür sei und daß er um Essen bettelte. Die Frau befahl ihn wegzuschicken, denn ihr Haus sei keine Zufluchtsstätte für Strolche.

Der Ehemann war auf Reisen und die Frau ganz behaglich dabei, einen Festschmaus für den herzurichten, dem er sehr wohl zugedacht war. Es gibt schon Sachen auf dieser Welt!

Der so übel empfangene Pedro Malazarte beschloß, auf das Dach zu steigen, wobei er sich der Türe, die er trug, bedienen mußte, die ihm als Leiter dienen sollte. Er stieg hinauf und beobachtete, was in jenem Hause vor sich ging, um so mehr, als er den Geruch der feinen Leckerbissen wahrnahm. Als er durch die Dachritzen spähte, sah er die Vorbereitungen und erblickte Leckerbissen und vernahm die Unterhaltung und die vertraulichen Gespräche der Hausfrau und der Negerin.

Genau zur Stunde des Abendessens nahte der Herr des Hauses, der beschlossen hatte, unerwartet von der Reise zurückzukehren. Als die Frau bemerkte, daß er sich näherte, befahl sie, die Speisen des Festmahls zu verstecken. Dann empfing sie ihn und umarmte ihn, ganz heuchlerisch, ganz lächelnd, doch wutentbrannt im Innern. Daraufhin befahl sie, das Abendessen auf den Tisch zu bringen, das aus verwässerten Bohnen, getrocknetem Fleisch und Maiskuchen bestand, und sagte zu ihm:

»Warum hast du mir nicht Bescheid gesagt, Mann? Immerhin hätte man etwas mehr herrichten können!«

Sie setzten sich zu Tisch.

Pedro Malazarte stieg von seinem Sitz herab und klopfte, den Aasgeier mit sich führend, an die Tür. Der Herr des Hauses stand auf und schaute nach, wer dort sei. Der Bursche bat ihn um einen Teller Essen, und der Hausherr rief ihn an den Tisch, um sich mit dem wenigen, was es gab, zu bedienen. Die Frau war verzweifelt, weil sie die Rückkehr Malazartes mißtrauisch machte. Pedro nahm Platz und zog den Aasgeier, der mit einem Stück Agavenseil am Fuß gefesselt war, unter den Tisch. Die beiden Männer waren gerade dabei, sich zu unterhalten, als plötzlich Malazarte auf den gebrochenen Fuß des Tieres trat und dieses zu schreien begann:

»Uh! Uh! Uh!«

Der Hausherr bekam einen Schreck und fragte, was zum Teufel das Tier haben könne. Pedro antwortete ganz ernsthaft:

»Nichts! Es sind Sachen! Es spricht mit mir!«

»Es spricht! Was, dein Tier spricht?«

»Ja, Herr, wir verständigen uns. Sehen Sie nicht, daß ich es immer mit mir nehme! Es ist ein Zaubertier, doch ist es sehr naseweis!«

»Wieso das?«

»Jetzt zum Beispiel sagt es, daß die Frau des Hauses geheime Kenntnis von der Rückkehr des Hausherrn gehabt habe und deshalb eine schöne Überraschung für ihn bereitgehalten habe.«

»Eine Überraschung! Sag mal, was es ist.«

»Wirklich wahr! Ein ausgezeichnetes gebratenes Spanferkel, das sich dort in jenem Schrank befindet ...«

»Ja, ist das denn möglich! Oh, Frau, ist es wahr, was der Aasgeier dieses Burschen sagt?«

In der Befürchtung, mit dem ganzen Festschmaus ertappt zu werden, und schon überzeugt davon, daß Pedro von dem ganzen Schwindel wußte, beeilte sie sich zu antworten:

»Na und! Reine Wahrheit! Das Tier hat es erraten. Ich wollte dir am Schluß des Abendessens eine Überraschung bereiten.« Und sie schrie nach der Negerin:
»Maria, bring das Spanferkel!«
Die Negerin kam gleich, aber mit wütendem Gesicht, gelaufen, das gebratene Spanferkel auf der Bratenschüssel.
Bald darauf trat Pedro Malazarte noch einmal auf den Fuß des Aasgeiers, der von neuem aufschrie. Der Hausherr fragte:
»Was sagt er denn jetzt?«
»Vorlautes Tier! Es klatscht wieder. Halt den Schnabel, Tier!«
»Was ist?«
»Weitere Überraschungen ...«
»Noch mehr!«
»Ja, Herr, ein gefüllter Truthahn ...«
»Ist das wahr, Frau?«
»Eine Überraschung, Herzensmännchen! Maria, bring den gefüllten Truthahn, den ich für deinen Herrn zubereitet habe.«
Der Truthahn kam. Und durch denselben Trick erreichte Pedro Malazarte, daß alle Leckerbissen, Süßigkeiten und Getränke, die im Hause waren, auf den Tisch kamen.
Als der Herr des Hauses sah, daß der Aasgeier Malazartes Zauberkräfte besaß und alle Geheimnisse entdecken konnte, schlug er ihm vor, das Tier zu kaufen.
Malazarte, der kapierte, daß er im Begriff war, ein gutes Geschäft zu machen, hob die Vorzüge des Aasgeiers noch mehr hervor und rief Gott und die Welt zu seinen Zeugen an. Der Mann zögerte, den Handel abzuschließen. Als in diesem Augenblick gerade die schwarze Alte den Kaffee ins Eßzimmer brachte, sagte Pedro zum Hausherrn, so daß es die Schwarze hörte:
»Dieses Tier hat wirklich Zauberkräfte, Herr. Es ist fähig, weitere Dinge zu entdecken, die in Eurem Hause vor sich gehen, ohne daß Ihr davon wißt.«

»Sag mir so etwas nicht!«

»Das gerade sage ich Euch! Aber damit es nicht verstummt und damit es alles erzählen kann, was es gesehen hat, muß man äußerst sorgfältig darauf achten, daß keine Frau ihm Wasser auf den Kopf schüttet. Und wenn Ihr es ausprobieren wollt, so laßt das Tier in dieser Nacht auf dem Korridor, und morgen werden wir viele Neuigkeiten erfahren.«

Der Mann stimmte dem Vorschlag zu und versprach, den Aasgeier zu kaufen, wenn es sich als wahr erweisen würde, was Malazarte ihm da sagte.

Aber kaum hatte die Schwarze die Abmachung gehört, ging sie aus dem Zimmer und erzählte alles ihrer Herrin, die sehr erschrak, denn in der kommenden Nacht sollte sie den Besuch des Mesners der Kleinstadt erwarten, und sie wußte nicht, wie sie es einrichten sollte, damit der geschwätzige Aasgeier nicht alles verdarb. Da hatte die Schwarze eine Erleuchtung und sagte, daß keine Gefahr vorhanden sei, denn sie werde es übernehmen, dem Aasgeier Wasser auf den Kopf zu gießen, damit der Zauber von ihm weiche.

Während der Nacht begaben sich alle zur Ruhe, während Malazarte es übernahm, das Tier auf dem Korridor niederzusetzen und Wache zu halten. Da, plötzlich, so nach Mitternacht, öffnete die Hausherrin ganz leise das Fenster, durch das der Mesner hereinsprang, während die Schwarze Wasser auf den Kopf des Aasgeiers goß, was sie versprochen hatte. Als das Tier spürte, daß sein Kopf ganz naß war, hatte es keine Einsicht mehr – patsch! –, und es hackte nach der Schwarzen, wo es genau wollte, und hielt sie fest, worauf die Negerin einen Schrei ausstieß.

Voller Furcht, ihr Mann könne erwachen, lief die Dame herbei, um ihre Negerin den Schnabelhieben des Tieres zu entreißen. Sie packte sie am Arm, aber es war ihr nicht möglich, sie wegzureißen. In höchster Not klammerte die Schwarze sich an den Arm der Herrin, die ebenfalls zu schreien anfing. Der Mesner eilte herbei, um zu sehen, ob er den beiden helfen könne, sich zu befreien. Aber schon zu dieser Zeit hatte Pedro Malazarte den Herrn des Hauses geweckt. Und die beiden rannten herzu, um zu sehen, was los sei, und trafen jene drei so an, wie sie waren.

Und alsbald erriet der Hausherr alles. Er verabreichte dem Mesner eine Tracht Prügel, bleute sowohl die Dame als auch die Sklavin durch und beschloß, den Aasgeier zu kaufen. Aber die Geschichte fing erst an. Pedro Malazarte verlangte fünf Contos de réis für das Tier. Es wurde hin und her gefeilscht, doch der Mann mußte sogar das Geld auf den Tisch zählen, Dreier um Dreier. Pedro Malazarte ließ den Aasgeier zurück, von dem er sich weinend verabschiedete, und machte sich auf den Weg. Doch als er im Hof der Fazenda eine Hammelherde sah, beschloß er, sie auch mitzunehmen, und er führte sie fort, als sei er der Besitzer der Herde.

86. Malazarte tut so, als brächte er sich um

Als Pedro Malazarte, sah, daß das Opfer ihn verfolgte, gab er Fersengeld, und als er an ein Flüßchen kam, traf er dort eine Frau beim Wäschewaschen an. Er war verloren, denn die Wäscherin würde den Verfolger in seine Richtung schicken.

Schnell trieb er die Herde an, das Flüßchen zu durchqueren, dann packte er einen von den Hammeln, zog ihm die Gedärme heraus und stopfte sie unter das Hemd. Als die Herde vorüberzog, riß er sein Messer heraus und ließ die Gedärme des Hammels, die er heimlich dorthin mitnahm, ins Wasser fallen.

Die Wäscherin stieß einen Schrei aus, fiel beim Anblick eines solchen Schauspiels ohnmächtig nieder, und Malazarte verschwand.

Als der Verfolger eilends anlangte und die Wäscherin fragte, ob sie einen Mann gesehen habe, der eine Herde mit sich

führte, berichtete sie, fast unfähig zu sprechen, daß Malazarte getan habe, was schon gesagt wurde.
Und da Malazarte mit seiner Herde schon weit fort war, kehrte der Mann zurück, wobei er eine Million Flüche ausstieß.

87. Malazarte gibt die Hammelherde weiter

Als Pedro Malazarte schon eine Strecke weit gekommen war, traf er einen Schweinhirt, der gleichfalls eine Herde bester Mastschweine vor sich hertrieb, um sie in der Stadt zu verkaufen.
Pedro Malazarte, der schon voraussah, daß der Fazendeiro seiner Spur folgen werde, schlug den Tausch der Hammel, die weniger wert waren, gegen die Schweine, die mehr wert waren, vor. Sie schlossen den Handel ab, nachdem der Schweinehirt noch Geld dazugegeben hatte.
Malazarte zog mit der Schweineherde weiter und der andere mit den Hammeln in die umgekehrte Richtung. Der Schweinehirt hielt beim Haus des Besitzers der Hammelherde an.
Als der Mann seine Herde sah, ging er auf den Schweinehirten zu und forderte die Übergabe dessen, was sein war. Der Schweinehirt wollte sich widersetzen, aber als er sah, daß der Mann bis an die Zähne bewaffnet war und viele Leibwächter hatte, sah er keinen anderen Ausweg als die Rückgabe der Herde zu seinem eigenen Schaden. Und er kehrte wieder um, um zu sehen, ob er Malazarte träfe, der schon weit fort war, da er den kürzeren Weg über eine Fazenda, auf die er gestoßen war, eingeschlagen hatte. Und dann verkaufte er die Schweineherde für einen ganz billigen Preis, aber mit der Bedingung, daß der Käufer gestatte, daß er die Schwanzspitze eines jeden Schweines abschneide.
Sie schlossen den Handel ab, und Pedro Malazarte steckte die Schwänzchen der Schweine in seinem Futtersack und stapfte auf der Landstraße davon.

88. Malazarte raubt den Schmuck einer Familie

Pedro Malazarte kam zu dem Schloß eines steinreichen Mannes, der verheiratet war und eine Tochter besaß, und bot sich als Diener an. Und er wurde angenommen.

Da Regenzeit herrschte, war der Schweinestall gleich einem Schlammloch. Malazarte kam ein Gedanke.

In der Nacht führte er die Schweineherde des reichen Mannes weit fort, und nachdem er zurückgekehrt war, spießte er in dem Schlammloch die Schwänze der Schweine auf. Und als am Morgen der Herr des Hauses kam, nach seiner Schweineherde zu sehen, zeigte Malazarte ihm das Schlammloch und sagte, daß die Schweine darin versunken seien und daß nur noch die Schwänze herausguckten. Der Herr des Hauses befahl ihm sogleich, ins Haus zu gehen und zwei Hacken zu holen, um zu sehen, ob sie die Tiere noch ausgraben könnten.

Pedro Malazarte eilte davon, und – am Haus angekommen – erblickte er die Doña und die Tochter, die im Garten spazierengingen, und er sagte zu ihnen:

»Der Herr hat befohlen, daß die Damen mich begleiten.«

Sie waren unschlüssig, aber Malazarte schrie dem Hausherrn, der sich ganz da unten befand, die Frage zu:

»Die beiden, Herr?«

»Ja, die beiden, und ein bißchen fix. Die beiden, Schafskopf!«

Da machten die Damen keine Einwände mehr und gingen mit Pedro, der sie in eine andere Richtung führte.

Als sie schon weit gekommen waren, band der Halunke die Frauen an einem Baum fest, nahm ihnen allen Schmuck ab, der sehr kostbar war, floh und führte die Schweineherde fort, die er in besagtem Versteck verborgen hatte.

Und als der reiche Mann, des Wartens müde, nach Hause kam und weder Frau noch Tochter vorfand, machte er sich auf die Suche nach ihnen und fand sie dort angebunden, wo Malazarte sie zurückgelassen hatte.

Als er zurückkam, sah er, daß von den Schweinen nur die

Schwänzchen vorhanden waren und daß er ein Erzdummkopf war.

Viele Meilen weiter verkaufte Malazarte die Schweineherde, erhielt das Geld, kaufte einen Anzug aus gutem Stoff und hielt an in einer Stadt, in der sich gleich am Eingang ein hübsches Landhaus befand, das dem Doktor Amtsrichter gehörte.

Malazarte vollführt einen neuen Streich, der aber wie zwei dünkt.

Es war schon gegen zehn Uhr abends.

Der Malazarte klopfte an die Tür und bat um ein Nachtlager, wobei er den Namen von Dr. Dingsda angab, der dieses Land besuchen wollte.

Der Richter pflegte spät heimzukehren, denn er blieb bis Mitternacht außer Haus, da er mit seinem Gevatter Marimbo spielte. Und daraufhin bat der Sohn des Richters in seiner Einfalt den Gast einzutreten, und er gab ihm nach einer guten Tasse Tee in dem Zimmer, in dem der Richter sich anzukleiden pflegte, ein Nachtlager.

Als der Richter ankam, erzählte der Sohn ihm, was sich zugetragen hatte, und der Dummkopf war sehr zufrieden mit der Beherbergung.

Und dann, lange nach Mitternacht, verspürte Malazarte in seinem Bauch ein Rühren. Er suchte nach einem Nachttopf, und als er ihn nicht fand, öffnete er das Fenster. Aber da draußen war eine Meute von Hunden, und so lautes Bellen hatte man nie gehört. Der Malazarte war in kalten Schweiß gebadet. Aber in diesem Augenblick bemerkte er auf dem Bord eine Schachtel. Er öffnete sie, ein Pelzzylinder war darin. Das war die Rettung! Er nahm den Zylinder heraus, machte hinein, wonach ihn verlangte, stellte ihn wieder in die Schachtel und brachte diese an den Platz, an dem sie zuvor gestanden hatte.

Am Morgen, als er Knechtegetrappel vernahm, stand er auf, und . . . Du lieber Himmel! . . .

Als Malazarte zum Kaffee gerufen wurde, fand man ihn nicht mehr vor.

Zur Mittagszeit kam der Richter aus seinem Zimmer und begab sich in das Gemach, in dem er sich anzukleiden pflegte. Es war Gerichtstag. Er zog den Gehrock an und nahm zerstreut den Zylinder hervor, den er sich mit einem Ruck auf den Kopf setzte. Warum hast du so etwas getan! Da stand er nun mit besudeltem Gesicht und verspürte einen Geruch, der ihn fast erstickte. Dann fing er an zu schreien. Die ganze Familie kam herbei, weil sie dachte, ihm sein ein Unglück zugestoßen. Als sie ihn in diesem Zustand sahen, rannten sie alle, ihm zu helfen. Der Sohn bereitete ihm ein Bad, die Tochter brachte Parfüm herbei, die Frau duftende Seife. Und dann gab es Gelächter und Gelächter, aber der Richter schäumte vor Wut. Und die Geschworenen waren schon so müde des Wartens auf ihn ...

Aber der Malazarte war schon weit weg. Es schien sogar, als mache er gemeinsame Sache mit Beelzebub.

89. Malazarte verkauft den Leichnam der alten Mutter

Dann erfuhr Malazarte auf dem Weg, daß seine Mutter gestorben sei, und da er sehr zärtlich war, langte er bald zu Hause an.

Dort traf er die Brüder an, die Tränen vorheuchelten. Auch er vergoß viele Tränen, und bald darauf beschlossen sie, die Teilung vorzunehmen, denn ein jeder wollte für sein Leben vorsorgen.

Die Erbschaft war nicht groß, immerhin war aber ein kleiner Hof da, einige Ernteerträge, einige Morgen Land und ein kleines Haus. Die Brüder begannen das Beste auszuwählen. Aber Pedro Malazarte sagte:

»Deswegen soll es keinen Zweifel geben. Ich will nur drei

Dinge: einen Teil der Haustür, den Leichnam meiner Mutter und den alten Klepper.«

Die anderen waren darüber befremdet, aber da er leicht zufriedenzustellen war, stimmten sie der Teilung zu. Pedro band den Leichnam der alten Frau auf dem Sattel des Kleppers in Reitstellung fest. Und er machte sich auf, das Pferd hinter sich herziehend, und versprach, später wieder zurückzukehren, um die Tür zu holen.

Er kam zu einer Fazenda – es war schon spät in der Nacht – und bat um Obdach. Die Bewohner des Hauses waren schon zur Ruhe gegangen, aber die Person, die ihm öffnete, willigte ein, ihn zu beherbergen, weil Pedro auf die Erschöpfung der alten Frau, auf ihre Krankheit hinwies, die arme Unglückliche! Man zeigte ihnen ein Zimmer am Eingang, wo beide blieben.

Zu einer gewissen Stunde packte Pedro den Leichnam, begab sich mit ihm auf den Korridor und lehnte ihn an die Tür des Hausherrn. Als dieser am Morgen die Tür öffnete, bekam er einen Riesenschreck, als er einen schweren Körper ins Zimmer fallen sah. Und es war viel Blut auf dem Boden, denn als der Körper niederstürzte, war der Kopf der Verstorbenen zertrümmert worden. Der Mann erhob ein großes Geschrei. Pedro kam bald herbei, rieb sich die Augen und tat so, als sei er in diesem Augenblick erst aufgeweckt.

Als er jenes Bild sah, warf er sich über den Leichnam der alten Mutter und fing laut an zu weinen, beschuldigte den Fazendeiro, der Mörder seiner Mutter zu sein, und verlangte eine hohe Entschädigung, ansonsten er bei Gericht Klage erheben werde. Der Fazendeiro sah keine andere Möglichkeit, als mit dem Geld herauszurücken und auch noch den Leichnam zu beerdigen.

Und Pedro Malazarte kehrte nach Hause zurück, um die Tür zu holen, nachdem er unterwegs den Klepper verkauft hatte, der bald, bald, von der Reise erschöpft, auf der Straße niedersank und starb.

Als Pedro Malazarte mit der Tür dort ankam, wo das Pferd liegengeblieben war, sah er über diesem eine Schar Aasgeier. Er schleuderte die Tür auf die Schar, packte einen Aasgeier, der mit gebrochenem Bein zurückblieb, und setzte seine Reise fort.
Dieser besagte Aasgeier war derselbe, den er für fünf Contos verkaufte. Erinnert ihr euch noch?

90. Malazarte verhindert das Einstürzen der Welt

Nach einer gewissen Zeit überkam den Malazarte das Bedürfnis, sein Wasser abzuschlagen. Er stellte sich an eine große Mauer, die zu einem hübschen Landgut gehörte. Und als er gerade so mitten dabei war, kam der Eigentümer der Besitzung sehr böse daher und fragte ihn, wer ihm den Befehl gegeben habe, so etwas dort zu verrichten. Pedro stellte sich scheinheilig und antwortete:
»Ach, mein guter Herr, seit heute morgen stehe ich schon hier, ohne zu essen, ohne zu trinken, allein wegen der anderen.«
»Wegen der anderen? Was heißt denn das?«
»Ich stütze die Welt.«
»Du bist verrückt!«
»Nein, es ist wahr, Herr. Ich kam ganz gemächlich des Weges daher. Doch als ich an diesen Ort kam, erschien mir die Gestalt eines Engels. Er stieg vom Himmel herab und sprach zu mir diese Worte: ›Auf Befehl des Herrgotts wird die Welt um Mitternacht untergehen.‹
Stellt Euch vor, was für einen Schreck ich bekam. Aber der Engel beruhigte mich:
›Es gibt ein Mittel, dies zu verhindern: Man muß jemand finden, der diese Mauer von diesem Augenblick an stützt.‹
›Allein deswegen braucht Ihr keine Sorge zu haben‹, antwortete ich; ›ich will einen Stecken schneiden.‹

›Nein, es ist keine Zeit mehr. Noch innerhalb einer Minute muß die Mauer gestützt werden.‹

Und er stieß mich hierher, wo ich mich befinde, ohne daß ich mich wegrühren kann; denn wenn ich fortgehe, stürzt die Welt ein!«

»Wirklich?«

»Ach! Wenn der Herr mir den Gefallen täte und meinen Platz einnähme, während ich dort in den Busch gehe, um einen Stecken zu schneiden, wäre alles in Ordnung. Denn wenn ich hier noch länger stehe, werde ich es nicht aushalten, und mit meinem Tod stürzt die Welt ein, und niemand entgeht dem Untergang!«

Der Mann dachte nach und beschloß, den Platz Pedros einzunehmen, der versprach, bald mit einem Stecken zurückzukommen.

Bis heute wartet er auf Malazarte!

91. Malazarte kocht ohne Feuer

Als Pedro in die Stadt kam, stürzte er sich mit den Studenten ins Vergnügen und gab sein ganzes Geld aus. Ehe er völlig blank war, kaufte er einen kleinen Kochtopf mit drei Füßen und einen Sack mit Proviant und setzte die Reise fort.

Er war schon eine Weile gewandert, als er eine leere Hütte erblickte. Er beschloß, dort auszuruhen. Er machte Feuer und stellte den Dreifuß-Kochtopf mit dem Inhalt des Proviantsackes zum Wärmen darauf.

Doch in diesem Augenblick kam eine Viehkarawane daher. Pedro Malazarte häufte, so schnell er konnte, einen Berg Erde auf das Feuer und blieb ruhig vor dem dampfenden Kochtopf sitzen. Als die Viehtreiber das sahen, waren sie sehr verblüfft und fragten: »Was ist denn das für eine Mode, Landsmann, ohne Feuer zu kochen?«

»Dies ist nicht für alle. Denn seht ihr nicht gleich, daß mein Topf ein Zaubertopf ist?« – »Dann kocht er ohne Feuer?«
»Wie ihr seht und zu jeder Zeit. Aber da eine Fee mir geweissagt hat, daß ich nur noch wenige Tage zu leben habe, kann ich ihn verkaufen.«
Die Viehtreiber sahen das als eine günstige Gelegenheit an; sie kosteten von dem Essen und fanden alles sehr gut. Sie kauften den Topf und bezahlten für ihn, was von ihnen gefordert wurde.
Als sie zur Abendbrotzeit darangingen, ohne Feuer zu kochen, merkten sie den Schwindel, aber es war schon zu spät. Der Malazarte hatte sich in weite Ferne begeben.

92. Malazarte verkauft einen Vogel

Malazarte wanderte so dahin, als ihn das Bedürfnis überkam, sich zu entleeren. Er hockte sich mitten auf die Straße, und da blieb er.
In diesem Moment erblickte er einen Herrn, der auf die Jagd ging. Malazarte nahm seinen Hut ab und stülpte ihn über das, was er verrichtet hatte. Als der Herr herangekommen war, fragte er ihn: »Was macht Ihr hier, daß Ihr es mit Eurem Hut so sorgfältig schützt?«
»Es ist ein hübscher Vogel, den ich unter dem Hut gefangenhalte. Er singt, daß es eine Freude ist. Und ich möchte ihn nicht verlieren. Ich warte auf jemanden, der auf ihn aufpaßt, während ich einen Käfig suche.«
Der Mann war sehr neugierig, den Kanarienvogel zu sehen, denn er war ein großer Liebhaber von Singvögeln. Er schlug vor, ihn zu kaufen, aber unter der Bedingung, daß Malazarte einen Käfig suchen ging.
Nach vielem Hin und Her schloß Pedro den Handel für gutes Geld ab, überließ es dem Narren aufzupassen und ging auf die Suche nach einem Käfig.

Die Zeit verstrich, und Malazarte kehrte nicht zurück. Darauf faßte der schon ungeduldig gewordene Mann den Entschluß, den Vogel mit der Hand zu greifen und ihn nach Hause mitzunehmen. Mit äußerster Vorsicht langte er mit der Hand unter den Hut, und als er dachte, er hätte den Singvogel gepackt, griff er in eine ganz andersartige Sache ... Er wurde wütend, stieß Flüche aus, während Pedro schon weit fort war und sich über den Trottel lustig machte.

93. Malazarte gibt einer alten Frau Mehlbrei

Zu jener Zeit traf sich Pedro mit einem seiner Brüder, mit dem er in tollen Festen viel Geld verschwendete. Als der Geldbeutel leer geworden war, setzten sie ihre Reise gemeinsam fort.

Nachdem sie viele Meilen gewandert waren, langten sie – von Hunger geplagt – beim Haus eines alten Ehepaares an. Es waren sehr arme Arbeiterleute.

Sie baten um Herberge. Aber die alten Leute sagten, daß sie keinerlei Bequemlichkeit hätten noch ihnen etwas geben könnten, ihren Hunger zu stillen ...

»Allein, wenn sie in der kleinen Kammer schlafen wollten, auf dem Strohhaufen ...«

Pedro nahm das Angebot sogleich an. Die Alten gingen in ihr Zimmer und die Brüder ins Stroh. Doch am frühen Morgen roch der Malazarte ein gutes Düftchen und hörte das Pfeifen eines Kochtopfes in der Küche, und er fragte den Bruder:

»Manuel, hörst du nicht ein Pfeifen? Wer weiß, ob es in der Küche nicht irgend etwas Eßbares gibt?«

Der andere entgegnete:

»Das ist möglich. Die Arbeiterleute lassen gewöhnlich während der Nacht den Topf auf dem Feuer, damit sie am Morgen, ehe sie zur Arbeit gehen, etwas zu essen haben.«

Auf Fußspitzen gehend nahm Pedro den Bruder mit in die

Küche, wo sie auf dem Feuer einen Topf mit dampfendem Mehlbrei vorfanden. Sie aßen davon, so viel sie wollten, bis sie satt waren, und da Pedro ein großer Spaßmacher war und keine Gelegenheit vorübergehen lassen konnte, ohne Streiche zu machen, sagte er, daß ihm die alte Frau sehr leid tue und daß er ihr auch ein wenig Mehlbrei geben werde.

Sie gingen in das Zimmer hinein, und während der Bruder den Topf ganz ängstlich hielt, flößte Pedro mit einem Löffel den Brei dort ein, wo er den Mund der Alten vermutete. Von Zeit zu Zeit hörten sie ein paar Laute, und Pedro sagte ganz leise: »Ist es warm, Großmütterchen? Blase, meine Alte!«

Nachdem die Brüder den Topf in die Küche gebracht hatten, begaben sie sich bald nach dem Morgengrauen ins Freie.

Sie waren schon weit fort, als der alte Mann aufwachte, und – wütend auf die Frau – sie beschuldigte, das Bett beschmutzt zu haben ...

»Ich! Du Gauner! Ich!«

»Mach dich nicht zur dummen Gans, denn niemand anders als du warst es!«

Da spürte die alte Frau etwas in sich aufsteigen. Und die beiden, die niemals Streit gehabt hatten, zerkratzten einander und sprangen aus dem Bett. Wie groß aber war ihr Entsetzen, als sie sahen, daß das ganze Bett mit Mehlbrei vollgeschmiert war.

Sie liefen in die Küche und fanden den leeren Topf vor; sie gingen in die Kammer, aber die Fremden waren nicht mehr da! Sie stießen viel Flüche aus und schworen, niemals mehr jemanden zu beherbergen, außer Unseren Herrn Jesus Christus.

94. Malazarte kommt in den Himmel

Als Malazarte gestorben war und vor dem Himmel ankam, sagte er zu Sankt Peter, daß er eintreten wolle. Der heilige Torwächter erwiderte:

»Du bist verrückt! Wie hast du noch den Mut, in den Himmel eintreten zu wollen, nachdem du so viel angestellt hast dort unten in der Welt?«
»Ich will, Sankt Peter, denn der Himmel ist für die Bußfertigen da, und alles, was geschieht, geschieht durch den Willen Gottes.«
»Aber dein Name steht nicht im Buch der Gerechten, und deswegen trittst du nicht ein!«
»Aber dann wünsche ich mit dem Ewigen Vater zu sprechen.«
Sankt Peter ärgerte sich über diesen Vorschlag und sagte:
»Nein, damit du mit Unserem Herrn sprechen kannst, mußt du in den Himmel eintreten, und wer in den Himmel hineinkommt, kann nicht mehr hinaus.«
Malazarte fing an zu jammern und bat, der Heilige möge ihn wenigstens in den Himmel hineinspähen lassen, nur durch den Türspalt, damit er eine Vorstellung davon bekomme, was der Himmel sei und beklagen könne, was er wegen seiner bösen Taten (= más artes = malazarte!) verloren habe.
Der schon verstimmte Sankt Peter öffnete die Tür einen Spalt, und Pedro steckte den Kopf hindurch. Aber plötzlich rief er:
»Schau, Sankt Peter, da kommt Unser Herr, um mit mir zu sprechen. Habe ich es dir nicht gesagt?«
Sankt Peter wandte sich mit aller im Himmel üblichen Ehrfurcht um, um dem Ewigen Vater, von dem er annahm, er käme vorbei, seine Ehrerbietung zu erweisen.
Und da sprang Pedro Malazarte in den Himmel hinein!
Der Heilige sah, daß er betrogen worden war. Er wollte Malazarte an die Luft setzen, aber dieser widersetzte sich:
»Jetzt ist es zu spät! Sankt Peter, erinnert Euch, daß Ihr mir sagtet, niemand, der erst einmal in den Himmel hineingekommen sei, könne mehr hinaus. Es ist die Ewigkeit!«
Und Sankt Peter sah keine andere Möglichkeit, als Malazarte dort weilen zu lassen . . .

NACHWORT

»America seu insula Brasilij« lesen wir als Bezeichnung Südamerikas auf der Weltkarte in Sebastian Münsters Kosmographie aus dem Jahre 1544; Nordamerika ist auf der gleichen Karte »Terra florida« genannt. Aber auch die Spezialkarte des gleichen Werkes, das damals wissenschaftlich auf der Höhe der Forschung stand, »Die newe Inselen / so zu unsern Zeiten durch die künig von Hispania im grossen Oceano gefunden sindt«, umschreibt den ganzen Kontinent Südamerika lateinisch mit: »Insula Atlãtica quam vocant Brasilij et Americam«.

In die Umrisse des Kontinents sind in der Gegend des heutigen Brasilien zwei charakterisierende Bilder eingefügt: eine große Laubhütte mit stützendem Mittelpfahl (in Zeltform) und über einem Feuer bratende menschliche Glieder. Von den Kannibalen lesen wir ausführliche Beschreibungen auf den Seiten 1151/52. Es wird aber dort nicht nur von der Antropophagie berichtet und von der kriegerischen Art, sondern wir erfahren auch von der großen Reinlichkeit der Bewohner, von ihrer Begabung für das Schwimmen, vom Schlafen in Hängematten und so weiter.

Recht viel mehr als bei Sebastian Münster zu lesen ist, mag auch heute bei manchen europäischen Lesern der Name »Brasilien« nicht erwecken. Daß es sich um ein Land handelt, das fast die Hälfte der Oberfläche Südamerikas umspannt, und um ein Volk, das heute ebenso fast die Hälfte der Bevölkerung dieses Kontinents beherbergt und zahlenmäßig unter allen Ländern romanischer Zunge an erster Stelle steht, wird selten bewußt. Wir stehen so einem Großraum gegenüber, der uns zwingt, andere Maßstäbe zu nehmen und uns auf stärkere Gegensätze einzustellen, als wir es sonst bei unseren Märchenlandschaften gewöhnt sind.

Jeder Versuch, eine Blütenlese aus der reichen und bunten

Volkskultur Brasiliens zu vermitteln, wird von der Dreiteilung seiner rassischen Zusammensetzung ausgehen müssen, wenn auch die ursprünglich scharf getrennten Bereiche indianischer, afrikanischer und europäischer Völkerschaften heute weitgehend aneinander agglutiniert oder miteinander vermischt sind. Zwar leben auch heute noch einige indianische Stämme relativ kontaktarm in der verkehrstechnisch schwer zugänglichen Wildnis des Urwalds, aber die dicht bevölkerten Küstenstaaten basieren auf abendländischen und negroiden Elementen, die durch die Eigenart Brasiliens sich erst einander angenähert haben und nun teilweise bereits miteinander verschmolzen sind.

Wir haben in unserer Auswahl die Märchen der Urbevölkerung dieses Raumes besonders berücksichtigt, da es sich dabei weitgehend um bodenständige Erzähltraditionen handelt. Mögen auch manche Motive polygenetisch zu erklären sein und einzelne über die Küstenstämme in den ersten Jahrhunderten der europäischen Zuwanderung eingedrungen sein, so zeigt uns doch die Erzähleigenheit, die nativere Form und der einfachere Sinnzusammenhang, etwas Wesentliches von indianischer Prosa. Es ergeben sich freilich bei der Übertragung dieser Texte unüberbrückbare Schwierigkeiten. Die Differenz der deutschen Schriftsprache und der indianischen Umgangssprache ist so groß, daß man um der Lesbarkeit willen nur einen weitgehend stilisierten Text anbieten kann. Gibt es bereits erhebliche Komplikationen im europäischen Sprachbereich (siehe hierzu unsere Studie »Zu einigen Problemen der Übersetzung umgangssprachlicher Dialekttexte« in »Interlinguistica – Sprachvergleich und Übersetzung«, Tübingen 1971, S. 448–456), so noch stärker gegenüber den verschiedenen indianischen Dialekten. Capistrano de Abreu und Brandenburger haben zum Teil versucht, indianische Texte wörtlich zu übersetzen. Hier eine kleine Kostprobe aus dem Anfang des Flutmythos der Kaschinauá (von denen wir mit den Nummern 12, 13, 19, 26, 38 und 40 stilisierte Texte bringen): »Kaschinauá wohnen, Häuser machen, viele Dörfer, schöne mit wohnen, viel Gemüse überfließen. – Kaschinauá Sache irgend ein Denken nicht. [= sie fürchten nichts.] Viel glücklich sind, weit nicht von Fluß wohnen, reißend. – Kaschinauá alle wohnen. Regnet lange. Regnet, bei Sonne hoch regnet. Dunkel hinein regnet, viel regnet, regnet viel lange. – . . . Himmel brach sich, kam, nach unten kam. Alle jene tötete, Jagdtiere tötete, Fische auch tötete, alle jene tötete, endigte, anderes Wesen irgendeines ließ nicht, jene tötete alle.« (usw.)

Die unmittelbare Ausdrucksweise der Indianer geht also bei unserer Übersetzung leider verloren, zumal wir als Quellen teilweise bereits Übertragungen ins Portugiesische benützen mußten. Aber selbst ein so hervorragender Kenner der indianischen Welt wie Prof. Koch-Grünberg mußte die Geschichten, die er selbst gehört und notiert hatte, auf eine andere sprachliche Ebene übertragen.

Waren die Indianer Brasiliens auf einer frühen Stufe nomadisierende Jäger, so sind sie zu der Zeit, aus der die frühesten Aufnahmen ihrer Erzählungen stammen, bereits in einem gewissen Umfange seßhaft geworden, wenn auch Jagd und Fischfang nach wie vor für ihre Lebenshaltung bestimmend blieben und der Hackbau (Mandioca, Mais und Bataten) sowie die Kultivierung von Bananen, Zuckerrohr und Tabak nur eine untergeordnete Rolle spielten. Der Wald blieb ihr eigentlicher Lebensraum, das wird auch aus vielen unserer Erzählungen spürbar.

Wichtig ist vor allem, zu wissen, daß die indianischen Geschichten eine wesentlich primitivere Kultursituation widerspiegeln als selbst unsere afrikanischen Erzählungen. Orendistische Vorstellungen prägen das religiöse Denken, das noch keine Götterbilder und keine Tempel kennt, wie es bei den Indianern der mittel- und südamerikanischen Kulturvölker der Fall war. Mythologische Erzählungen und Tiergeschichten nehmen einen breiten Raum ein, während Zaubermärchen relativ selten sind. Auch jene Erzählgattungen, die heute in Europa überwiegen, wie z. B. Schwank und Sage, werden bei den Indianern in der Regel als Tierschwank und Tiersage erzählt, wobei der Jaboti – der Schildkrötenmann – bei vielen Stämmen der beliebteste Tierheld ist. Oft kommt der Erzähler mit nur zwei Tieren aus, und das erinnert uns an den Typus der Fabel. Man muß aber feststellen, daß sich die Tiere der Indianer-Schwänke nicht wie die Tiere der europäischen Tierfabel verhalten; sie stehen nicht als Personifizierungen menschlicher Eigenschaften, sondern sie verbleiben in ihrer Tierheit, und moralische Schlußfolgerungen sind fremd.

Pflanze, Tier und Mensch stehen noch auf einer gemeinsamen Ebene, und zwischen ihnen findet häufig ein Austausch statt: aus Menschen werden Tiere, aus Tieren Menschen und aus beiden Pflanzen und umgekehrt. Dabei handelt es sich nicht um Verzauberungen von zeitlicher Begrenzung oder als Strafe – lediglich die bösen Buben unserer Nummer 7 werden zu Gestirnen –, sondern um bleibende und sinnvolle Verwandlungen, wie in unserer Geschichte Nr. 9 aus der Verbindung von Mensch und Schlange Kulturpflanzen hervorgehen. Selbstverständlich zeigen sich in einigen Indianermärchen auch Spuren der Berührung mit den Schwarzen oder den Weißen. Aber wir können doch die Ursprünglichkeit ihrer Stoffe leichter identifizieren als bei den von afrikanischen oder europäischen Zuwanderern erzählten Geschichten. Es ist auch zu bedenken, daß die meist als Sklaven importierten Neger, deren Arbeitskraft vor allem den schnellen wirtschaftlichen Aufstieg Brasiliens bewirkte, aus sehr verschiedenen Regionen Afrikas stammten, während die Indianer seit langem in diesem Milieu heimisch waren.

Um 1798 bestand mehr als die Hälfte der (damals erfaßbaren) Bevölkerung Brasiliens aus Negern. Der Großteil stammte aus dem Bereich des Sudan (Joruba, Dahome, Ewe und Aschanti), und diese Afrikaner brachten mancherlei aus der Welt des Islam mit nach Südamerika, auch Erzählstoffe arabischer Provenienz. In der ersten Hälfte des 19. Jahrhunderts wurden ungefähr noch weitere anderthalb Millionen schwarzer Sklaven nach Brasilien verschleppt, darunter auch Bantu-Neger aus dem Kongo und aus Angola, die einer niedrigeren Kulturstufe als die Sudanneger angehörten, und die aus dem Bereich von Naturreligionen kamen. Noch heute kann man in einzelnen brasilianischen Städten das Überwiegen bestimmter afrikanischer Stämme beobachten, und für Bahia galt die Joruba-Kultur als vorherrschend, deren

Sprache auch als Umgangssprache der Farbigen in jener Provinz längere Zeit im Schwange war.
Im Gegensatz zu den verschiedenen Ausgaben von indianischen Märchen fehlt bis heute eine umfassende Sammlung sowie eine grundlegende Studie der brasilianischen Negermärchen. So mußten wir die Texte verschiedenen Anthologien entnehmen. Wir haben uns dabei vor allem auf Gomez und Romero gestützt. Ein Teil der hier mitgeteilten Negermärchen ist allerdings in Brasilien selbst noch unveröffentlicht, denn Dr. J. Ferreiro überließ uns freundlicherweise Originaltexte, die er selbst in Belo Horizonte, Bahia, Ilhéus und São Luis gesammelt hat, und die er demnächst in Paris publizieren will.
Manche der Negermärchen zeigen noch das Gepräge ihrer heimatlichen Erzähleigenart. So ist von Tieren und landschaftlichen Bezogenheiten die Rede, welche der Neuen Welt eigentlich fremd sind. Man begegnet darin Zebras, Elefanten, Nilpferden und anderen Tieren als Handlungsträgern, die in Brasilien nie heimisch waren. In anderen Geschichten sind aber auch merklich südamerikanische Tiere an die Stelle der afrikanischen getreten, und es tauchen auch brasilianische Eigennamen auf, welche Afrika nicht kannte. Die Begegnung der Neger mit der neuen Heimat hatte zunächst vor allem leidvolle Ereignisse zur Folge, die in einigen Geschichten anklingen, vor allem wenn das Sklavendasein in Anekdoten verarbeitet wird. Mit der Anekdote, einer auch für brasilianische Kunstliteratur typischen Gattung, finden wir Zugang zu den einfacheren Volksschichten der brasilianischen Welt. Hier ist die rassische Zugehörigkeit weniger ausgeprägt als die soziale Stufe. Die meisten dieser Volksanekdoten leben von einem scharf pointierten Dialog, und erinnern darin stärker an den mittelalterlichen französischen Schwank als an die italienische volkstümliche Novelle.
Daß aber manchen Negern Brasilien nicht nur Unheil brachte, sondern daß sie sich in einem gewissen Umfang besser durchsetzen und behaupten konnte als ihre nordamerikanischen Brüder, wird in manchen Märchen spürbar, wie in unserer Nr. 49.

Zwischen den Farbigen und den Weißen stehen die Mulatten und Mestizen in verschiedenen Schattierungen, und in ihrem Erzählgut finden wir Eigenheiten verschiedener Herkunft, wenn auch meist die afrikanischen Elemente überwiegen. Unsere Einteilung in drei Hauptabschnitte kann nicht grundsätzlich eine Scheidung in verschiedene Gruppen präjudizieren, sondern sie will lediglich einen besseren Überblick darüber geben, welche Art von Erzählungen bei den einzelnen Rassen bevorzugt werden.

Die europäische Einwanderung nach Brasilien ist relativ jüngeren Datums, denn vom 16. bis zum 18. Jahrhundert war sie zahlenmäßig gering. In dieser ersten Periode waren es vor allem Portugiesen, die als Beamte, Kaufleute und Pflanzer in die südamerikanische Kolonie gingen und dem Lande ihre Sprache gaben, so daß Brasilien noch heute im Gegensatz zu den anderen Ländern jenes Kontinents, die sich des Spanischen bedienen, ein aus dem Portugiesischen des 16. Jahrhunderts entwickeltes Idiom spricht. Mit der Erreichung der staatlichen Unabhängigkeit, die sich in mehreren Phasen vollzog, kehrte ein geringer Teil der Soldaten und Beamten wieder nach Portugal zurück; und um die brasilianische Stellung gegenüber den Nachbarländern zu stärken, rief man europäische Siedler ins Land. (1824 kamen so erstmals größere deutsche Gruppen in den Süden Brasiliens.) Die weiße Einwanderung war jedoch zunächst noch gering, und sie betrug zwischen 1818 und 1840 kaum mehr als 12 000. Erst Kaiser Pedro II. bemühte sich um eine stärkere europäische Einwanderung, so daß während seiner Regierungszeit (1840–1889) 806 000 Europäer nach Brasilien zogen. Der Einführung von auf etwa 1½ Millionen geschätzten Negersklaven in der ersten Hälfte des 19. Jahrhunderts standen zwischen 1850 und 1930 circa 4 Millionen weiße Zuwanderer gegenüber. Damit verlagerte sich auch das wirtschaftliche Schwergewicht aus dem nahen Küstenbereich in den Tropen auf die kühleren Hochflächen des Südens. Die Nordstaaten zeigen noch heute einen stärkeren Einschlag afrikanischer Kulturen, der Süden hingegen steht eindeutig unter europäischem Einfluß. In diesem neuen Zustrom überwogen die Italiener, und so ist

es wohl zu erklären, daß unter den Märchen der Weißen neben beliebten Motiven der iberischen Halbinsel auffallend viele Erzähleigentümlichkeiten italienischer Herkunft begegnen. Es muß aber auch hier betont werden, daß im Personarium und hinsichtlich der Requisiten in der Regel eine Anpassung an das neue Milieu erfolgte.
Das Interesse an der heimischen Volksliteratur setzte in Brasilien etwa zur selben Zeit ein wie in Portugal und Italien, das heißt in den siebziger Jahren des vorigen Jahrhunderts. Freilich kann man zunächst nicht von einer systematischen Forschung sprechen. Couto de Magalhães (1836–1898), dessen verdienstvolles Werk »O Selvagem« 1876 erschien, war von Beruf Doktor der Jurisprudenz, General und Präsident verschiedener brasilianischer Provinzen. Auf seine Initiative gehen aber die ersten Versuche, vor allem indianische Erzähltexte zu sammeln, zurück. Wir können seinem Buche, das sich vor allem mit Brauchtum und Volksglauben beschäftigt, aber auch Erzählungen der Tupi enthält, entnehmen, welche Motive damals besonders beliebt waren, und ersehen, daß die Schwänke meist den Jaboti als Helden haben.
Zu nennen ist dann an zweiter Stelle Barbosa Rodrigues (1842–1909), der in den achtziger Jahren mehrere Bände zur Ethnographie und Ethnopsychologie des Amazonas-Raumes publizierte, die auch äthiologische Sagen, Märchen und Schwänke der dort lebenden Indianer enthalten. Im Gegensatz zu seinem Vorgänger hatte er ein gründliches anthropologisches und ethnologisches Studium absolviert, wenn er auch primär Botaniker war. Seine Werke sind frei von romantischem Dilettantismus und wirkten befruchtend für die kommende volkskundliche und ethnologische Schule in Brasilien.
Die dritte der großen Gestalten auf dem Wege brasilianischer Märchenforschung ist Silvio Romero (1851–1914). Er hat sich nicht auf die indianischen Erzählungen beschränkt, sondern auch die andern Rassengruppen in seine Sammel- und Forschungstätigkeit einbezogen, wie er auch über die Prosa hinaus sich mit dem Volkslied befaßte. Zwar begann auch Romero seine Laufbahn als Jurist, doch wandte er sich später

mehr der Literaturwissenschaft und Philosophie zu. Sein Werk zählt ein halbes Hundert von Schriften, worunter folkloristische und literarische Studien überwiegen. Seinem Bande »Contos populares do Brasil«, der seit 1883 in mehreren Auflagen erschienen ist, verdanken wir eine Reihe unserer Texte. Romero versuchte auch, die Stoffe auf ihre Herkunft hin zu untersuchen, und er rechnet bereits die Mischlinge als eigenständigen Nährboden bestimmter Volkserzählungen.

Viele Brasilianer haben sich seither teils als Sammler, teils als Forscher oder Nacherzähler mit den Märchen ihrer Heimat beschäftigt. Aus ihnen die Bedeutenderen auszuwählen, ist eine Frage subjektiver Beurteilung. Wir nennen hier: Alfredo de Freitas (1862–1891), Nina Rodrigues (1862–1906), Raimundo Morais (1875–1941) und Silva Campos (1880–1940). Besondere Erwähnung verdienen Lindolfo Gomes (1875 bis 1953), dessen »Contos populares brasileiros« wir mehrere Texte entnommen haben, darunter den Zyklus von Malazarte-Schwänken, A. Costa e Silva und Artur Ramos (1903 bis 1949), der sich besonders der Volkskunde der Neger zuwandte. Schließlich müssen wir noch Câmara Cascudo (1898) nennen, der heute einer der besten Kenner der Volkskunde und Ethnographie Brasiliens ist.

Es versteht sich von selbst, daß man bei einem so bunten Mosaik, wie es die Landschaften und Volkstumsgruppen Brasiliens bieten, kaum resümieren kann, was die »Brasilianität« dieser Märchen ausmache. Außer den wenigen Bezügen auf die Landschaft, die ja in den Märchen immer nur soweit eine Rolle spielt, als sie einen vagen Rahmen der Handlung abgibt, könnten wir höchstens die Vorliebe für das Anekdotische als ein Charakteristikum ins Spiel bringen. Wichtiger ist die Feststellung, daß in Brasilien auch heute noch in manchen Gegenden eine sehr lebendige Erzähltradition lebt, und daß Rundfunk und Fernsehen die Neigung zu unserer Gattung noch nicht so stark unterdrücken konnten, wie es im allgemeinen in der Alten Welt erfolgt ist.

Wir hoffen, daß diese Märchen dem Leser das exotische Land näherbringen, daß er mit der Kenntnis einiger Eigenheiten auch Verständnis für brasilianische Probleme gewinne, daß er aber sich vor allem an der reichen Fülle dieses Erzählgutes erfreue.

Das Buch gilt Eduardo José und Raymund als Gruß und Dank.

Salzburg, Dezember 1971 Felix Karlinger

BIBLIOGRAPHIE

I. Allgemeine Sammelwerke

AT Aarne, A. und Thompson, S.: The types of the Folktale, a Classification and Bibliography. Helsinki 1961.

BP Bolte, Johannes und Polivka, Georg: Anmerkungen zu den Kinder- und Hausmärchen der Brüder Grimm. I–V. Leipzig 1913–32.

FFC Folklore Fellows Communications. Helsinki, 1. 1907 ss.

Thompson Thompson, Stith: Motif-Index of Folk Literature. 1–6. Copenhagen 1955–58.

II. Ausgaben, Übersetzungen und Sekundärliteratur

Abreu, J. Capistrano de, »rã-txa hu-ní-ku-i«. Rio de Janeiro 1890.

Baldus, Herbert, (I), Lendas do índios do Brasil. São Paulo 1946.

– *(II),* Die Jaguarzwillinge. Mythen und Heilbringergeschichten, Ursprungssagen und Märchen brasilianischer Indianer. Kassel 1958.

Barbosa, João Rodrigues, Poranduba Amazonense. Rio de Janeiro 1890.

Brandão de Amorim, Antônio, Lendas em Nheêngatu e em Portugues. Rio de Janeiro 1928.

Brandenburger, Clemens, Mythen, Sagen und Märchen brasilischer Indianer. São Leopoldo und Cruz Alta 1919.

Da Câmara Cascudo, Luis, Antologia do Folclore Brasileiro. 2 vols. São Paulo 1965.

– Contos Tradicionais do Brasil. Rio de Janiero [2]1954.

– Lendas Brasileiras. Rio de Janeiro 1945.

– Trinta histórias brasileiras. Pôrto 1955.

Colbacchini, A., I Bororos orientali »Orarimugudoge« del Matto Grosso. Torino 1912.

Ehrenreich, Paul, (I), Die Mythen und Legenden der südamerika-

nischen Urvölker und ihre Beziehungen zu denen Nordamerikas und der alten Welt, in »Zeitschrift f. Ethnologie«, 37, Berlin 1905. Supplement.
– (II), Beiträge zur Völkerkunde Brasiliens, in »Veröffentlichungen aus d. Museum f. Völkerkunde«, II, Berlin 1891.
Ferreiro Pils, Júlio, Manuskript von Märchen brasilianischer Neger. Aufnahmen aus den Jahren 1955–67. Publikation in französischer Sprache in Vorbereitung.
Ferreira Vianna Calderon, Ester, Lendas Brasileiras. Rio de Janeiro 1961.
de Freitas, João Alfredo, Lendas e superstições do Norte do Brasil. s. l. 1884.
Gomes, Lindolfo, (I), Contos populares Brasileiros. São Paulo [1]1931, [3]1965.
– (II), Nihil Novi ... Minas Gerais 1927.
Hart, Fred Ch., Amazonian Tortoise Myths. Rio de Janeiro 1875.
Hohenthal, W., Notes on the Shukurú Indians of Serra de Ararobá, in »Revista do Museu Paulista«, S. Paulo, Nova Serie VIII, 1954.
Karlinger, Felix, Einführung in die romanische Volksliteratur. München 1969.
Koch-Grünberg, Theodor, Indianermärchen aus Südamerika. Jena [1]1920, [3]1927.
Krause Fritz, In den Wildnissen Brasiliens ...
Lowie, R. H., The Eastern Timbira, in »University of California Publications in American Archaeology and Ethnology«, vol. XLI, 1948.
Magalhães, José Vireira Couto de, O Selvagem. Rio de Janeiro 1876.
Magalhães, Basilio de, O Folclore no Brasil. Rio de Janeiro 1928.
Malkiel Lopez, E., Cuentos populares iberoamericanos. Rosario s.a.
Nimuendajú-Unkel, Curt, Sagen der Tembe-Indianer, in »Zeitschrift für Ethnologie« 1915.
Oliveira, J. Feliciano, The Cerentes of Central Brazil, in »Intern. Congress of Americanists«, London 1912.
Pettazzoni, Raffaele, Miti e Leggende – Vol. IV America centrale e meridionale. Torino 1959.
Ramos, Artur, O Folclore Negro do Brasil. Rio de Janeiro 1935.
Ribeiro, João, Estados de literatura popular. Rio de Janeiro 1919.
Romero, Sílvio, Contos populares do Brasil. [1]Lisboa 1885, [4]Rio de Janeiro 1954.
Sant'Ana Neri, Frederico José, Folk-Lore Brésilien. Paris 1889.

Schultz, Harald, Lendas dos índios Krahó, in »Revista do Museu Paulista«, Nuova Seria IV, S. Paulo 1950.
Steinen, Karl von der, Die Bakairi-Sprache. Leipzig 1892.
Teschauer, Carlos, Poranduba Rio-Grandense. Pôrto-Alegre 1929.
Theile-Bruhns, Gerda, Märchen aus dem südlichen Amerika. Basel 1957.
Vogel, Carlos, Mato Grosso. Santa Cruz, s. a.
Wirth, Mauro, Lendas dos índios Vapidiana, in »Revista do Museu Paulista«, Nova Seria IV, S. Paulo 1950.
Zerries, Otto, Wald- und Buschgeister in Südamerika. Wiesbaden 1954.

Worterklärungen

Aluá	eine Art Most, aus Mais zubereitet
Azang	ein Vogel, der »taty« schreit. (Ist er der »saci«?) Vgl. Koch-Grünberg S. 327, Gomes S. 94
Bacaba	hohe Fiederpalme (Oenocarpus Bacaba und Oenocarpus distichus Mart.)
Buriti	eine Palme, die man von Pará bis S. Paulo findet, also ein häufiger Savannenbaum, auch muruti und pissandó genannt
Cujubí	eine Art Rebhuhn
Curupira	ein Waldgeist, der mit den nach hinten gedrehten Füßen erscheint, also die Fersen vorn und die Zehen nach hinten hat
Cutia	ein Nagetier (Dasyprocta Aguti), Goldhase
Inambu	eine Art Rebhuhn, auch acuhnambu, inhambu und poronga genannt
Jacu	Rebhuhn (Penelope)
Jacy (jaci)	meist eine Art Palme, aber vgl. Gomes S. 94
Jararaca	eine sehr giftige Schlange (Bothrops jararaca)
Jatobá	ein Baum (Hymenaea Courbaril) auch jataí genannt, mit hohem Stamm, an dem der Jaguar nicht hinaufklettern kann und aus dessen Rinde die Kanus gemacht werden (vgl. Koch-Gr. S. 331)
Jenipapeiro	ein Baum (Genipa americana, Lin.), dessen Früchte die Indianer zum Körperbemalen benützen
Jundiá (nhandiá)	ein Fisch
Maguari	der größte Reiher Südamerikas (Ardea cocoi, Lin.), vgl. Koch-Gr. S. 323 und 324
Mambuí (cambuí)	ein Baum (Myrcia sphaerocarpa)
Marajá	eine Palme (Bactris) auch tucumã genannt
Nhandu	Der amerikanische Strauss (Rhea americana Mart) auch avestruz und ema genannt
Piraíba	ein Fisch (Bargus reticulatus), auch guiri genannt

Piranha	der blutgierigste Fisch Südamerikas (Pycocentrus und Serrasalmus). In Massen auftretend zerreißen die Piranhas binnen Minuten Tiere und Menschen, die unter sie geraten
Pirarucu	der größte Süßwasserfisch (Arapaima gigas), ein Wels
Seriema (sariema)	ein großer Stelzvogel (Cariama cristata, Lin.), den man oft auf freiem Felde trifft
Surubim	eine Art Wels (Pseudoplatystoma corruscans), auch loango, loando und piracambucu genannt
Tarã	ein Vogel aus der Familie der Treschiornitiden, auch trombeteiro genannt
Tapir	ein Hufsäugetier (Tapirus terrestris Lin.). Dieser Dickhäuter wird auch anta gerufen
Tapiribazeiro	ein Baum (Spondias lutea Lin.) mit gutschmeckenden und wohlriechenden Früchten. Er findet sich auch unter den Bezeichnungen: cajàzeira oder einfach cajá.
Traíra	ein Flußfisch (Hoplias malabaricus, Bloch oder Erythrinus tareira Cuv.)
Tucumã	Unter dieser Bezeichnung finden sich verschiedene Palmenarten. Der Stamm dieser Palmen ist mit langen, harten Stacheln besetzt. Vgl. Koch-Gr. S. 331
Tuiuiú	ein Vogel (Mycteria americana Lin.)
Tupã	So lautet der Donner in der Tupi-Sprache. Mit dem Wort haben die Jesuiten-Missionare den Begriff »Gott« übersetzt und in Gebrauch gebracht
Uacurau	der Ziegenmelkervogel. Davon gibt es in Brasilien 26 verschiedene Arten; bekannter ist er unter der Bezeichnung »bacurau«; vgl. Koch-Gr. S. 327
Uricuri	eine Palme mit riesigen Blattwedeln (Cocos coronata Mart. und Cocos schizophylla), die auch aricuri, alicuri, ouricuri, aricuí, nicuri, ariri und pissandó genannt wird

Anmerkungen

1 Die drei Menschenrassen (Gomes S. 164. – Übers.: de Freitas). – Der Pessimismus der Schwarzen und der Mischlinge kommt in dieser Erzählung zum Ausdruck, ist aber auch aus verschiedenen Volksliedern geläufig. Manchmal geht man noch weiter und läßt Gott den Weißen, den Teufel den Schwarzen erschaffen, und ein Affe, der dabei zusieht, formt aus den von beiden übrig gelassenen Teilen den Indianer oder den Mestizen.

2 Der Weiße, der Indianer und der Neger (Gomes S. 163. – Übers.: de Freitas). – S. João del-Rei (Minas Gerais). – Die Mischlinge versuchen meistens sich in ihren Erzählungen auf die Seite der Weißen zu schlagen, auch wenn sie ihr Minderwertigkeitsgefühl meist nicht zu überwinden verstehen. So kommt manches Vorurteil weißer Herkunft auch in Erzählungen von Mestizen oder gutmütigen Negern zum Ausdruck, wird manchmal sogar in einer Art von Selbstironisierung geradezu übertrieben.

3 Die Befreiung der Sonne (Hohenthal, S. 158. – Übers.: Karlinger). – Mythologische Erzählung des Stammes der Shukurú. Gehört zum großen Kreis der Schöpfungssagen. Die Sonne wird jedoch hier nicht personifiziert, sondern sie bleibt dinghaft.

4 Der Tod der Sonne (Colbacchini S. 248. – Übers.: Karlinger). – Mythologische Erzählung des Stammes der Bororó. Häufig werden Sonne und Mond als großer und kleiner Bruder oder als Mann und Frau personifiziert. Manches an der vorliegenden Geschichte bleibt jedoch ungeklärt, und die sonst meist ausführliche Beschreibung der Wiederbelebung der Sonnengestalt bleibt hier unausgeführt. Durch den Unterschied des Geschlechts – Ari ist im Gegensatz zur Sonne ja männlich – verliert der Text im Deutschen seine logische Konsequenz.

5 Tod und Auferstehung des Mondes (Colbacchini S. 241. – Übers.: Karlinger). – Erzählung des gleichen Stammes wie die vorige Nummer. Pettazzoni sieht in dieser Mythe die Phasen des Mondes, der verschwindet und dann wiedererscheint. Die Steppenbrände während der Trockenzeit sind symptomatisch für das Mato Grosso-Gebiet; da dabei vor allem viele Schlangen umkommen, stellen sich oft Raubvögel ein, welche die getöteten oder vom Feuer betäubten Schlangen fressen. Die Wiedererweckung Meris zeigt einen alten Ritus.

6 Wie die Nacht entstand (Magalhães – Übers.: Brandenburger S. 23). – Mythe der Tupi. Das Summen »Tin, Tin« soll das Zirpen

der Grillen und anderer Nachtinsekten andeuten. Der große Feuerstern ist der Morgenstern. Die Erzählung gehört in den Kreis der Schöpfungssagen wie die vorhergehenden Geschichten.

7 Der Ursprung der Sterne (Colbacchini S. 218. – Übers.: Karlinger). – Man vergleiche dieses Mythenmärchen mit »Die Kinder von Sonne und Mond« (Nr. 51)! Während hier es sich um eine Bestrafung und Verwandlung in Sterne handelt, werden in der Erzählung afrikanischer Provenienz die Astralvorgänge als eine Flucht der Gestirne vor dem Hauptgestirn, der Sonne, gedeutet.

8 Der Maguary und der Schlaf (Barbosa Rodrigues S. 153. – Übers.: Koch-Grünberg S. 143). – Erzählung der Indianer am Rio Branco. – »Der Marguary, ein grauer Reiher, ruht bei Tag und bei Nacht auf den Bäumen am Flußufer, kann aber nie zum Schlafen kommen. Kaum hat er etwas zu nicken begonnen, fliegt er wie aufgeschreckt auf. Nur für einige Augenblicke gelingt es ihm zu schlafen, wenn er den langen Schnabel auf den Rücken legt, der aber immer gleich wieder durch sein großes Gewicht herabgleitet.« (Koch-Grünberg S. 323).

9 Die Herkunft von Tabak, Mais und Baumwolle (Colbacchini S. 190. – Übers.: Karlinger). – Stamm der Bororó. – In zahlreichen indianischen Erzählungen erfahren wir von der Befruchtung von Frauen durch Schlangen oder Genuß von Schlangenfleisch. Manchmal werden dann diese Schlangen zur Welt gebracht, manchmal wollen sie in der Mutter wohnen bleiben und müssen durch List herausgelockt und umgebracht werden.

10 Die erste Paschiuba-Palme (Koch-Grünberg S. 177). – Yahuna, Nordwestbrasilien, Rio Apaporis. – »Die Entstehung der über einen großen Teil des nördlichen Südamerika verbreiteten Mysterien des Sonnenheros wird durch eine kurze Erzählung erklärt. Der Held ist der Erzeuger des Wachstums und trägt einen ausgeprägt solaren Charakter. Er ist die Sonne selbst. Er kommt von Osten aus dem großen »Wasserhaus«, wandert über die Erde und geht im Feuer gen Himmel. Die Verbrennung des Heros durch die Menschen wegen seiner magischen Eigenschaften ist ein vielen Mythen gemeinsamer Zug, der auch sonst in Amerika vorkommt. – Hervorzuheben ist der Hinweis auf das Meer, der sich in den Sagen vieler Inlandstämme findet und auf Wanderungen dieser Stämme oder der betreffenden Sagen schließen läßt.« (Koch-Grünberg S. 327.)

11 Sintflut und Weltschöpfung (Telemaco Borba, Observações sobre os indios indigenas do Estado do Paraná; 1904. S. 57. – Übers.: Koch-Grünberg S. 209). – Kaingang (Parana, Südbrasilien). – »Diese Sage gibt die Erklärung von dem Verhältnis einiger Indianerstämme zueinander, ferner den Eigenschaften gewisser Tiere,

endlich die Tatsache, daß fast alle Flüsse Südbrasiliens nahe der Küste entspringen und nach dem Innern des Landes, nach Westen, ihren Lauf nehmen, um sich mit dem Parana zu vereinigen. – Es ist eine Art politischer Tradition. Die durch das Konnubialverhältnis enger verbundenen eigentlich Kaingang, Kame und Kayurukre werden mit den ihnen nicht stammverwandten, in eine gewisse Helotenstellung herabgedrückten, d. h. heute in einem Abhängigkeitsverhältnis zu den Kaingang stehenden Kuruton (oder Are) in Gegensatz gebracht. – Kayurukre und Kame, die Ahnherrn der nach ihnen benannten Horden, treten episodisch als Schöpfer auf, wobei sie in einem gewissen Antagonismus zueinander stehen.« (Koch-Grünberg S. 329.)

12 Sintflut (Quelle wie die vorhergehenden Nr., S. 61 bzw. 212). – Are (Parana, Südbrasilien.) – »Die Verfolgung, denen die Are oder Kuruton, ein fast erloschener Tupistamm im Staate Parana, noch heute von ihren Nachbarn ausgesetzt sind, werden in ihrer eigenen Flutsage mit einem Frauenraub explanatorisch begründet. – Wie in den Kaingang-Sagen schaffen auch hier die Tiere das neue Land. – Die Flut wird ausnahmsweise durch Regen hervorgebracht; ebenso in der Flutsage der Kaschinaua.« (Koch-Grünberg S. 330.) Bei den Enten, die mehrfach in brasilianischen Volkserzählungen erscheinen, handelt es sich nicht um domestizierte Tiere unserer europäischer Art, sondern um eine Art Wildenten.

13 Die Zwillinge (Telemaco Borba, Actualidade indigena; Coritiba 1908. – Übers.: Koch-Grünberg S. 213). – Guarani (Parana, Südbrasilien). – »Gehört zu den Bruder- und Zwillingsmythen. – Der Vater der Zwillinge hat hier nach seinen Attributen (Krone aus roten Arara- und Tukanfedern und feurigen Augen) zu urteilen, einen unzweifelhaft solaren Charakter, während die Söhne später selbst sich in die Sonne und den Mond verwandeln. – Ahan ist der Waldgeist, der »Herr des Waldes«, Kurupira der Brasilianer.« (Koch-Grünberg S. 330.) Vergleiche mit unserer Nr. 4 und 5!

14 Die Falken und die Sintflut (Nimuendajú-Unkel S. 292). – Tembe, Ostbrasilien (Pará, Maranhão). – »Ein einfaches Märchen schließt mit einer Flutsage, die mehrere Anklänge an ähnliche Sagen in Guayana zeigt. Auch hier soll das Verlaufen des Wassers durch Herabwerfen von Früchten festgestellt werden.« (Koch-Grünberg S. 327.)

15 Wie der Zitteraal entstand (Capistrano de Abreu S. 305. – Übers.: Koch-Grünberg S. 254). – Kaschinaua, Westbrasilien, Alto Juruá.

16 Wie der Hirsch die Kaschinaua den Ackerbau lehrte (Capistrano de Abreu S. 235. – Übers.: Koch-Grünberg S. 246). – Kaschinaua. – Der Hirsch mit einer Pflanze im Geäse ist ein beliebtes Motiv

mittel- und nordeuropäischer Ornamentik, sowohl im Bereich der Töpferei wie der Stickmuster. Bereits im Physiologus taucht er als Pflanzenbringer auf. Ob aber ein Zusammenhang mit der indianischen Auffassung besteht, ist recht zweifelhaft.

17 Keri und Kame (v. d. Steinen S. 209.) Bakairi (Zentralbrasilien). – »Bruder- und Zwillingsmythe, die auf ganz primitiven Anschauungen beruht. Abstammung von der Sonne: der Name der Persönlichkeit, mit der diese Mythe beginnt, Kamuschini, deutet auf die Sonne (kamu) hin. – Conceptio immaculata: die Mutter der Heroen verschluckt zwei Fingerknochen von Bakairi und wird dadurch schwanger und zur Stammutter eines neuen Geschlechts. – Der erste Teil der Legende spielt im Himmel, wo man noch heute die Begebenheit in den Sternbildern sehen kann. – Keri und Kame haben anfangs tierische Gestalt. Erst nach ihrer Verbrennung nehmen sie menschliche Gestalt an. Sie zeigen deutliche Beziehungen zu Sonne und Mond. Beide Himmelskörper bringen sie als unbelebte Objekte, als Federbälle, in ihren Besitz. Keri wird der Herr der Sonne, Kame der Herr des Mondes, obwohl ihre Namen, die einer fremden (arowakischen) Sprache entnommen sind, die umgekehrte Bedeutung haben. – Zwischen den beiden Heroen herrscht, wie meistens in diesen Zwillingssagen, ein gewisser Antagonismus. Bisweilen artet dieser Gegensatz in Streit aus und endet mit einer Trennung oder gar einem Totschlag. In der Bakairi-Legende wird der Gegensatz zwischen Keri und Kame durch die Verschiedenheit der Charaktereigenschaften erklärt. Keri erscheint kühner und stärker, aber auch intelligenter, während Kame entschieden als Tölpel auftritt, der von seinem Bruder aus allerlei mißlichen Lagen gerettet werden muß.« (Koch-Grünberg S. 330.) Siehe auch Nr. 4 und 5!

18 Der Jaguar und der Ziegenbock (Text brasilianisch und deutsch in Karlinger S. 305). – Typisches indianisches Tiermärchen mit der Beschränkung auf zwei Personen, der Neigung zum Schwankhaften und dem offenen Schluß.

19 Der Besuch im Himmel (Wirth S. 193. – Übers.: Baldus II S. 150). – Wapidiana, Rio Branco. – »Als Prototyp sieht Paul Ehrenreich (Zt. f. Ethnologie 37, S. 77) die altjapanische Sage von Okuninushi und Susanowo. Amerikanisch-asiatische Entsprechungen wie diese erinnern an die zirkumpazifische Verbreitung des sogenannten Hundemythos von Südostasien über die Eskimogebiete bis tief nach Nordamerika hinein und noch weiter bis zum Herzen Südamerikas.« (Baldus II S. 212)

20 Wie die Cotia einen Ochsen gewann und wieder verlor, und wie sie am Jaguar Rache nahm (Romero S. 376. – Übers.: Brandenburger S. 119). – Vergleiche mit: René Basset, Contes populaires d'Afri-

que, Nr. 83! Câmara Cascudo vermutet eine Übertragung des Motivs durch Negersklaven in den indianischen Bereich.

21 Der Jaguar, der Hirsch und der Affe (Romero S. 335. – Übers.: Brandenburger S. 108). – »Ahangá« ist ein böser Geist, »Cuia« eine Kürbisschale. – Das Märchen zeigt das allgemeine Bild des Jaguars, der als verschlagen und falsch, des Hirsches, der als einfältig, und des Affen, der als schlau angesehen wird.

22 Der Jaguar und der Ameisenbär (v. d. Steinen S. 235). – Bakairi, Zentralbrasilien. – »Der Jaguar ist fast immer in diesen Geschichten der Dumme, und wird vom schlauen Ameisenbär fortgesetzt betrogen und verspottet.« (Koch-Grünberg S. 331.)

23 Ungleiche Gesellen (Brandenburger S. 112). – Tupi. – Diese Geschichte erweckt den Eindruck von europäischen Fabeln beeinflußt zu sein, wenn auch die urtümliche Eigenart schließlich wieder zum Vorschein kommt. Sie stammt von einem Tupi-Stamm, der seit längerer Zeit christianisiert ist und deshalb sowohl mit den Weißen wie den Schwarzen lebhafte Kontakte hatte. Vor allem das Aufstreichen eines Breis auf einen Stein, von wo ihn nur die Tiere, die lecken können, auffressen, ist sicherlich nicht indianischer Herkunft.

24 Der aufgeweckte Ameisenbär (Capistrano de Abreu S. 259. – Übers.: Koch-Grünberg S. 264). – Kaschinaua. – Schwankmärchen, das den Spott gegen Jäger richtet, die die Knochen eines Tapirs nicht von menschlichen Gebeinen unterscheiden können.

25 Der Jaboti und der Tapir (Tastevín S. 385. – Übers.: Karlinger). – Guarani, Ostbrasilien. – Die Schildkröte ist der Held zahlreicher indianischer Märchen. Wir haben den indianischen Ausdruck stehen lassen, weil der deutsche weiblichen Geschlechts ist im Gegensatz zum indianischen, und sonst ein Charakteristikum nicht zum Tragen käme.

26 Der Jaboti und der Jaguar (Tastevín. – Übers.: Karlinger). – Siehe die vorhergehende Nummer! Das Blasen auf den Knochen seines getöteten Feindes bedeutet ein Sich-bemächtigen dessen Geistes.

27 Der Jaboti und der Hirsch (Tastevín. – Übers.: Karlinger). – Siehe die vorhergehende Anmerkung!

28 Der Jaboti und der Curupira (Tastevín. – Übers.: Karlinger). – Siehe die vorhergehenden Anmerkungen!

29 Der Jaboti, der Geier und der Gott Tupã (Tastevín s. o. – Übers.: Karlinger). – Siehe die vorhergehenden Anmerkungen!

30 Nasenbär, Taube und Faultier (Capistrano de Abreu S. 240. – Übers.: Koch-Grünberg S. 249). – Kaschinaua. – »Die Taube ist braunrot, als wenn sie mit Uruku-Farbe bemalt wäre, während das Faultier ein unscheinbares schwärzlich-graues Fell hat, ähnlich der

Genipa-Farbe von der Genipa brasiliensis, die den Indianern zum Körperbemalen dient.« (Koch-Grünberg S. 333)

31 Wie die Wespe die Aasgeier betrog (Capistrano de Abreu S. 245. – Übers.: Koch-Grünberg S. 257). – Kaschinaua.

32 Warum der Aasgeier einen nackten Hals hat (Brandenburger S. 68). – Tupi. – Inambu ist ein rebhuhnartiger Vogel, der zu bestimmten Nachtstunden ruft.

33 Die Rache des Baumhuhnes (Krause und Brandenburger S. 66). – Karayá, Araguaya (Zentralbrasilien). – Der Name Kenanchiwé bedeutet »Echo«. Das Verjagen des Vogels würde nicht als Vergehen gewertet, aber die Verletzung des Tabus gegenüber der Großmutter hat die Strafe zur Folge.

34 Vom kleinen Jungen, der Zaunkönig wurde (Abreu S. 205. – Übers.: Baldus II S. 174). – »Die Kachinaua, von denen Abreu die hier wiedergegebene Volkserzählung hörte, stammten aus der Gegend des oberen Juruá-Flusses. Die dort heute noch lebenden Mitglieder dieses Pano-Stammes sind in ständigem Kontakt mit den Brasilianern und von diesen weitgehend beeinflußt.«

35 Der Knabe und der Bakurao (Nimuendajú-Unkel S. 299. – Übers.: Koch-Grünberg S. 188). – Tembe, Ostbrasilien (Pará, Maranhão). – »Man warnt noch jetzt die Knaben: ›Schieße nicht auf Bakuraos, sonst lassen sie dich jenseits des großen Flusses!‹ – Bakurao ist ein Ziegenmelker.« (Koch-Grünberg S. 327.)

36 Der rollende Totenschädel (Nimuendajú-Unkel S. 290. – Übers.: Koch-Grünberg S. 191). – Tembe. – »Bezieht sich unzweifelhaft auf den Mond und erinnert stark an den plötzlich auftauchenden, menschenfressenden Schädel in den Sagen der nordamerikanischen Prärie-Indianer, der schließlich in einen Abgrund kollert.« (Koch-Grünberg S. 328.) – Auch ein Vergleich mit europäischen Totenkopfsagen ist lohnenswert. Leander Petzold, »Der Tote als Gast – Volkssage und Exempel«; FFC 200, Helsinki 1968. Vergleiche auch Nr. 83!

37 Das Fest der Tiere (Nimuendajú-Unkel S. 291. – Übers.: Koch-Grünberg S. 194). – Tembe. – »Der Gesang des Jaguars bezieht sich auf die Fliegen über dem Aas der von ihm getöteten Tiere. Dadurch beleidigt er die betreffenden Tiere.« (Koch-Grünberg S. 328.)

38 Der Ursprung des Honigfestes (Nimuendajú-Unkel S. 294. – Übers.: Koch-Grünberg S. 195). – Tembe.

39 Der Alligator und die streitbaren Weiber (Ehrenreich S. 41). – Karajá, Zentralbrasilien, Goiás. – Gehört zum Komplex der Amazonen-Sagen.

40 Die Zauberpfeile (Ehrenreich S. 43). – Karajá. Hier sind offen-

sichtlich zwei heterogene Motive kontaminiert worden. Das zweite Motiv vom wunderbaren Schlangenpfeil findet sich auch in unserer Erzählung Nr. 43.

41 Die Pirarukus (Ehrenreich S. 44). – Karajá. – »Diese ziemlich zusammenhangslose und des Abschlusses entbehrende Legende ist augenscheinlich darauf berechnet, der Phantasie jedes Erzählers einigen Spielraum zu gewähren, um nach Belieben weitere Abenteuer und Begegnungen der Frau hinzuzufügen. Der Zusammenhang scheint besonders an der Stelle gestört, wo das Kind vor Durst ein Vogel wird und davonfliegt; denn im folgenden wird nicht nur das Kind wieder genannt, sondern auch eine Schwester der Frau, von der vorher nicht die Rede war. – Im Anfang der Erzählung taucht der Piraruku nicht als Fisch aus dem Wasser, sondern merkwürdigerweise in der Federmaske eines solchen, wie sie diese Indianer neben anderen Tiermasken bei ihren Tanzfesten in Gebrauch haben, auf.« (Koch-Grünberg S. 328.)

42 Der Stern (Oliveira S. 395. – Übers.: Koch-Grünberg S. 206). – Xerente, Zentralbrasilien, Rio Tocantins. – »Bei den Xerente wird der junge Mann in einer Art Kloster, Koaran, dem Junggesellenhaus, erzogen. Er tritt als Knabe ein und bleibt darin, bis er heiratet. Die Sitte verlangt, daß die jungen Männer und Mädchen bis zur Hochzeit ihre Keuschheit bewahren. Wer dies nicht tut, erhält nur eine einfache Hochzeit, während die Keuschgebliebenen in wochenlangen Zeremonien zusammengegeben werden.« (Koch-Grünberg S. 329.)

43 Der Schlangenpfeil (Barbosa Rodrigues S. 23. – Übers.: Koch-Grünberg S. 145). – Die Begriffe Pfeil und Schlange werden in Südamerika häufig in Zusammenhang gebracht. – »Diese Waldgeister, die je nach den Stämmen, denen die Sagen angehören, verschieden bezeichnet werden, gehören zu den beliebtesten Gestalten des indianischen Märchens.« (Koch-Grünberg S. 324.)

44 Der alte Aasgeier und seine Töchter (Barbosa Rodrigues S. 181. – Übers.: Koch-Grünberg S. 150).

45 Der Kurupira und die Frau (Barbosa Rodrigues S. 59. – Übers.: Koch-Grünberg S. 155). – Indianer am Amazonas. – »Die Kröte Kunauaru macht in den Höhlungen der Bäume aus Harz ihr Nest in Gestalt eines Hohlzylinders. Sie schläft darin und legt in der Regenzeit ihre Eier hinein. Die Indianer glauben, daß das Harz von der Kröte hervorgebracht würde und, wenn man es verbrennt, Kopfschmerzen vertreibe. Eine solche Kröte im Hause zu halten, bringe Glück.« (Koch-Grünberg S. 324.)

46 Vom Manne, der Schlangen aß (Abreu. – Übers.: Brandenburger S. 63). – Kaschinaua. – Donunauá bedeutet »Schlangenmann«. Bu-

kanieren ist eine Mischung von Räuchern und Rösten, um überzähliges Fleisch etwas haltbarer zu machen.

47 Der Jüngling und die Menschenfresserin (Magalhães. – Übers.: Brandenburger S. 59). – Tupi. – Der Makauán ist ein Raubvogel, der sich vor allem von Schlangen nährt. In indianischen Erzählungen tritt er häufig als Seelenbote oder als prophetischer Vogel auf. Die Indianer sagen, daß alle Schlangen vor ihm die Flucht ergreifen.

48 Ulé (Brandenburger S. 47). – Karayá. – Okumáre = »Der Mann im Loch«. – Der Zauberstab, »Hetschiwá«, ist meist ein Stück Schilfrohr, an das mit Wachs schwarze Federn geheftet werden. Auch das Blasrohr begegnet manchmal als ein Zauberrohr oder ein Zauberstock, dessen Berührung lähmt. In Versionen zu unserer Erzählung verwandelt sich ein Zauberstab durch falsche Behandlung in eine Giftschlange und tötet den Besitzer des Stabes.

49 Die Sage von den Arbeiten des Helden Kuí-dômö-tönönirán (Abreu. – Übers.: Brandenburger S. 39). – Kaschinaua. – Der Name des Helden bedeutet »Der den Rauch des Tabaks verträgt.« – Ähnliche Stoffe von Helden, die verschiedene Untiere ausrotten und Unwesen überwinden, sind bei verschiedenen Stämmen nachweisbar. Sie werden seltener zusammenhängend als in Form von Einzelgeschichten erzählt.

50 Auke (Lowie S. 245. – Übers.: Karlinger). – Timbirá, Nordost-Brasilien, Maranhão und Piauí. – Bei der am Schluß dieser Herkunftssagen genannten Persönlichkeit handelt es sich um den Kaiser Dom Pedro II, der im Jahre 1831 – im Alter von fünf Jahren – seinem Vater Pedro I nach dessen Abdankung auf dem Throne folgte. Im Jahre 1845 wurde er für großjährig erklärt, und 1889 verlor er seinen Thron, als Brasilien Republik wurde. Die Vermischung magischer und realer Bezüge gibt diesem Märchen sein Charakteristikum. Darüber hinaus ist es interessant, wie sehr in die abgeschiedene Welt des Indianers die ferne Kunde vom Herrscher dringen kann.

51 Die Kinder von Sonne und Mond (Ferreiro – Übers.: Karlinger). – Man vergleiche dieses mythologische Märchen mit unserer Nr. 7. Vermutlich stehen phallische Symbole für die Deutung der Fische als Sonnensöhne. In der Übersetzung entstehen Schwierigkeiten, da im Original die Sonne männlichen und Mond wie Sterne weiblichen Geschlechts sind. Auch in einem zweiten Text der Sammlung Ferreiros werden die Sterne als lauter Mädchen dargestellt, unter denen sich der Held eines zur Braut erwählen darf.

52 Wie der Frosch die Tochter des Elefanten heiratete (Ferreiro. – Übers.: Karlinger). – Erinnert an ein Märchen der westafrikani-

schen Bantu (Carl Meinhof, Afrikanische Märchen; Jena, 1927. S. 194), in dem eine Schildkröte die Frau eines Elefanten heiratet, nachdem sie ihn überlistet hat. Es findet sich aber auch der sowohl in Afrika wie in der Südsee bezeugte Zug von der Kröte oder dem Frosch, der alles Wasser ausgetrunken hat. – Der Elefant ist in Südamerika nicht heimisch, das Märchen bezeugt also besonders deutlich seine afrikanische Provenienz.

53 Die Onça und der Ochse (Romero S. 396. – Übers.: de Freitas). – Pernambuco. – Vergleiche auch Nr. 51. – »Onça« ist ein Sammelbegriff für die südamerikanischen Raubkatzen; man unterscheidet die onça-canguçu oder jaguaretê (eine ringförmig gezeichnete Jaguarart) von der onça-pintada (gefleckter Jaguar), der onça-preta (schwarzer Jaguar) der onça-vermelha (auch onça-parda oder suçuarana genannt), die kleiner aber gefährlicher als der Puma ist. – Die Erzählung ist typisch für viele Tiererzählungen der Neger, die offen ausgehen.

54 Vom klugen Hasen und vom dankbaren Ziegenbock (Ferreiro. – Übers.: Karlinger). – In afrikanischen Geschichten nimmt der Hase oft die Rolle des wegen seiner Schlauheit berühmten Fuchses im Abendland ein. Varianten zu unserm Text lassen sich mehrfach nachweisen, z. B. bei Friedrich Becker, Afrikanische Märchen, Frankfurt 1969; S. 185.

55 Der Löwe und der Hase (Ferreira. – Übers.: Karlinger). – Siehe auch Nr. 54 und die Anmerkung dazu! – Das Motiv ist fast in aller Welt bekannt. Zu den ältesten Versionen gehört die Geschichte »Von den Ochsen, die der Bauer dem Wolf versprochen, und vom Schiedsspruch des Fuchses (Petrus Alfonsi, Disciplina clericalis, Exempel XXIII), aber über den Roman de Renart und andere mittelalterliche Varianten führen Spuren bis in die neuere Tiererzählung, die man in anderen Kontinenten ebenso geliebt hat. Es wechseln lediglich die Tiere, anstelle des Hasen findet man vornehmlich Fuchs oder Schakal, der Geprellte ist im europäischen Bereich meist der Wolf. AT 34, 121, 1250.

56 Der Affe und die Alte (Gomes S. 86. – Übers.: de Freitas). – Notiert in Limoeiro, heute Goianá. – Der Stoff hat in dieser Form vor allem schwankhaftes Gepräge, es liegt ihm jedoch eine alte Vorstellung zugrunde, daß ein Wesen durch den Stuhlgang neu geboren wird, wie man es vereinzelt auch in abendländischen Märchen finden kann. (Etwa Karlinger/Bîrlea, Rumänische Märchen, 1969, S. 234.)

57 Der Affe und der Aluá (Romero S. 417. – Übers.: de Freitas). – Sergipe. – Das Motiv ist im Nordosten Brasiliens sehr verbreitet und wird auch in balladesker Liedform gesungen. Der Ausdruck

»Aluá« wird ethymologisch verschieden erklärt, wobei man sowohl an ein »luá« (Haussa) wie ein »aruá« (Tupi) denken könnte.

58 Das Mädchen, das Palmöl verkaufte (Theile-Bruhns S. 135). – Das Märchen bringt die alte Freundschaftsprobe, die uns aus indischen Stoffen bekannt ist, und gemahnt in anderen Zügen fast an »Goldmarie und Pechmarie« (KHM 24).

59 Der Mann und die tote Frau (Ferreiro – Übers.: Karlinger). – Es scheinen hier zwei Motive kontaminiert zu sein, das des Mannes, der ins Totenreich zieht und mit seiner Frau dort weiterlebt, und das der Tierverwandlung mit dem Sprechverbot. Das Märchen trägt einerseits typisch afrikanische Züge – der Erzähler hat vermutlich nie im Leben selbst ein Nashorn gesehen – überrascht aber andererseits durch einen gewissen Realismus, so daß der Held auch wie ein vorübergehend Geistesgestörter angesehen werden kann.

60 Quinoqui und Quinoca (Ferreiro. – Übers.: Karlinger). – Zu diesem Stoff ist uns keine Variante bekannt.

61 Der Bursche und der Jaguar (Ferreiro. – Übers.: Karlinger). – Die Verzauberung durch ein Ei ist aus vielen Landschaften Europas bekannt. (Siehe Handwörterbuch des dt. Aberglaubens Bd. II Sp. 627!) Unser Märchen erinnert aber sehr stark an eine der Geschichten von Lorenzo Selva (»Le metamorfosi«, Orvieto 1582), wo von einem jungen Seemann erzählt wird, der in Kreta an Land gegangen ist und durch hartgekochte Eier einer alten Hexe in einen Esel verwandelt wird. Wie unser Bursche ist sich auch jener Matrose Selvas seiner Verwandlung nicht bewußt und kniet zum Entsetzen der Zuschauer vor einer Kirche nieder. Bei Selva wird die Hexe nach der Befreiung des Seemanns verbrannt. – Der weitere Verlauf unseres Märchen läßt dann aber eher auf mohammedanische Quellen schließen, die mit dem ersten Teil der Geschichte kontaminiert wurden.

62 Die Geschichte von der Zauberwurzel (Ferreiro. – Übers.: Karlinger). – Wie das vorige Märchen, so erinnert auch dieses in der Einleitung an ein Motiv, das bei Selva (Anmerkung 68) auftaucht: ein Bauer wehrt sich gegen drei ihn anspringenden Katzen mit Stockhieben. Drei Damen verklagen ihn später, werden aber als Hexen entlarvt. Freilich finden sich Hexenverwandlungen in Katzen in den meisten süd- und westeuropäischen Sagenlandschaften, aber die Heimat dieser Vorstellung ist womöglich in Ägypten zu suchen. – Der zweite Teil unseres Märchens führt dann auch stärker in afrikanische Bereiche, wobei wiederum der schlaue Hase eine Rolle spielt. Das Mißtrauen gegenüber dem Schwein und der Frau könnte auf islamitische Einflüsse zurückgehen.

63 Das Waisenkind und die heiligen drei Könige (Ferreira. – Übers.:

Karlinger). – Ilhéus. – Dieses Legendenmärchen aus dem Bereich christianisierter Neger bringt einerseits das Motiv vom heiligen Paten, wie es besonders in Portugal beliebt ist (siehe Karlinger/Mykytiuk, Europäische Legendenmärchen Nr. 1!) und versetzt es andererseits doch in ein typisches Negermilieu. Trotz des dunklen Untertones, der die Not der dunklen Rasse nicht verschweigt, herrscht eine fröhliche Stimmung, die manchmal geradezu schwankhafte Töne anschlägt. Der hl. Josef spielt bei den christlichen Negern eine große Rolle, während sonst die heiligen drei Könige zwar in verschiedenen Liedern besungen werden, in Erzählungen dagegen selten auftauchen. – Charakteristisch ist (nach Meinung von de Freitas), daß sich der weiße König um das Kochen kümmern muß, weil er nicht als geschickter Arbeiter betrachtet wird, daß er aber auch andererseits die Sache in die Hand nimmt, als es gilt, dem Buben eine Lehrstelle bei einem guten Meister zu suchen. Dafür wieder geht der schwarze König mit dem Patenkind auf Brautschau, und es versteht sich von selbst, daß man nach einem schwarzen Mädchen Ausschau hält. – Zu den Brautproblemen wie den Freundschaftsproben gibt es zahlreiche Varianten. (Siehe auch unsere Nr. 58!)

64 Die Mondblume (Ferreira. – Übers.: Karlinger). – Während sonst im Märchen meist der Jüngste von drei Brüdern der beste und der vom Schicksal begünstigte ist, wird bei den drei Brüdern keine Angabe über ihr Alter gemacht, wenn auch Subu an erster Stelle genannt wird. Es ist aber auffallend, daß sein Name sich abhebt, während die beiden Brüder fast gleichklingende Namen haben. – Während manche brasilianischen Negermärchen die vorkommende Raubkatze mit der südamerikanischen Sammelbezeichnung »onça« umschreiben, wird hier ausdrücklich von Leoparden gesprochen, die ebenso wie der Elefant für die afrikanische Herkunft sprechen. – Bei der Mondblume, der dann das Mädchen entstammt, wird deutlich die Beziehung zwischen Mond und Frau ersichtlich, die bei vielen afrikanischen Stämmen zu beobachten ist, und die auch das Heiratsbrauchtum beeinflußt hat. – Anders steht es wohl mit dem gläsernen Berg. – Es fällt auf, daß Affe und Elefant offensichtlich an die Erde gebunden sind, während die Leoparden ohne weiteres auf dem Monde erscheinen können, um dem Helden zu helfen. Ferreira Pils vermerkt am Rande dieser Geschichte: »Gesammelt aus dem Munde von »Pai Jó«, einem vor Jahren verstorbenen Straßensänger und Taschenspieler, der mit seiner Gitarre ein stadtbekanntes Original war. Es behauptete von sich, seine Geschichten im Traum zu erleben, und auch seine Lieder im Traum zu hören. Er bemühe sich dann am Morgen, sie sich zu merken, um sie nachsin-

gen zu können.« Leider übermittelt Ferreira Pils keine Noten des Liedes, das eine magische Funktion hat. (Siehe hierzu: Karlinger, Die Funktion des Liedes im Märchen der Romania, Salzburg 1968). Und bedauerlicherweise ist es auch die einzige Geschichte von »Pai Jó«, die wörtlich aufgezeichnet worden ist.

65 Der Vogel Sitube (Ferreira. – Übers.: Karlinger). – Nach der Angabe von Ferreira Pils stammt das Märchen von einem alten Matrosen, der als Heizer auf einem Küstendampfer gearbeitet hatte, und der in Salvador (Bahia) beheimatet war. – Die Erzählung hält sich nicht an den sonst im Volksmärchen üblichen Dreier-Rhythmus, sondern wir finden hier sieben Brüder, von denen dann sechs die Reise zum Riesen antreten, fünf davon werden Hirten, und wiederum vier haben Schwierigkeiten mit ihren Herden. Der böse König dagegen macht drei Versuche, die Herden zu hüten. – In der Titelfigur dürfen wir wohl den ermordeten Bruder wiedererkennen, wenn dies auch nirgends gesagt wird. Von den genannten Tieren sind einige nur in Afrika anzutreffen, einmal findet sich der Ausdruck »onça« (mit Raubkatze übersetzt), der sich eigentlich auf die südamerikanischen Gattungen beschränkt. – Der Urheber der Falle fängt sich endlich selbst darin, wie sich in andern Märchen Böse ihr Urteil selbst sprechen. – Der Erzähler spielt zwar auf Varianten an, doch ist keine davon belegbar.

66 Das Wild des Geistes Bohu (Ferreira. – Übers.: Karlinger). – Der hier behandelte Jagdfrevel hat mehr die Form einer Sage. Dafür spricht bereits die Einleitung, die darum wirbt, die Geschichte für wahr zu nehmen. Totemistische Vorstellungen liegen diesem Tabu zugrunde, die auch aus anderen Erzählungen bekannt sind, doch wird selten der Jäger selbst zum tabuisierten Jagdtier.

67 Alt bist du, jung wirst du werden (Ferreira. – Übers.: Karlinger). – Der alte Traum der Menschheit von der Verjüngung oder ewigen Jugend erfährt in diesem Märchen eine seltsame und gleichzeitig mythische wie realistische Deutung, indem zwar Pilze das Lebenselixier darstellen, sie aber doch an einem chthonischen Ort, der von einer Schlange bewacht wird, wachsen. – Wie im Märchen vom Vogel Sitube fällt auf, daß von einem König die Rede ist, der aber doch nur Dorfhäuptling sein kann, und mehr afrikanisches wie europäisches Königstum repräsentiert. – Hinter den Baumtieren möchte man in Analogie zu ähnlichen Geschichten Menschenaffen vermuten. Sie bleiben im Zwielicht.

68 Das Tier Pondê (Gomes S. 55. – Übers.: de Freitas). – Erzählt in Juiz de Fora (Minas Gerais). – Unter »Pondê« oder auch »Ponguê« ist kein bestimmtes Tier gemeint. Es gibt verschiedene Deutungsversuche, von denen vermutlich die Ableitung aus »pongo«, riesi-

gen Menschenaffen in Afrika, am meisten für sich hat. Unsere Erzählung ist ein typisches Abschreckmärchen, und erinnert in der Quintessenz an das Rotkäppchen. (KHM 26). Wie eine schwedische Variante zu letzterem hat auch unsere Erzählung eine balladeske Haltung. – B. P. I, 236.

69 Der Freund der Onça (Gomes S. 50. – Übers.: de Freitas). –Die Redewendung »Freund der Onça« bedeutet etwa soviel wie das deutsche »ein falscher Fuffziger«, »falscher Patron«. Auch der Schluß verwendet eine typisch brasilianische Wendung »Não ri, Não, que no negócio é serio« (lach nicht, denn die Sache ist ernst), wobei wir einer falschen Form des verneinenden Imperativs begegnen, wie sie von ungebildeten Leuten gebraucht wird. – Gomez meint, diese Tier-Anekdote sei neueren Datums.

70 Der Affe und der Schwanz (Romero S. 389. – Übers.: de Freitas). – Sergipe. – Dieses Kettenmärchen ist für Brasilien mehrfach belegt. Der Refrain allerdings wechselt so, daß der Verweis auf Angola nur besagt, daß dieses Land in der Umwelt des Erzählers bekannt war. – Siehe u. a. Martti Haavio, Kettenmärchenstudien, FFC 88 und 99, Helsinki 1929 und 1932.

71 Die Lehre des Reitknechts (Gomes S. 37. – Übers.: de Freitas). – Aufgezeichnet in Serraria (Minas Gerais). – Musterbeispiel einer der Anekdoten, wie sie bei den Schwarzen beliebt waren.

72 Vater João und die gebackenen Eier (Gomes S. 61. – Übers.: de Freitas). – Notiert in Chácara (Minas Gerais). – Anmerkung von Gomez: »Ich habe versucht, diese Erzählung so wortgetreu wie möglich wiederzugeben, wobei ich den Geschmack des Volkes und die Eigenart seiner Sprache beibehalten habe.« Daran hat sich auch der Übersetzer gehalten.

73 Wassermelone und weiche Kokosnuß (Romero S. 409. – Übers.: de Freitas). – Sergipe. – Diese Erzählung scheint eine in Prosa übertragene Ballade zu sein. Das Motiv ist zweifellos europäisch, aber die Namengebung ist typisch für die brasilianischen Neger und Mestizen.

74 Der verliebte Caboclo (Romero S. 412. – Übers.: de Freitas). – Sergipe. – Der Schwank vom geprellten Liebhaber ist seit dem Mittelalter bekannt, wo der Geprellte meist ein Priester ist. (So auch bei Straparola, Le piacevoli notti II, 5.) Unsere Geschichte erfreut sich gerade beim schwarzen Volk Brasiliens großer Beliebtheit und ist noch mehrfach belegt. Ob das Motiv durch emigrierte Juden nach Nordafrika gebracht wurde, wie Câmara Cascudo meint, erscheint zweifelhaft.

75 Der eitle Neger (Romero S. 435. – Übers.: de Freitas). – Sergipe. – Romero schreibt, daß vor der Sklavenbefreiung derartige Geschich-

ten unter den Schwarzen sehr beliebt waren. Verschiedene Varianten finden sich bei Brandão. Siehe auch Artur Ramos, O Folclore Negro do Brasil; Rio de Janeiro 1935. Das schwankhafte Grundelement dieser Geschichten wird durch das Gefühl der Unterdrückung gedämpft. Der Neger kommt darin zu einem Selbstverständnis in der damaligen Unfreiheit. – Câmara Cascudo vermerkt hierzu: »Diese Sklavenerzählungen wurden auf den Veranden der Herrenhäuser und auf den Zuckerplantagen nacherzählt, immer mit dem Ziel, den Neger lächerlich zu machen, doch hin und wieder auch mit dem entgegengesetzten Wunsch, sich zu rächen. Mein Onkel mütterlicherseits, Francisco José Fernandes Pimenta, erzählte eben diese Geschichte von Romero, wobei er die Stimme des alten Pai José nach der Tracht Prügel nachahmte: »Ben-ção, sin-ô môço Cazusa? – Nun xô Cajuja nôn!«

76 Der Weiße und der Neger (Gomes S. 163. – Übers.: de Freitas.) S. João del-Rei (Minas). – Viele Märchen befassen sich mit der Erschaffung des Menschen. Meist gilt der Mensch als Schöpfung Gottes und der Affe als Geschöpf des Teufels. Bei den Russen heißt es, daß Gott den Menschen und der Teufel den Deutschen geschaffen habe; in unserm Beispiel findet der Rassenkonflikt seinen Ausdruck, der äußerlich betrachtet nicht so heftig ist wie in Nordamerika. Doch haben auch in Brasilien die Weißen und die Mischlinge für einen Neger nicht viel übrig, er sei denn Fußballstar.

77 Die drei Schwäne (Gomes S. 127. – Übers.: de Freitas). – Die Episode mit dem verprügelten Alten, der sich als Retter erweist, taucht bereits 1502 bei dem portugiesischen Dichter Gil Vincente auf, in dessen Dramen sich überhaupt verschiedene Volkserzählmotive finden. (Siehe hierzu die Diss. von Radegundis Leopold: Traditionelle Motive im Theater von Gil Vicente; München 1967.) Ferner: A. G. Krüger, Die Quellen der Schwanritterdichtung; Gifhorn 1936.

78 Der gehörnte Prinz (Romero S. 299. – Übers.: de Freitas). – Das Motiv vom klugen Papagei ist aus Indien und Persien bekannt (z.B. dem Sukasaptati [Tuti-nameh] bzw. der Suva-bahuttarikatha). Im Mittelalter finden wir den Stoff in verschiedener Ausformung in italienischen Geschichten-Sammlungen, wie den »sette savi«, aber auch bei den Provenzalen (Arnaut von Carcasses) und anderen wurde diese beliebte Erzählung aufgegriffen. So verwundert es nicht, daß sich das Märchen auch bis in die Gegenwart in der Erzähltradition fast aller Mittelmeervölker erhalten hat, und in Portugal etwa bei F. X. Ataide de Oliveira (Contos tradicionais do Algarve) begegnet.

79 Die verheiratete Kröte (Romero S. 156. – Übers.: de Freitas). – Das

Motiv von der Tierbraut gehört zu den verbreitetsten europäischen Märchen, siehe BP II, 38, hat aber wohl auch seine Wurzel in orientalischen Geschichten, wie z. B. jener vom Prinzen Schater Mohammed (in 1000 und 1 Nacht), der sich mit einer in eine Riesenschildkröte verzauberten Prinzessin vermählt.

80 Der Zauberring (Malkiel Lopez S. 103. – Übers.: Karlinger). – Hier sind verschiedene Motive kontaminiert, das vom Zauberpferd, das vor allem durch den rumänischen Märchenerzähler Ion Creangă bekannt geworden ist, das vom treuen Diener, der in der russischen Variante in Gestalt des heiligen Nikolaus auch die böse Prinzessin von den in ihr wohnenden Würmern heilt. (D. K. Zelenin, Velikorusskija skazki Vjatskoj gubernii. Petrograd 1915, S. 403. – E. Rösch, Der getreue Johannes, Helsinki 1928.) – Starke Anklänge verbinden unsere Geschichte auch mit dem araukanischen Märchen »Die alte Hexe«, das Lehmann-Nitsche 1905 veröffentlicht hat. Berichte des XIV. Amerikanistenkongresses, S. 682.). L. N. meint dazu: »... erinnert an europäisch-arabische Märchen.«

81 Der alte und der junge Mann (Gomes S. 126. – Übers.: de Freitas). – Gesammelt in der Gegend von Rosário, Minas. – Der Schwank läßt Zauberer und Fee auftreten, hat aber mehr die Funktion einer Fabel.

82 Das häßliche und das hübsche Mädchen (Gomes S. 125. – Übers.: de Freitas). – Notiert in Rio Pardo, Minas.

83 Der rachsüchtige Totenkopf (Gomes S. 110. – Übers.: de Freitas). – Notiert in Maria da Fé, Minas. – Der Stoff ist vermutlich in Gestalt einer Ballade, die auch heute noch in Brasilien gesungen wird, aus der Iberischen Halbinsel eingewandert. Zahlreiche Varianten sind belegbar. Siehe auch unsere Nr. 36!

84 Die goldene Kürbisflasche (Romero S. 258. – Übers.: de Freitas). – Diese Erzählung hat mehr den Charakter einer Sage und erinnert an Teófilo Braga, Contos do povo português, I S. 222. – Hornissen sind als Schatzhüter für Frankreich (Karlinger, Südfranzösische Sagen, Nr. 21) und Sardinien bezeugt.

85–95 Geschichten von Malazarte (Gomes S. 72–85. – Übers.: de Freitas). – Die Schwänke von Malazarte oder Malasartes sind in ganz Südamerika überaus beliebt. De Freitas wurden sie in seiner Jugend von verschiedenen Personen erzählt. Diese dem deutschen Eulenspiegel verwandte, in der Regel aber boshafte Gestalt, wird mit verschiedenen anderen Schwankmotiven kontaminiert, die aber nahezu alle europäischer Herkunft sind, wenn sie auch dem spezifischen Milileu angepaßt werden. – BP II, S. 285.

Typen- und Motivverzeichnis

Nr. 1 = Mot. A 1614.2: Races dark-skinned from bathing after white man.
Nr. 2 = Mot. A. 1667: Intelligence of various people.
Nr. 3 = Mot. A 737.6: Eclipses caused by animal hiding sun behind his body; Mot. A 721.3: Stolen sun restored to sky.
Nr. 4 = Mot. A 736.11: Contest between sun and moon.
Nr. 5 = Mot. A 737: Causes of eclipses.
Nr. 6 = Mot. A 1174: Origin of night.
Nr. 7 = Mot. A 761: Ascent to stars. People or animals ascend to sky and become stars.
Nr. 8 = Mot. M 455: Curse: restlessness.
Nr. 9 = Mot. A 2691.2: Origin of tobacco; Mot. A 2684.3: Origin of cottonplant.
Nr. 10 = Mot. A 2681.12: Origin of palmtree.
Nr. 11 = Mot. A 1010: Deluge; Mot. A 1022: Escape from deluge on mountain; Mot. A 930: Origin of streams; Mot. A 1817: Creation of jaguar; Mot. 1889.1: Creation of tapir; Mot. A 1896: Creation of anteater.
Nr. 12 = Mot. A 1010: Deluge; Mot. A 1028.2: Birds fill sea with dirt and overcome flood.
Nr. 13 = Mot. A 511.1.2.2: Culture hero in mothers womb indicates direction to be taken by her; Mot. T 584.2.1.1: Twins freed from dead mother's body; Mot. A 736.3.1: Sun and moon as twin brothers.
Nr. 14 = Mot. A 1010: Deluge; Mot. D 152: Transformation man to bird – falconiform; Mot. A 2161: Origin of toad.
Nr. 16 = Mot. A 1441: Acquisition of agriculture.
Nr. 17 = Mot. A 511.1.8.2: Culture hero offsprings of woman and jaguar; cf. Mot. A 1251: Creation of (man) woman from tree; Mot. T 584.2.1.1: Twins freed from dead mother's body; Mot. G 77: Husband eats (unwittingly) wife; Mot. A 721.1: Theft of sun; Mot. A 758: Theft of moon; Mot. A 721.0.1: Sun and moon kept in pots when they do not shine; Mot. A 1399.2.1: Origin of sleep; Mot. A 1415: Theft of fire; Mot. A 1111: Impounded water; Mot. A 535: Culture hero swallowed and revovered from animal; Mot. E 175: Death thought sleep.
Nr. 18 = Mot. A 2493.8: Friendship between leopard and goat; Mot. A 2494.2.3: Enmity between leopard and goat.

Nr. 19 = cf. AT 313.
Nr. 20 = cf. AT 1565 + AT 5.
Nr. 21 = Mot. A 2494.2.7: Enmity of monkey and (leopard).
Nr. 22 = Mot. K 1721.2: Ant-eater deceives jaguar by excrement-exchange.
Nr. 23 = AT 60.
Nr. 24 = Mot. E 30: Resuscitation by arrangement of members; Mot. E 186: Failure of resuscitation.
Nr. 25 = Mot. A 2213.2.2: Tortoise pressed into earth: hence humpy back.
Nr. 26 = AT 1074.
Nr. 27 = Mot. N 622.1: Tortoise jumps from tree and breaks (animals) neck + AT 5.
Nr. 28 = cf. AT 291.
Nr. 29 = Mot. A 2214.5.1: Tortoise dropped by eagle cf. AT 225A; Mot. A 2356.2.9: Why tortoise has humpy back.
Nr. 30 = Mot. A 2233.1.4: Sloth refuses to help make road; Mot. A 2217: Appearance of animal from marking or painting.
Nr. 32 = Mot. A 2317.7: Why vultures are bald.
Nr. 33 = Mot. Q 402: Punishment of children for parents' offenses.
Nr. 34 = Mot. F 62: Bird carries person to upper world.
Nr. 35 = Mot. B 551.3: Crocodile carries man across river; Mot. B 443.5: Helpful wild hogs.
Nr. 36 = Mot. R 261.1: Pursuit by rolling head.
Nr. 37 = Mot. B 299.7: Festival of animals; Mot. A 1715: Animals from transformed man.
Nr. 38 = Mot. A 1530: Origin of social ceremonials.
Nr. 39 = Mot. F 565.1: Amazons.
Nr. 40 = Mot. F 831: Extraordinary arrows.
Nr. 41 = Mot. B 654: Marriage to fish in human form + cf. AT 8 + AT 152.
Nr. 42 = Mot. A 762: Star descends as human being; Mot. A 652.1: Tree to heaven.
Nr. 43 = Mot. D 1092: Magic arrow.
Nr. 44 = Mot. Q 321: Laziness punished; Mot. Q 304: Scolding punished.
Nr. 45 = Mot. B 493.2: Helpful toad.
Nr. 46 = Mot. S 183: Frightful meal.
Nr. 47 = Mot. J 1791: Reflection in water + cf. AT 327C + AT 313.
Nr. 49 = Mot. Q 241ff.: Adultery punished; Mot. A 531: Culture hero overcomes monsters.

Nr. 51 = Mot. A 736.1.4: Sun and moon married; Mot. A 764.1.3: Stars as children of sun and moon.
Nr. 52 = Mot. B 284.1: Wedding of frog.
Nr. 53 = Mot. A 2433.1: Establishment of animal haunt.
Nr. 54 = cf. Mot. A 2493: Friendship between the animals.
Nr. 55 = AT 34 + AT 32.
Nr. 56 = AT 175.
Nr. 57 = Mot. A 2494.2.7: Enmity of monkey and jaguar.
Nr. 58 = AT 480.
Nr. 59 = Mot. E 610: Reincarnation as animal; Mot. E 300: Friendly return from the dead; Mot. C 400ff.: Speaking tabu.
Nr. 60 = Mot. B 470ff.: Helpful fish; Mot. N 845: Magician as helper.
Nr. 61 = Mot. D 132.1: Transformation: man to ass; Mot. D 136: Tansformation to swine.
Nr. 62 = Mot. G 252: Witch in form of cat + AT 551 + AT 554.
Nr. 64 = Mot. D 431.1: Transformation: flower to girl.
Nr. 66 = Mot. A 132.4: Staggod; Mot. Q 211.6: Killing an animal revenged; Mot. D 114.1: Man transformed to deer.
Nr. 67 = Mot. D 1880: Magic rejuvenation.
Nr. 69 = AT 157.
Nr. 70 = AT 1655.
Nr. 73 = AT 974.
Nr. 74 = AT 1419F + AT 1358.
Nr. 75 = Mot. Q 331.2: Vanity punished.
Nr. 76 = Mot. A 1614: Origin of white and colored races.
Nr. 77 = Mot. D 579: Transformation by looking in a mirror; Mot. H 341: Task: causing person's laugh; Mot. D 161.1: Man transformed to swan; Mot. H 316: Suitor test: apple thrown indicates princess's choice.
Nr. 78 = AT 1352A.
Nr. 79 = AT 402.
Nr. 80 = cf. AT 560 + cf. AT 507C.
Nr. 81 = Mot. D 1880: Magic rejuvenation; Mot. D 1890: Magic aging.
Nr. 82 = Mot. D 1337: Magic object makes beautiful.
Nr. 83 = AT 470A.
Nr. 84 = AT 834.
Nr. 85 = AT 1535.
Nr. 88 = AT 1004 + AT 1563 + cf. AT 1544.
Nr. 89 = AT 1537.
Nr. 90 = AT 1530.

Nr. 91 = AT 1539 = Mot. K 112.1: The self-cooking pot.
Nr. 92 = AT 1528.
Nr. 93 = AT 1775.
Nr. 94 = AT 330*.

INHALTSVERZEICHNIS